本书受福建省社科基金2018年度马工程基础理论研究重大项目"创新社会治理中的社区赋权及其制度建设研究"（项目批准号：FJ2018MGCZ002）和厦门大学公共事务学院"法治与公共治理"双一流建设项目资助

治理现代化论丛

乡村治理中的赋能理念与实践

林雪霏 著

中国社会科学出版社

图书在版编目（CIP）数据

乡村治理中的赋能理念与实践 / 林雪霏著. -- 北京：中国社会科学出版社，2025.7. -- （治理现代化论丛）.
ISBN 978-7-5227-5006-4

Ⅰ.D638

中国国家版本馆 CIP 数据核字第 2025C896W3 号

出 版 人	季为民
责任编辑	孔继萍
责任校对	季　静
责任印制	郝美娜

出　　版	中国社会科学出版社
社　　址	北京鼓楼西大街甲 158 号
邮　　编	100720
网　　址	http://www.csspw.cn
发 行 部	010-84083685
门 市 部	010-84029450
经　　销	新华书店及其他书店
印　　刷	北京君升印刷有限公司
装　　订	廊坊市广阳区广增装订厂
版　　次	2025 年 7 月第 1 版
印　　次	2025 年 7 月第 1 次印刷
开　　本	710×1000　1/16
印　　张	15
字　　数	239 千字
定　　价	88.00 元

凡购买中国社会科学出版社图书，如有质量问题请与本社营销中心联系调换
电话：010-84083683
版权所有　侵权必究

序

近些年来，社区赋能（Empowerment）作为一种新兴的提升社会治理能力的理论和实践，在国内引起广泛关注，成为社会科学多学科研究的新热点。赋能理论运用广泛，其基本原理是：从社会本位出发，通过合理的技术和资源投入，帮助资源匮乏能力不足的特定社会群体培育自我管理能力，以奠定社区和人群可持续发展的能力。林雪霏的新著《乡村治理中的赋能理念与实践》从政治社会学的视角，系统地论述了中国乡村治理现代化进程中赋能理念的引入及其现实经验，为该学术研究领域增添了重要文献，其研究成果值得关注。这本书可能还是首部以乡村治理赋能为研究主题的系统性学术理论专著，凝聚了作者近十年深入乡村基层，深度观察乡村治理实践，并在基层治理领域潜心钻研、精耕细作、不断理论探索的成果。

从历史进程中理解乡村治理

乡村治理作为国家管理乡村社会的重要组成部分几乎贯穿了整个中国小农经济的历史。自20世纪以来，中国社会发生了翻天覆地的变化，中华人民共和国成立后，乡村治理模式也从传统的乡绅治村转入人民公社时期的单位制运行的治理模式。人民公社体制的产生有着特定的历史原因。中华人民共和国成立之前，中国仍然是个农业经济为主的国家，国家社会主义建设绝大部分资源依靠农业产能的供给，农业的歉收和农村社会动荡都会对国家的建设和社会稳定产生巨大影响。为了发展现代化工业，国家政权全面下沉到乡村，建构起城乡分治的"单位体制"，农村通过人民公社体制把农民动员和组织起来发展农业生产，为国家的工业化发展提供急需的各类资源,并取得了成就。正如书中所阐释的那样,"依托人民公社的组织体制,社会主义建设时期的农业总产量提高了三倍,现代生产经营技术也得以全面推广"。人民公社体制的另一个重大成就是"低成本地为广大农村地区提供基本保障水平的公共服务,包括农田水利设施、农村合作医疗以及乡村基本教育等"。然而,自上而下的人民公社体制终究没能处理好与农民的信任关系。高度集体化的管理体制和统购统销政策无法彻底驯化乡土社会的传统观念和生存法则。公社制度与村落传统存在的张力产生了后果,强控制强征收与消极抵制的不对称博弈最终导致农村社会陷入"迟滞性稳定"的状态。

1978年底至1982年初,中央高层经历了三年的农村改革政策争论,最终确立了"农民自主选择责任制形式"的家庭联产承包责任制。人民公社的社队组织解体,国家替代性设立了乡镇政府和村民委员会,乡村治理进入"乡政村治"阶段。这一阶段的农村改革取得成绩。赋予农民土地经营权激发了农民生产积极性,促进农业经济发展的市场化改革使农业生产力大幅提升,农民收入和生活水平明显提高。但农村发展与乡村治理依然面临诸多问题。前者如城乡收入差距拉大,农村公共产品短缺,农民税费负担沉重等问题;后者如乡镇机构臃肿,村级组织功能弱化,基层矛盾激化等实际问题。在农村实行税费改革之前,乡镇的中心任务主要是"向农村汲取资源",包括收税、定购粮与计划生育等。由于乡镇政府财政资源匮乏及人手不足,在执行中心任务时常会出现乱收费或乱摊派。这些问题激化了基层政府与村民矛盾。为解决上述矛盾和问题并推动农村社会文明的发展,中央政府推出了农村税费改革与惠农政策等一系列举措,如取消农业税,推行粮食直补、新农合等政策,减轻农民负担。同时在财政支出方面重点扶植乡村建设,改善乡村基础设施。

转入21世纪后的新农村建设规划和乡村振兴战略给乡村治理带来了新的变化和挑战。新农村建设进一步推动了农民收入的增长,农村法治建设文化教育及文明生活都有所提高。但城乡经济社会发展的不平衡造成的农村人力资源的大量流失,乡村空心化程度加剧;边远乡村文化基础薄弱和自治能力不足,治理过度依赖行政手段。在乡村治理层面面临的问题也不少:其一,国家民事职能的扩张和新农村建设资源的流入,也将大量的行政程序、管理指标、技术化考核手段及其督查问责制度引入基层甚至乡村，形成乡村治理的行政化加强而自主性大大压缩；其二，由于惠农支农公共财政改变了原有的公共品供给模式，项目制财政供给的不均衡以及层级间授权与激励问题不能有效处理，导致乡村复杂利益关系的纠纷和矛盾；其三，富人能人治村导致乡村权力结构固化，村民自治民主参与流于形式。

乡村治理的困境与新思路

本书研究的重点是改革开放以来农村社会经济发展和乡村治理体制变革中乡村社区公共品供给的问题。作者认为，"乡村社区的公共性问题是始终萦绕在基层社会的重要议题，是地方权威与村庄内生治理生成的关键。乡村社区的公共性囊括公共空间、公共文化、公共利益以及公共品的供给等，其核心是村庄的公共品供给，因为它涉及分散的小农家庭与集体生产生活如何连接"。我认为这一论点抓住了乡村治理的根本。乡村社区公共品供给涉及公共品资源获取方式，政府主导的政策干预与村民自治的自主性之间的张力，公共品资源在社区内部分配以及公权力的运行和监管等许多复杂的问题。尤其是在当前国家乡村振兴战略的政策环境下，乡村治理所面临的许多棘手的问题都会涉及公共品供给的现实难题。

进入 21 世纪以来，城乡经济社会发展水平和个体经济收入水平的差距继续扩大。农村社会结构在市场化与城市化的冲击下出现了重大变化，乡村人力资源流往城市，农村社会的空心化带来了许多社会问题。乡村社区的公共性问题成为横亘在基层社会的现实难题，它关乎乡村凝聚力的重塑、村民归属感的重建，更是乡村可持续发展的根基所在。一些研究发现，在许多地方，尤其是边远地区和贫困地区，无论是理念上的还是现实中的"乡村共同体"都不复存在。这就给乡村治理带来重重挑战，特别是在村庄公共品供给方面。此外，21 世纪第二个十年开始，国家出台了一系列乡村振兴的重大战略部署和政策举措。这些战略部署包括：通过精准扶贫消除绝对贫困，完善农村社保体系，加快促进乡村振兴，实现农业农村现代化；修改农村土地承包法，农村土地实行"三权分置"的制度法制化，保障农村集体经济组织和承包农户的合法权益，使土地制度更有利于现代农业发展。在乡村治理改革方面，则着重于乡村自治水平的提升，强化农民在乡村自治中的主体地位，避免政策"自上而下"单向推行引发的社会矛盾。因此，在乡村振兴的政策环境下，乡村治理体制不仅承受了上级布置的繁重工作任务，同时还要面临农村社会空心化、农村生态环境恶化和公共服务缺失等现实问题的挑战。

近年来，为了应对属地责任下乡村治理的需求与风险，也为了响应中央从新农村建设、脱贫攻坚到乡村振兴的发展战略，各地方政府在民主建设、培育社会组织发展以及推动基层治理现代化等方面开展了一系列的制度探索和组织创新。地方政府是中国政治体制中较为活跃的行动主体，地方政府创新是中国政治体制韧性与治理适应型渐进改革的重要组成。但是各地进行的乡村治理改革较为零星和分散，而且大多是遇到问题解决问题的应急回应，缺乏系统性的思考和整体性的安排。然而，乡村振兴战略部署的压力型体制再次启动，乡村治理必须寻找新的制度和组织的资源来应对艰巨的任务。

本书提出的乡村治理"赋能"理念及研究思路正是在上述乡村治理困境下探索新出路的理论尝试。鉴于赋能理论的多样性以及不同学科和流派对社会赋能的本质与价值存在认知上的差异，本书赋能理念的引用和阐释更偏重于针对"资源匮乏、缺乏动员能力与治理能力"的农村社区的治理能力培育。这包括了国家政策层面制度供给的具体落实以及参与式协商民主和村庄社会资本的培育等。在作者看来，乡村治理中外在权力的干预可以是规制性的，也可以是诱导激励性的。来自国家层面的权力干预可以体现为令行禁止的强制性手段以维护必要秩序，也可以用于推动弱势群体乃至社群的能力建设。不难看出，作者提出乡村赋能研究思路的意图在于突破乡村公共品供给是"政府包办"还是"自主供给"两难选择的思维定式，试图为公权力寻求一种差异化的智慧干预方式。这种思路的转变在乡村治理中意味着既不是遵循行政主导、财政替代的老路，也不能放任村民去自发组织、自行摸索，而是为培育村庄自治能力创造环境条件、制度空间和撬动事件，在政府包办与乡村自主供给之外走出村庄公共品供给的第三条道路。这种乡村赋能从社会本位出发，重新审视社区治理的需求与可能以及外部资源的投入与影响。它扩展了权力行使的方向与形式，也为地方政府未来的社会治理创新提供了新的思路和方向。

政策过程视角下的乡村赋能

乡村治理赋能的实践分析是本书重要的组成部分，作者将具有赋能特征的政府干预分为制度赋能和组织赋能两种类型开展案例研究。乡村赋能实践是个系统性工程，既要涉及个体、组织到社区多层次赋能，又要处理外部组织或外生制度的融入问题。为了避免宏观问题式讨论和微观实证分析方法的局限性，作者选择了政策过程理论的分析框架，将这些赋能性的制度或组织的实践分成不同的案例来研究，在案例剖析中考察乡村治理体赋能的运行过程、实践效果及其影响因素，从而归纳出其中的理论意义。例如第三章的集体产权制度改革案例，展现出同一产权改革的赋能设计为何在相近的两个村庄会呈现差异化的实施效果。再例如第四章的用水户协会案例，展现以精准消费单位、民主协商规则、规范化组织形态和配置助推资源为特征的组织赋能，为何会出现组织悬浮或替代的运行困境。这些案例的研究深化了我们对乡村治理体制性困境的理解，也为我们寻找更好的答案开拓了想象空间。例如，组织赋能运行的困境不能仅仅用政策执行偏差或者利益集团干预等传统因素来解释，而更应该看作是理性、一统化的制度设计与复杂、多元的治理场景间的碰撞和融合。这里的治理场景既涉及各层级的地方政府，需要系统观察条块结构、党政体制乃至街头官僚对于赋能制度或组织的创设意图与执行干预，又包括差异化的乡村社会，因此，还需要从乡土网络、道义关系以及社会能人等场域要素对赋能干预的认知与回应中找到答案。

相对而言，政策过程的研究途径为真正了解政府赋能干预的基本特征、方式方法和实际效果提供了更好的视角。相比于问题式讨论和微观个案实证分析，政策过程的动态分析和全要素视角所具有的方法论优势更加明显。只有通过政策全过程的跟踪和分析，才能精准把握影响乡村赋能实践的行动主体与环境要素，进而为推动更为有效的乡村赋能方案提供事实依据，把握好乡村赋能的理念创新与相应制度的适用性和匹配度。本书第五章将这种赋能实践的特征归纳为多层次主体性培育、长时段结构性调整、宏观政策引导与微观干部动员相结合、避免赋能干预的依赖陷阱等。同时也提出为适应这种特定的治理思路，就需要跳出基层科层运行与政治动员相互更替的治理模式，以定制化、持续性的行政引导与资源支持来推动从外部干预到内源生长的社区赋能。

总之，这部著作具有较高的学术价值。乡村赋能理念打破了国家与社会二元对立的局限，强调多元主体协同与内生动力激发，为学界进一步探究乡村治理的复杂机理提供了崭新视角与理论工具。对于在基层政府和乡村从事实际工作以及关心乡村治理的普通读者而言，也可以从本书丰富的案例分析中了解乡村在现代化进程中的深刻变革，捕捉到乡村赋能实践为乡村发展带来的新机遇。

徐湘林
2025 年 3 月 13 日

目　　录

第一章　乡村治理的历史演进与现实困境 (1)
第一节　中国乡村治理的历史演进 (2)
一　中华人民共和国成立前的乡村治理 (2)
二　人民公社时期的乡村治理：总体性社会与单位制运行 (6)
三　税费改革前的村民自治：民主化与行政化的张力 (9)
四　税费改革后的基层治理：能人治村与政社治理共同体 (12)
第二节　乡村治理的现实困境：集体公共品如何生产 (14)
一　政府包办方案 (15)
二　自主供给方案 (17)
三　村庄公共品生产的"国家悖论"何以化解 (19)

第二章　乡村赋能理念：引介与本土化 (21)
第一节　社区赋能理念与层次链条 (21)
一　赋能理念与社区赋能 (22)
二　社区赋能的多层次链条 (27)
第二节　从群体到社区：域外实践经验 (29)
一　群体赋能的实践状况 (29)
二　社区赋能的实践状况 (33)
第三节　乡村振兴背景下的社区赋能探索 (43)
一　乡村治理中的赋能探索 (43)
二　制度与组织：乡村赋能的类型划分 (45)

第三章 乡村赋能的实践类型：制度赋能及其运行样态 (49)

第一节 产权制度改革与集体经济"赋能式发展" (49)
一 集体产权制度设计的赋能链条 (50)
二 一种制度、两种实践：改革中的两村产权建构过程 (56)
三 制度赋能过程中的群体产权认知与关键行动者能动性 (65)
四 小结 (74)

第二节 基层协商民主制度：乡村治理的赋能机制 (75)
一 赋能乡村治理的协商民主制度 (77)
二 基层协商议事会的差异化实践样态 (90)
三 村庄治理场域何以影响基层协商民主效能 (100)
四 乡贤重组：基层协商民主的非预期赋能 (105)
五 小结 (112)

第四章 乡村赋能的实践类型：组织赋能及其运行样态 (116)

第一节 政策性组织与公共品"赋能式供给" (116)
一 "赋能式供给"的组织形态：以用水户协会为例 (117)
二 政策性组织的嵌入困境：组织替代与组织悬浮 (121)
三 政策性组织嵌入的影响机制分析 (128)
四 小结 (132)

第二节 外源型社会组织：乡村建设的赋能经纪 (134)
一 从愿景到现实：外源型社会组织参与乡村建设 (135)
二 案例介绍：和合公益组织与"好厝边计划"项目 (141)
三 赋能经纪：社会组织参与乡村建设的角色定位与组织特征 (149)
四 "赋能经纪"生成的治理结构基础 (158)
五 小结 (166)

第五章 乡村赋能的运行逻辑与基层治理模式变革 (168)

第一节 从外部干预到内源生长：乡村赋能的运行逻辑 (168)
一 乡村赋能实践的基本特征 (169)
二 影响乡村赋能效果的关键因素 (173)

第二节　从压力型体制到放权社区：基层治理模式变革 ……（178）
　　一　党政体制下常规的基层治理模式 ……………………（178）
　　二　放权社区：适配乡村赋能的基层治理新模式 ………（183）
　　三　"放权社区"治理模式的多重建构逻辑 ……………（192）
　　四　小结 ……………………………………………………（196）

参考文献 …………………………………………………………（198）

后　记 ……………………………………………………………（228）

第一章

乡村治理的历史演进与现实困境

　　乡村社会存续至今有千年历史，自古有云：农为邦本，本固邦宁。在传统农业时期，农业、农村和农民是帝国运行的社会基础与组织方式，而在革命时期则成为关系成败、民心向背的中心问题。① 中华人民共和国成立后，乡村社会一直作为与城市差别显著却又密切联通的空间场域，在不同的经济发展时期为中国快速的工业化与城市化进程输送资源。而今迈入共同富裕的发展阶段，国家正在着力回应中国城乡发展不平衡、农村发展不充分的问题。"从城乡一体化的农村社区建设、实现共同富裕的脱贫攻坚战，到留住乡愁的美丽乡村建设以及各种乡村振兴规划，都以不同的方式显示了这一点。一如国家用战略规划的方式来发展城市和工业，现在国家以同样的方式来发展乡村地区。"②

　　从纵向历史演进看，中国千年的乡村治理，无论是在治理目标、治理主体还是治理方式上都经历了巨大变化，其背后是现代化进程中国家与社会的力量交织和观念变革。然而，在巨变背后又存在着一股稳定的力量在持续发挥作用，那是中国乡土社会长期积淀而成的特定文化和生活逻辑，展现出乡村治理背后无法割裂的历史关联和社会底色。如何在历史脉络与时代变革中理解乡村治理的当前特征与现实困境，这是本章

---

　　① "农民问题乃国民革命的中心问题，农民不起来参加并拥护国民革命，国民革命不会成功；农民运动不赶速地做起来，农民问题不会解决；农民问题不在现在的革命运动中得到相当的解决，农民不会拥护这个革命。"参见毛泽东《国民革命与农民运动——〈农民问题丛刊〉序》，《毛泽东文集》第1卷，人民出版社2009年版，第37页。

　　② 景跃进：《中国农村基层治理的逻辑转换——国家与乡村社会关系的再思考》，《治理研究》2018年第1期。

试图讨论的问题。

第一节　中国乡村治理的历史演进

傅衣凌曾言："中国传统社会的控制体系分为'公'和'私'两个部分。国家政权对社会的控制，实际上也就是'公'和'私'两大系统相互冲突又相互利用的互动过程。"[①] 这一论断扩展至今仍然适用。在此便根据"公"与"私"互动关系中的关键性变化作为标准，将中国乡村治理实践区分为传统社会的皇权不下县与乡绅治村、民国时期的国家建设与赢利型经纪、中华人民共和国成立后国家政权深入乡村所形成的集体化运行以及改革开放后以农业税费改革为节点的乡村自治与"乡政村治"演进四阶段，并就每阶段的治理状况进行简单勾勒。

一　中华人民共和国成立前的乡村治理

皇权社会时期，囿于小农经济的有限剩余和国家资源汲取能力不足，故维持着"皇权不下县"的简约治理格局。此时的乡土社会依托宗族组织和乡绅群体作为主导力量，发展出公私融通、内外有序的治理模式。他们对内组织乡村社会的治理秩序和公共品生产，对外承担起与其他村庄或县官、衙役打交道的"经纪"角色。这种治理结构高度稳态化，使得民国时期的国家权力扩张遭遇重重阻力。后期民国政府在实际村治中只好重新回归乡绅治村模式，而后因为"掠夺型经纪"所主导而走上了内卷化道路。

（一）古代社会的乡村治理：皇权不下县与乡绅治村

古代社会的乡村治理模式大体可以概括为皇权不下县状况下的乡绅治村。受制于有限财力、皇权与官僚间的权力博弈等诸多因素，传统社会中的国家向基层渗透权力的程度较低。[②] 这不仅体现在官僚机构只延伸至县令一级，还反映为司法和征税这两项核心职责的行使也高度依赖民

[①] 傅衣凌：《中国传统社会：多元的结构》，《中国社会经济史研究》1988年第3期。
[②] 黄宗智：《集权的简约治理——中国以准官员和纠纷解决为主的半正式基层行政》，《开放时代》2008年第2期。

间的乡绅阶层、宗族力量以及半正式治理方式。①

传统乡村社会是相对封闭和静止的社区，被牢牢嵌入血缘和地缘关系中的农民们构成了"熟人社会"，其间亲属差序的"自己人"结构、充分的信息流通、地方性规范以及舆论、面子等监督机制，共同塑造出村社内部稳态的权力结构。居于权力结构中核心位置的是费孝通所指称的"教化性的权力"，即"长老统治"。② 这里的"长老"是指在乡民中威望高、具有教化能力者，主要是宗长、士绅和地方名流。宗族由族长、祠堂、族规与族田等构成，这是个高度系统性与组织化的单元，对乡村资源进行整合和调配。宗族内在价值的实质是"对建立血缘亲疏差别基础上的族内等级的无条件承认、尊敬、管辖和服从，以及族内成员之间的互助合作、同喜共忧、生死相依"③。这种宗族价值、家族伦理塑造了乡村成员的价值秩序，形成天然的归属感和服从性。其背后是社会生产力低下的背景下群体互惠的现实需要，个体生存别无选择地依附于共同体的长期保护。因此，宗族所形成的利益关联越紧密，宗族内部的共同意识就越浓厚，同时族长的个人权威以及对于基层的控制力就越强大。④

国家政权与血缘宗亲交织的社会网络共同塑造出了士绅群体。在科举制度下，士绅阶层大多拥有科举功名和政治特权，他们或是未能成为官员，或是在职官员的亲属以及告老还乡的官员，⑤ 其身份地位高于平民。在乡村社会，财富、学问和阶层身份只是该群体获取"社会—文化"性地方权威的外在条件。张静指出"地方权威是绅士涉及'地方公事'活动的结果"⑥，乡绅以此获得社会对其能力和声望的确认，同时也有助于保护该群体的经济财产安全。

---

① 瞿同祖：《清代地方政府》，范忠信、晏锋译，法律出版社 2003 年版，第 192—247 页。
② 费孝通：《乡土中国》，北京出版社 2011 年版，第 93—96 页。
③ 骆正林：《中国古代乡村政治文化的特点——家族势力与国家势力的博弈与合流》，《重庆师范大学学报》（哲学社会科学版）2007 年第 4 期。
④ ［美］杜赞奇：《文化、权力与国家：1900—1942 年的华北农村》，王福明译，江苏人民出版社 2010 年版，第 64 页。
⑤ 费孝通：《中国士绅：城乡关系论集》，赵旭东、秦志杰译，外语教学与研究出版社 2011 年版，第 25—26 页。
⑥ 张静：《历史：地方权威授权来源的变化》，《开放时代》1999 年第 3 期。

作为地方权威，乡绅群体首先是扮演乡村社会公共事务的主导力量。古代基层治理"许多事情乡村皆自有办法；许多问题乡村皆自能解决：如乡约、保甲、社仓、社学之类，时或出于执政者之倡导，固地方人自己去做"[1]。为了赢得乡民的拥戴和支持，士绅一方面要承担起兴办社仓粥厂、修桥铺路、水利工程建设等公益事业，另一方面要在村庄内宣扬儒学教化，主持兴学助教、止斗息讼以及主婚助葬等道义事宜。相较之下，官方的民事管辖权更多维持在文化象征层面，它默认并谨慎地维护两个领域间的管理边界，除非是基层难以处理才会诉诸官方。[2] 其次是充当官府在地方社会的代理人。在国家权力必须强制干预的特定领域，例如征税、司法、赈灾等，地方官员也高度倚重乡绅、地方名流作为"乡保"。不同于"流官"，该群体对当地社会情况最为熟悉，也具有较强的地方权威，于是"协助（县衙户房）征税、传递官府谕令和处理纠纷等事务"[3]。与此同时，这一身份也为国家干预与社会回应提供了缓冲空间。"一旦村落利益与国家利益存在冲突的时候，他们可以借助其身份，在村民和国家之间充当桥梁，站在村民立场与国家讨价还价。"[4]

由此可见，与现代社会明显不同的是，传统社会存在自上而下的皇权与自下而上的绅权（族权）两股权力，前者代表国家力量，维护着官治秩序；而后者代表的是民间力量，维持的是乡土秩序。它们平行运作并且相互作用，构建起独具特色的"双轨政治"格局。[5]

（二）民国时期的乡村治理：国家权力延伸与赢利型经纪主导

民国政府试图打破"双轨政治"的基层治理格局，将国家权力向基层社会延伸。于是，它们在县以下设立具有正式官员和机构的"区"级政府，在行政村设立不带薪酬但有半正式身份的村长制。这一举措与西

---

[1] 梁漱溟：《梁漱溟全集》第5卷，山东人民出版社2005年版，第585页。
[2] 黄宗智：《清代的法律、社会与文化：民法的表达与实践》，上海书店出版社2007年版，第100—102页。
[3] 黄宗智：《重新思考"第三领域"：中国古今国家与社会的二元合一》，《开放时代》2019年第3期。
[4] 李建兴：《乡村变革与乡贤治理的回归》，《浙江社会科学》2015年第7期。
[5] 费孝通：《乡土中国》，北京出版社2011年版，第112—118页。

方现代民族国家的建设历程相似，本质是依托向下延伸的基层行政化力量来扩大国家税源。相伴而生的便是乡村承受更为沉重的税费负担，还出现了"摊款"这种新的征税方式。它以村庄整体作为征税对象，再由村庄内部自行制定摊派方法，① 政府肆意征收很容易远超农民乃至村庄的承受能力。

"社会中如果没有同国家权力抗衡的自治组织或团体，国家就会通过层层官僚机构将偏离于公共利益的强权意愿直接贯穿到社会底层。"② 杜赞奇提出的"经纪模型"形象地概括了国家政权与乡村社会间的这一中介群体，并区分"赢利型经纪"与"保护型经纪"以呈现差异化主体的运作与博弈。③ 传统社会的县级行政资源极度匮乏，需要依托以抽佣为生的大量吏役作为"赢利型经纪"。"他们负责征收赋税、缉拿人犯、递送传票、对田宅交易进行登记、张贴官府告示及在乡村地区进行各种调查"④，也借履职之机向村民们收取各种规费和佣金营生。有些地方士绅为保护社区利益便主动充当"保护型经纪"，负责组织征收赋税并完成其他国家指派的任务。可见，保护型经纪既是乡村社会的内生机制，又是在应对国家权力侵入时的"反向运动"⑤。知县、衙门吏役与地方士绅构成了既冲突又联合的基层治理三角模式。现代国家建设的权力扩张试图打破原本均衡的这套治理结构，形成了民国政府与乡村社会之间的一场权力博弈。

在宗族力量较为薄弱的北方地区，地方政权的行政化建设无力取代旧有的经纪体制，但却造成保护型经纪退出、赢利型经纪主导的"劣币驱逐良币"局面。地方乡绅从乡村治理中退场有时局性因素的作用，例如科举制度废除阻断乡绅原有的制度性上升渠道，而商业和城市的兴起

---

① 黄宗智：《重新思考"第三领域"：中国古今国家与社会的二元合一》，《开放时代》2019年第3期。

② 周安平：《社会自治与国家公权》，《法学》2002年第10期。

③ ［美］杜赞奇：《文化、权力与国家：1900—1942年的华北农村》，王福明译，江苏人民出版社2010年版，第24页。

④ ［美］白德瑞：《爪牙：清代县衙的书吏与差役》，尤陈俊、赖骏楠译，广西师范大学出版社2021年版，第422页。

⑤ ［英］卡尔·波兰尼：《大转型：我们时代的政治与经济起源》，冯钢、刘阳译，浙江人民出版社2007年版，第114页。

促使乡绅大规模迁往城市。① 但更为重要的是乡村治理形势的变化。国家政权为了摆脱对于吏役的依赖，将大量职能转移到正直的士绅群体，使之不堪重负而相继退出乡村治理。杜赞奇详细描述了其中缘由：分派和摊款征收都需要士绅先行垫付，他们与村民关系也愈发紧张；契税、土地丈量等新政策与村庄习俗相抵触，迫使他们不得不在政府与村民之间选边站等等。② 这反而给了土豪、劣绅等"赢利型经纪"填补空隙的契机，他们快速再生并扩散到乡村治理的方方面面。置于"赢利型经纪"的粗暴管理之下，乡村社会很快地走向组织体系崩溃的离散状态。

相较于华北、华中地区，在宗族势力依旧强势的岭南地区，乡村治理劣绅化的趋势不那么明显。即使是在国民党统治或日伪时期，宗族仍旧保有大量公产和强大的凝聚力，甚至掌握武装力量，对地方事务具有绝对控制权。③④ 为维持统治，民国政府不得不转而扶持基层宗族势力，"纳宗族于基层行政组织之内，使其为政府的各项政策服务"⑤，包括征兵征粮、徭役摊派等等，由此一方面阻碍了包括保甲、连坐、处罚等国家权力下沉的制度化努力，另一方面也阻断了劣绅参与乡村事务的可能。对广东地区的历史考证在一定程度上修正了民国时期赢利型经纪主导基层治理的观点，展现了民国乡村治理中宗族等传统力量与国家基层政权共存的一种面向。

二 人民公社时期的乡村治理：总体性社会与单位制运行

中华人民共和国成立后面对的仍然是高度分散的乡土社会，治理权力和权威分散在富农、地主与宗族长老等群体手上。此时为了将乡村社

---

① 朱新山：《试论传统乡村社会结构及其解体》，《上海大学学报》（社会科学版）2010年第5期。

② ［美］杜赞奇：《文化、权力与国家：1900—1942年的华北农村》，王福明译，江苏人民出版社2010年版，第159—163页。

③ 伍锐麟：《粤海虞衡卌一秋——伍锐麟调查报告集》，何国强编，国际炎黄文化出版社2005年版，第396页。

④ C. K. Yang. *A Chinese Village in Early Communist Transition*, Cambridge: Technology Press, Massachusetts Institute of Technology, 1959, p.109.

⑤ 沈成飞：《保甲制度与宗族势力的调适与冲突——以民国时期的广东地区为例》，《福建论坛》（人文社会科学版）2016年第5期。

会重新组织起来以稳固新生政权，新中国将国家政权全面下沉到乡村，"就政权与村庄的关系而言，土地改革和税率提高使国家政权空前地深入自然村。旧日的国家政权、士绅或地主、农民的三角关系被新的国家政权和农民的双边关系取代了"[1]。与此同时，为了将离散的小农经济快速拉入赶超资本主义的国家战略进程中，国家构建起城乡分治的"单位体制"。在农村地区，依托人民公社体制形成高度组织化的"总体性社会"，完成了由"破"到"立"的乡村结构整合过程。

所谓"总体性社会"，是指"社会的政治中心、意识形态中心、经济中心重合为一，国家与社会合为一体以及资源和权力的高度集中，使国家具有很强的动员和组织能力"[2]。人民公社体制就是总体性社会的组织系统，包括人民公社、生产大队以及生产小队三级体系。国家政权掌握着绝大多数的资源和机会，依靠这个组织系统对乡村社会实施全面管理。

在政治上，基层党组织不仅广泛吸纳农民积极分子，还负责提名和领导公社社长、生产大队队长和生产队队长。此外，共青团、妇联以及民兵组织等乡村群团组织成立，分类吸纳了村庄青年农民与妇女等重要群体。这些组织的制度化运行将政党意志向社会基层纵深延展，也将原本相对独立的村落整合到正式的国家生活当中。[3] 与此同时，人民公社还兼具基层管理和生产组织双重属性，其职能从治安、税收等扩大到组织生产、政治运动、文教卫生等方面：[4] 全面加强生产计划管理与生产技术推广，营造浓厚的"比学赶帮"氛围；识字运动、夜校等文化教育形式兴起，全面开展扫盲和妇女解放运动；带有宣传性质的戏曲、舞蹈等文艺活动频出……由此"培养起农民的阶级意识和国家观念，他们的事业和话语不再局限于村落，而是放眼乡村之外整个国家的政治生活"[5]。新

---

[1] ［美］黄宗智：《长江三角洲小农家庭与乡村发展》，中华书局1992年版，第173页。

[2] 孙立平、王汉生、王思斌、林彬、杨善华：《改革以来中国社会结构的变迁》，《中国社会科学》1994年第2期。

[3] 徐勇：《"政党下乡"：现代国家对乡土的整合》，《学术月刊》2007年第8期。

[4] 申端锋：《二十世纪中国乡村治理的逻辑：一个导论》，《华中科技大学学报》（社会科学版）2006年第4期。

[5] 陈那波、余剑：《传统乡村社会是如何被组织起来的？——基于土地改革和合作化运动时期的南景村个案分析》，《公共管理与政策评论》2019年第5期。

的生活方式与意识形态组织化、全面性的推动，引发了乡村社会系统的现代化转型。

依托人民公社的组织体制，社会主义建设时期的农业总产量提高了近三倍，现代生产经营技术也得以全面推广，例如引进优质良种、普及化肥农药和推广农业机械。但是黄宗智也指出"解放后集体化同样没有导致每劳动日生产率和报酬的发展，亦即是真正的现代化发展，而只是农业生产的进一步过密化"①。人民公社时期的另一成就是低成本地为广大农村地区提供基本保障水平的公共服务，②包括农田水利设施、农村合作医疗以及乡村基础教育等。"与过去不同的是，在中国共产党的领导下，农民在较大的范围内被积极地动员和组织起来，乡村公共产品走了用劳动力最大限度替代资金的道路。"③

国家权力冲击并非全面替代村落乡土传统，而是形成两者的碰撞、消长、转化与融合。"事实上农民远非如许多人想象的那样是一个制度的被动接受者……他们一直有着'反道而行'的'对应'行为，从而以不易察觉的方式改变、修正，或者消解着上级的政策和制度"④，例如集体生产低效、瞒产私分、偷粮借粮等等。这些行为其实就是面对国家强力渗透与主导时的"弱者的武器"⑤。也有研究指出由人民公社体制重组的乡村仍旧深受原有社会结构、文化传统与宗教信仰等影响，形成类似"蜂窝式结构"（honeycomb structure）的特性。⑥而在公社体制与乡土社会之间扮演联结纽带的就是基层生产队干部，他们会采取各种策略为村民提供庇护、保障农业生产稳定，从而使得刚性的体制控制具有更多的

---

① [美]黄宗智：《中国农村的过密化与现代化：规范认识危机及出路》（自序），上海社会科学院出版社1992年版，第3页。

② 岳谦厚、贺蒲燕：《山西省稷山县农村公共卫生事业述评（1949—1984年）——以太阳村（公社）为重点考察对象》，《当代中国史研究》2007年第5期。

③ 叶文辉：《农村公共产品供给制度变迁的分析》，《中国经济史研究》2005年第3期。

④ 高王凌：《人民公社时期中国农民"反行为"调查》，中共党史出版社2006年版，第192页。

⑤ [美]詹姆斯·C. 斯科特：《弱者的武器：农民反抗的日常形式》，郑广怀、张敏、何江穗译，译林出版社2011年版，第35页。

⑥ Vivienne Shue, *The Reach of the State: Sketches of the Chinese Body Politic*, Stanford: Stanford University Press, 1988. p. 130.

灵活性与情感关联。① 由此可见，"公社制度与村落传统之间有融合的地方，融合可以为公社的延存与稳定提供依据；公社制度与村落传统之间存在着张力，张力可以为持续不断的阶级斗争的必要性提供理由。公社制度内部的融合与冲突是公社制度的存在方式"②。

三 税费改革前的村民自治：民主化与行政化的张力

改革开放初期，最关键且最艰难的农村改革就是推行家庭联产承包责任制。③ 这一决策过程历时三年（从1978年年底到1982年年初），在发挥集体优越性与调动农民积极性两种主张间争执不下，历经多种政策形态后最终确立"农民自主选择责任制形式"这一政策原则。④ 社队组织解体后，国家替代性地设立了乡镇政府和村民委员会，乡村治理由此进入"乡政村治"阶段。值得注意的是，这里的"村"多数都不再是"熟人社会"意义上的自然村，而是由国家规划形成的行政村。由于沟通交往的密集性不足、缺乏充裕的公共空间，这样的村庄结构被视为"半熟人社会"。行政村所构建的"半熟人社会"导致农民行为方式发生了一系列变化，例如"由自然生出规则和信用到相互商议达成契约或规章，由舆论压力到制度压力，由自然村的公认转变到行政村的选任（或委任），由礼治变为法治，由无讼变为契约，由无为变为有为（做出政绩才能显出能人本色），由长老政治变为能人政治"。⑤

---

① Jean. C. Oi, "Communism and Clientelism: Rural Politics in China", *World Politics*, Vol. 37, No. 2, January 1985, pp. 238–266.

② 张乐天：《告别理想——人民公社制度研究》，东方出版中心1998年版，第5页。

③ 家庭联产承包责任制的具体做法有两种形式，一是包产到户，农户承包农业、畜牧业、养殖业或者副业生产任务，超产奖励减产赔偿；二是包干到户，生产队将集体耕地承包到户，土地所有权归国家但生产经营权归农民，生产队和农民签订合约：除了提交国家税收、集体需要之外，承包所得归农民所有。家庭联产承包责任制的实施使得生产与家庭个人利益直接相关，极大调动了农民的积极性。

④ "经历了三种政策形态：'一刀切'政策是指对于包产到户一律否定，持续时间从1978年12月到1980年9月；'切两刀'政策是指分两类地区，即贫困地区可以搞，一般地区不要搞，持续时间从1980年9月到1981年3月；'切三刀'政策是指分三类地区，即贫困地区可以搞'包产到户、包干到户'，中间地区实行'统一经营、联产到劳'，发达地区实行'专业承包、联产计酬'，持续时间从1981年3月到1982年1月。"参见赵树凯《家庭承包制政策过程再探讨》，《中国发展观察》2018年第16期。

⑤ 贺雪峰：《论半熟人社会——理解村委会选举的一个视角》，《政治学研究》2000年第3期。

从制度安排上看，乡镇政府是国家最基层的政权，而村庄层级实行村民自治，而并非作为基层政权、一切听从乡镇政府指挥。① 村级领导团体由党员选举产生的村庄党支部和村民选举产生的村民委员会组成，前者负责思想、政治、组织等领导作用，后者则承担自我管理、自我教育和自我服务功能。② 现实运行中的乡村治理始终面临着村民自治与行政干预之间的张力，突出表现在村两委同时承担着"国家代理人"与"村庄当家人"双重角色。③

村民自治不仅是乡村社会运行的法定原则，也是民主国家建设的重要组成，包括民主选举、民主决策、民主管理和民主监督"四个民主"的基本内容。④ 其运行"卓有成效地填补了人民公社体制解体后农村基层行政管理和公共服务供给的空缺"⑤，还在持续培养农民的民主权利观念和民主参与能力。村民自治制度在各地探索与实践中，特别是在民主选举方面探索出诸多创新做法，"从刚开始的乡镇直接任命和选任结合，到自上而下和自下而上的授权，形成了直选、海选、独立提名、两票制等民主机制"⑥。在村治过程中，民主作为正式的制度平台，"不仅可以给一般村民提供成为公众人物的机会，而且有助于形成村民与村干部之间的信任关系"⑦。同时，民主制度还能吸纳宗族组织、老人协会等村庄非正式组织和基础性资源，部分地促进村庄的公共品生产和村治绩效。⑧ 但是随着村民自治由选举方式向治理过程延伸，四个民主间的同步发展问题、民主与行政间的关系问题等结构性矛盾就凸显了出来。当然也有学者指

---

① 张厚安：《乡政村治——中国特色的农村政治模式》，《政策》1996年第8期。
② 卢福营：《论能人治理型村庄的领导体制——以浙江省两个能人治理型村庄为例》，《学习与探索》2005年第4期。
③ 徐勇：《村干部的双重角色：代理人与当家人》，《二十一世纪》1997年第4期。
④ "四个民主"的提法始见于民政部1994年下发的关于开展村民自治示范活动的通知中。1998年，"四个民主"正式写入修订的《中华人民共和国村民委员会组织法》。
⑤ 李晓鹏：《论"村民自治"的转型和"乡—村"关系的重塑》，《社会主义研究》2016年第6期。
⑥ 李春根、罗家为：《从动员到统合：中国共产党百年基层治理的回顾与前瞻》，《管理世界》2021年第10期。
⑦ 贺雪峰：《论半熟人社会——理解村委会选举的一个视角》，《政治学研究》2000年第3期。
⑧ 孙秀林等人的研究显示，同时存在宗族组织与民主组织的村庄，由于双方都要强化各自的合法性，二者间的竞争性就会导致公共品投资的增加，具有更为显著的高治理绩效。参见孙秀林《华南的村治与宗族——一个功能主义的分析路径》，《社会学研究》2011年第1期。

出"中国的村民自治具有国家赋权的特点,民主自治的立法精神能否落实取决于行政放权所提供的体制空间"[①]。

这就涉及村庄治理作为民族国家建设的面向。在基层治理实践中,位于官僚组织序列末端的乡镇政府都面临财政资源匮乏和基础性权力弱小的困境。因而,许多行政任务都需要依仗村两委具体实施,从这一层面看,村级组织建设同时也是基层政权建设的重要内容。税费时期,乡镇的中心工作主要是收税、定购粮与开展计划生育,都是"向农村汲取资源,因此,乡镇被概括为'三要政府'(要钱、要粮和要命)或'汲取型政府'"[②]。乡镇政府为了完成这些"一票否决"的中心工作,便借助政府对于村民委员会的法定"指导关系"将村干部行政化,[③] 包括下派驻村干部、对村干部实施"诫勉"、实施村财乡管等等。尽管税费时期多地出现基层政府为扩张财政收入而向农民或农村乱收费或乱摊派现象,但是从另一个角度看,当时村干部行政化仍维持在相对有限的程度。"三提五统"的征收使得乡镇有能力也有意愿回应村庄的公共需求,而村集体也有能力号召与组织起公共品生产的集体劳动。这一时期的村庄公共事务和公益事业仍然在集体所有制的框架内实现供给。

从乡村权力结构的配置关系看,权力运行中的"乡强村弱"是常态,但在乡村治理的具体场景中,权力的强弱关系也可能被倒置。[④] 村两委行政化虽然昭示着我国乡村治理实践"上下分治"的普遍态势,村庄被乡镇政府领导,但村庄自身在经济上、行政上和社会上的自立能力也会影响"乡政"和"村治"关系的调适。倘若村庄具有较强的原生秩序能力,例如集体经济实力强、传统文化或宗族组织保持得比较完整,其村干部更看重社会性收益,也更倾向于扮演保护型经纪。[⑤][⑥]

---

① 徐勇:《村民自治的成长:行政放权与社会发育——1990 年代后期以来中国村民自治发展进程的反思》,《华中师范大学学报》(人文社会科学版) 2005 年第 2 期。
② 欧阳静:《"维控型"政权 多重结构中的乡镇政权特性》,《社会》2011 年第 3 期。
③ 徐勇:《村民自治、政府任务及税费改革——对村民自治外部行政环境的总体性思考》,《中国农村经济》2001 年第 11 期。
④ 吴毅:《双重边缘化:村干部角色与行为的类型学分析》,《管理世界》2002 年第 11 期。
⑤ 项继权:《乡村关系的调适与嬗变——河南南街、山东向高和甘肃方家泉村的考察分析》,《华中师范大学学报》(人文社会科学版) 1998 年第 2 期。
⑥ 贺雪峰、阿古智子:《村干部的动力机制与角色类型——兼谈乡村治理研究中的若干相关话题》,《学习与探索》2006 年第 3 期。

四 税费改革后的基层治理：能人治村与政社治理共同体

市场化催生农村剩余劳动力大规模城乡流动，造成了广大农村在熟人社会、半熟人社会的基础上演化出"无主体熟人社会"①。具体首先表现为村中留守群体多为老弱妇孺，出现了以代际分工为基础的"半工半农"结构与青壮年群体的间歇性回归。其次，在市场观念和城市陌生人逻辑的渗透下，农民们更关注利益而非道德、更聚焦私人事务而非公共生活。这种基于个体的工具理性在逐渐取代以社区记忆危机出的集体认同感。最后，由于村治中坚力量的长期"不在场"，维持熟人社会的伦理秩序以及交往规则，例如舆论压力、"卖面子""给人情"等机制都已经失灵。而周期性的短期聚集则诱发"夸富"寻求认同，宗族宗教等传统信仰得以复兴。2006年农业税取消对乡村治理而言也是个关键性的时间节点。在税费改革的同时，国家以"多予、少取、放活"方针推行"城市反哺农村"战略，加大对农村基础设施、公共事业和社会保障的扶持和补助。乡村社会的结构性变化与国家对城乡资源配置的整体性调整相互作用，促使乡村治理呈现出新特征。

在镇村两级关系层面，经历了由"悬浮型政权"到"构建治理共同体"的转变。税费改革意味着一直依靠农业收取税费维持运转的基层政府正在转向依赖上级转移支付。加之撤并乡镇、乡镇机构改革削弱了乡镇的行政能力，"缺乏实质性的财权、人事权和事务权，从而高度依附于上级政权组织"②。于是，国家政权之于乡村社会也从"汲取型"变成"悬浮型"，乡镇政府专注于向上跑"项目"，逐渐脱离与农民的既有联系。③ 21世纪以来，国家民事职能在乡村社会扩张、公共服务与财政资源持续下乡。为将基层治理纳入更规范化的制度框架中，国家逐渐将纵向行政权配置集中化，建立了大量精细的管理指标、技术化的考核手段以及密集的监督问责。"从基层政府的角度，这意味着基层的自主性被大幅

---

① 吴重庆：《无主体熟人社会及社会重建》，社会科学文献出版社2014年版，第171页。
② 欧阳静：《富人治村与乡镇的治理逻辑》，《北京行政学院学报》2011年第3期。
③ 周飞舟：《从"汲取型"政权到"悬浮型"政权——税费改革对国家与农民关系之影响》，《社会学研究》2006年第3期。

第一章　乡村治理的历史演进与现实困境　　13

度压缩,但所处的治理压力结构却被强化了。"① 尽管窘迫且高度稀缺的资源处境未能改善,但乡镇政府需要应对激增的任务和日趋刚性化的环境。为此,乡镇政府重新强化与基层乡村的联系,通过驻村包村、下派第一书记以及网格化等制度安排将镇村联结为"治理共同体"②。相应而来的则是村庄日常运行中,村干部在人事—管理维度的全面行政化,科层监督的高度制度化以及村务工作的去人格化。

项目制成为公共财政向乡村倾斜的主要形式,表现为各种惠农支农项目进村,也成为村庄争取资源的重要渠道,这改变了原本以乡镇政府与村级组织为主的公共品供给模式。"项目进村"的实践过程可切分为国家部门"发包"、地方政府"打包"以及村庄"抓包"分级运行。③ 由于项目指标供给存在稀缺性和非均衡性,镇村两级会就项目申请结成利益联盟。但是在实施过程中,由于层级间授权与激励问题未能有效处理,矛盾调处总是被转移给更低层级。④ 从而导致项目实施的"最后一公里"经常面临农户扯皮、阻挠和反对。这种"最后一公里"难题"造成了项目落实不单是一件工程建设工作,也是一项调节复杂利益关系的治理性工作"。⑤

在村庄内部,国家政权的相对退出给予乡村能人参与村民自治的空间。税费改革之后,原本作为国家征税对象的乡村社会在政治性上大为削弱,诞生了新的治理主体,⑥ 突出表现为"能人治村"现象。所谓的"能人",多数是具有丰富资源的经济能人或致富能手,他们通过村民自治制度进入乡村政治领域成为村庄领袖。能人治村现象是乡村转型中多

---

① 仇叶:《行政权集中化配置与基层治理转型困境——以县域"多中心工作"模式为分析基础》,《政治学研究》2021 年第 1 期。
② 景跃进:《中国农村基层治理的逻辑转换——国家与乡村社会关系的再思考》,《治理研究》2018 年第 1 期。
③ 折晓叶、陈婴婴:《项目制的分级运作机制和治理逻辑——对"项目进村"案例的社会学分析》,《中国社会科学》2011 年第 4 期。
④ 李祖佩、钟涨宝:《分级处理与资源依赖——项目制基层实践中矛盾调处与秩序维持》,《中国农村观察》2015 年第 2 期。
⑤ 桂华:《项目制与农村公共品供给体制分析——以农地整治为例》,《政治学研究》2014 年第 4 期。
⑥ 贺雪峰:《乡村的去政治化及其后果——关于取消农业税后国家与农民关系的一个初步讨论》,《哈尔滨工业大学学报》(社会科学版) 2012 年第 1 期。

方作用的共同结果。中央基层党建自20世纪90年代起就确立了"双培双带"的工作思路,即把致富能手培养成党员,把致富能手中的党员培养为管理人员;带头致富、带领群众致富。与此同时,治理能力衰弱的乡镇政府也高度依赖这些"黑白两道通吃"的村干部,能够运用各种"摆平术"高效完成各种基层的棘手难题。[①] 在村民眼里,这也是传统能人政治的继承。这些能人治村不仅符合村民们对发家致富与村庄发展的期待[②],还反映出乡村社会基于项目诉求冲动对于"合格"村干部的重要预期。但是也有研究指出,富人治村具有不可逆定律,会导致权力结构固化。而以市场化规则和行政逻辑治村会加速村庄公共性的瓦解,公共品供给与伦理秩序难以发挥积极作用。[③] 由于能人治村难以实现村治主体的有效监管和村庄社会诉求的通畅反馈,与之相伴生的是多数普通农民被排斥在利益分配之外,于是出现落单的农民和越来越多的"钉子户",乡村治理的"内卷化"出现。[④]

第二节　乡村治理的现实困境:集体公共品如何生产

乡村社区的公共性问题是始终萦绕在基层社会的重要议题,是地方权威与村庄内生治理能力生成的关键。乡村社区的公共性囊括公共空间、公共文化、公共利益以及公共品供给等,其中核心是村庄的公共品供给,因为它涉及分散的小农家庭与集体生产生活如何连接。日本学者田原史起曾提出,中国农村同时有"公""共""私"三个领域在生产公共品,它们分别遵循政府的"再分配原则"、社区的"互惠原则"与市场的"交换原则"。[⑤] 从发展历程上看,古代乡绅治村与人民公社时期的村社集

[①] 欧阳静:《富人治村与乡镇的治理逻辑》,《北京行政学院学报》2011年第3期。

[②] 卢福营:《治理村庄:农村新兴经济精英的社会责任——以浙江省永康市的私营企业主治村为例》,《社会科学》2008年第12期。

[③] 贺雪峰:《论富人治村——以浙江奉化调查为讨论基础》,《社会科学研究》2011年第2期。

[④] 贺雪峰:《论乡村治理内卷化——以河南省K镇调查为例》,《开放时代》2011年第2期。

[⑤] [日]田原史起:《日本视野中的中国农村精英:关系、团结、三农政治》,山东人民出版社2012年版,第6页。

体所有制都突出了"共"的领域。自税费改革后，国家的财政转移支付和民生保障成为农村最主要的公共品供给方，由"共"领域转向"公"领域。

然而，公共财政体系所构建的公共服务保障体系无法满足各类村庄差异化的公共品需求。在制度层面，税费改革前的"三提五统""两工"制度为村集体牵头组织公共品生产奠定了基础，也导致组织成本膨胀、农民负担过重等基层问题。税费改革之后，取而代之的是"一事一议"制度框架下的合作化道路，① 但是这一制度的运行并不似预设中顺利。近些年无论是理论界还是实务界都在就如何有效供给村庄公共品展开积极探索。但是，他们始终在"政府包办"与"村社自治"两种方案间之间摇摆不定，陷入两难的选择之中。

一 政府包办方案

21 世纪以来，国家加大"三农"领域的投入规模，并在社会建设和民生保障领域持续进行职能扩张。于是，部分村庄公共品被纳入公共财政支出范畴，并以项目制形式进行生产。项目制是财政供给的主要形式，以指定用途的"专项资金"规范化地生产公共品。② 有研究指出政府提供比组织群众更省事，而项目制的管理技术在整体改善农村公共服务的同时，也提高了民众的政府满意度。③

从村庄公共品的供给层面看，政府包干存在供给面上的不均衡。未被纳入项目计划的公共品种类，或者未被纳为"示范村""整治村"两头的中间村庄依然面临供给严重短缺的状况。④⑤ 更重要的是，相较于补贴

---

① 桂华：《组织与合作：论中国基层治理二难困境——从农田水利治理谈起》，《社会科学》2010 年第 11 期。

② 折晓叶、陈婴婴：《项目制的分级运作机制和治理逻辑——对"项目进村"案例的社会学分析》，《中国社会科学》2011 年第 4 期。

③ 陈文琼：《富人治村与不完整乡镇政权的自我削弱？——项目进村背景下华北平原村级治理重构的经验启示》，《中国农村观察》2020 年第 1 期。

④ 耿羽：《"输入式供给"：当前农村公共物品的运作模式》，《经济与管理研究》2011 年第 12 期。

⑤ 张良：《"内生型"农民合作的有效因素分析——以鄂西南桔村修路为例》，《华中农业大学学报》（社会科学版）2017 年第 2 期。

发放、行政审批这些政策产品标准化程度较高的常规任务而言，集体公共品生产属于复杂政策，治理目标具有综合性与多元化、环境差异敏感度高，存在大量在地的"情境信息"，因而政策产品有浓厚的"定制性"色彩。① 这种自上而下的决策机制难以获取多样化的情景信息、对代理人激励不足并且"重建设而轻维护"，容易导致一刀切执行、供需不对接等项目进村的"最后一公里困境"以及持续维护阶段的管理主体缺位。②

此外，地方政府的自利性会导致对农村社会的过度干预，例如为追求晋升与竞争而频繁调整辖区农业产业项目。③ 即使在执行惠农政策，倘若政府的介入形式不当也可能扭曲政策初衷，比如部分地方通过引导资本下乡"经营村庄"，惠农资源反而被资本所占据;④ 落实资金配套的村级工程则给部分村庄带来了沉重的集体债务或治理危机等基层问题，⑤ 这些都是"国家视角"所始料未及的。

从村庄内部的运行过程看，政府包办很容易演化出"政策权威性"与"村社自主性"之间的矛盾。政策执行是以公权力的强制性和控制力作为支撑。在压力型体制的作用下，为按期完成上级下达的任务指标或为避免横向竞争排名中的约谈问责，基层政府就可能"一刀切"地过度执行。然而，集体产权或集体公共品生产的实践嵌入于高度情境化的社会关系之中，是村社内部长期互动和协调的产物。⑥ "以制度设计来取代非正式的社会合约规则"，反而会降低村民对公共品的合法性认知，给社区持续发展带来不良后果。⑦ 既有研究发现，国家资源反哺会对村庄自我供给产生挤出效应，带来村民福利依赖、弱化村庄内部的横向整合

---

① 吕方、梅琳:《"复杂政策"与国家治理——基于国家连片开发扶贫项目的讨论》，《社会学研究》2017 年第 3 期。

② 王晓毅:《乡村公共事务和乡村治理》，《江苏行政学院学报》2016 年第 5 期。

③ 刘军强、鲁宇、李振:《积极的惰性——基层政府产业结构调整的运作机制分析》，《社会学研究》2017 年第 5 期。

④ 焦长权、周飞舟:《"资本下乡"与村庄的再造》，《中国社会科学》2016 年第 1 期。

⑤ 周雪光、程宇:《通往集体债务之路:政府组织、社会制度与乡村中国的公共产品供给》，《公共行政评论》2012 年第 1 期。

⑥ 申静、王汉生:《集体产权在中国乡村生活中的实践逻辑——社会学视角下的产权建构过程》，《社会学研究》2005 年第 1 期。

⑦ 折晓叶、陈婴婴:《产权怎样界定——一份集体产权私化的社会文本》，《社会学研究》2005 年第 4 期。

能力①、阻碍自治的公共空间出现。与此同时，村庄里富人或能人村干部、地方势力以及谋利型钉子户则可能乘机聚合为分利集团，蚕食下乡的惠农资源。②因此，学者们普遍认为国家没有能力包揽所有村庄公共品的全过程供给，仍需倚重农民与农村社区的主体性力量。③

二 自主供给方案

针对国家主导公共品供给存在的诸多问题，以社区为基础的自然资源管理（Community–Based Natural Resources Management）在国际上被认为是有效的替代方案。该方案认为公共品的直接用户最了解应该如何采取行动，并且有动力以可持续的方式合作管理公共品。④

其实从正式制度层面看，税费改革后所设定的"一事一议"制度就把村庄公共品交由村社自主供给。但是由于多数地区的农地"小"且"散"，产权过于清晰反而造成谈判成本过高，从而形成了"反公地悲剧"⑤。普通农民间的自愿合作很难达成，因为尽管集体间的边界相对清晰，但是村社内部则难以将不参与合作的个体排除在共享收益之外。所以，理性小农天然存在着"搭便车"倾向，为公共物品或服务自愿贡献的意愿较弱，多数是在自身利益被威胁的情况下才有所行动。与此同时，行政规划的村域调整导致集体规模越发庞大，这就意味着以自愿为原则的合作行动将会面临更高的协商成本和监督成本。这也就是为何"一事一议"制度运行陷入"事难议、议难决、决难行"的困境中。⑥虽然中央政府后续以财政奖补的方式提升外部激励，但政策效果却是"千斤拨

---

① 钱文荣、应一逍：《农户参与农村公共基础设施供给的意愿及其影响因素分析》，《中国农村经济》2014 年第 11 期。

② 陈锋：《分利秩序与基层治理内卷化——资源输入背景下的乡村治理逻辑》，《社会》2015 年第 3 期。

③ 董磊明：《农村公共品供给中的内生性机制分析》，《中国农业大学学报》（社会科学版）2015 年第 5 期。

④ Arun Agrawal and Clark C. Gibson. "Enchantment and Disenchantment: The Role of Community in Natural Resource Conservation", *World Development*, Vol. 27, No. 4, April 1999, pp. 629–649.

⑤ 刘燕舞：《农地制度实践与农村公共品供给——基于三个地域个案的比较分析》，《上海行政学院学报》2011 年第 5 期。

⑥ 杨弘、郭雨佳：《农村基层协商民主制度化发展的困境与对策——以农村一事一议制度完善为视角》，《政治学研究》2015 年第 6 期。

四两",反而将村庄自主供给异化为政府供给。①

村庄公共品的自主供给需要同时具备诸多社会支撑条件,例如拥有可支配资源的村集体、具有动员能力和有作为的村主干以及同质性的团体特征。② 有学者提出集体物品供给不是合作问题,而是组织问题。③ 社会嵌入性深的村干部才有提供集体物品的意愿和责任感,同时具备权威和身份去扮演集体行动的发起者或先行者④。乡村内部成员的异质性程度也是重要因素。倘若部分农户同时具备显著的财富禀赋和对公共资源的高需求,他们就有可能在自发供给的集体行动中投入较多的努力。于是,"团体小部分人支付集体物品成本,团体内部财富、利益的不平均更有可能供给公共物品"⑤。

沿袭着乡村治理的双轨政治传统看,宗族组织及其社会网络对于村庄自主供给仍有促进作用。具体而言,这些传统的组织力量和权威资源能够促进村民参与公共品集资,形成激励乡村能人供给的非正式问责,或者转化为具有较强动员能力的公共性组织,从而推动集体公共品生产。⑥⑦ 但是也有研究认为宗族组织之所以在当前村治中兴起,是对正式组织供给功能缺失的阶段性替代,⑧ 在原有秩序被破坏与富人治村的当下,基层民主比宗族网络更能显著地激励村干部。⑨

---

① 徐琰超、尹恒:《村民自愿与财政补助:中国村庄公共物品配置的新模式》,《经济学动态》2017年第11期。

② 陈靖、冯小:《农业转型的社区动力及村社治理机制——基于陕西D县河滩村冬枣产业规模化的考察》,《中国农村观察》2019年第1期。

③ 贺雪峰:《"农民用水户协会"为何水土不服?》,《中国乡村发现》2010年第1期。

④ 陈捷、呼和那日松、周艳辉:《非正式问责、社会嵌入式官员与中国农村的公共产品供给:宗族的作用》,《国外理论动态》2016年第2期。

⑤ [美] 曼瑟·奥尔森:《集体行动的逻辑——公共物品与集团悖论》,陈郁、郭宇峰、李崇新译,格致出版社2018年版,第36—37页。

⑥ Yiqing Xu, Yang Yao, "Informal Institutions, Collective Action, and Public Investment in Rural China", American Political Science Review, Vol. 109, No. 2, April 2015, pp. 371 - 391.

⑦ Lily L. Tsai, "Solidary Groups, Informal Accountability, and Local Public Goods Provision in Rural China", American Political Science Review, Vol. 101, No. 2, May 2007, pp. 355 - 372.

⑧ 孙秀林:《华南的村治与宗族——一个功能主义的分析路径》,《社会学研究》2011年第1期。

⑨ 张志原、刘贤春、王亚华:《富人治村、制度约束与公共物品供给——以农田水利灌溉为例》,《中国农村观察》2019年第1期。

市场机制进入乡村也会产生一定的正向社会作用。例如合作社增强了农户的公共参与意识,在显现社会资本效应的同时打造"村庄市场共同体"[1][2]。但是从总体上看,自主供给模式始终难以破解内生型合作的高额交易成本,所以最终国家还是会被推出来,视为承担公共责任的"第三方"。更重要的是,学者们对于乡村共同体存续的前景并不乐观:农户去组织化、公共生活式微、公共规则和交互作用弱化……这些都意味着支撑村庄内部互助体系的社会基础正在逐渐丧失。[3]

三 村庄公共品生产的"国家悖论"何以化解

目前对于村庄公共品如何生产,备选方案只有在"国家包办"与"自主合作"两者之中任选其一。这些方案主要在国家与社会的二元框架下展开,所以当其中一端面临问题时,就会寄希望于另一端的替代。这种此消彼长的国家—社会关系预设就形成了村庄公共品供给中的"国家悖论":农民合作与乡村发展都离不开国家的财政支持与积极引导,但是又担忧公权力的介入和干预会抑制乡村社会的主体性,甚至会造成破坏性后果。

村庄公共品供给出现的"国家悖论",症结在于国家和村庄的行动都暗含着对另一方在场的需要,二者之间无法进行非此即彼的选择。倘若跳出国家与社会的选择难题而就物品性质而言,村社集体物品介于纯公共物品与私人物品之间。它们理论上应当由村社内部经由集体行动产出,而且自古便是由村社自主生产。只是而今,支持村社自主生产的社会资本、公共规则以及自组织能力等社会基础逐渐丧失。同时,农民对于村庄主体性、公共性与归属感缺失,并且对公共品的供给责任也存在认知偏差,即"在村民的认知中,村庄公共事务是依靠国家项目来完成的,是国家的事"[4]。所以即便有公共需求,也很难促成社区内部的主动合作。

---

[1] 张连刚、陈卓:《农民专业合作社提升了农户社会资本吗?——基于云南省506份农户调查数据的实证分析》,《中国农村观察》2021年第1期。

[2] 郭占锋、李轶星、张森、黄民杰:《村庄市场共同体的形成与农村社区治理转型——基于陕西袁家村的考察》,《中国农村观察》2021年第1期。

[3] 吴重庆:《无主体熟人社会及社会重建》,社会科学文献出版社2014年版,第121—124页。

[4] 李祖佩、钟涨宝:《分级处理与资源依赖——项目制基层实践中矛盾调处与秩序维持》,《中国农村观察》2015年第2期。

那么，由此推演出来的核心问题便是，何以在社会资本薄弱、社区"去公共性"的状况下重新建构起乡村内部的自主合作？

本书接下来介绍的赋能理念与相应的制度设计便试图应对上述问题。乡村赋能理念立足乡村的主体性地位与共同体价值，试图依托外力干预培养村民的公共意识与社区的自主运行。近年来，部分地方在特定辖区或特定领域开始了一些符合乡村赋能理念的制度性探索和社会服务创新。因为在繁重的治理任务与问责压力下，地方政府开始意识到自身无力包办或兜底所有村庄的所有公共品，根本上还是要依靠村庄的自主供给。于是，他们转变制度创设思路：凭借政府权力搭建针对公共品生产、制度或组织形式的赋能平台，并给予合法性、资源等政策和财政倾斜。由此，引导村民们在平台上开展民主参与和互惠合作，在实现公共品自主供给的同时培育社区自组织的治理能力。

第 二 章

乡村赋能理念：引介与本土化

如何摆脱乡村公共品供给中的"国家悖论"，如何在离散、原子化状态中生成社会资本、形成制度化的合作？这些现实难题需要创新的理念来引领和破局。例如，行为公共政策研究表明公共权力除了用于强制与剥夺，还能以"助推"的弱干预方式来引导民众遵循制度意图、诱使自发组织化。① 赋能（Empowerment）理念在社会工作领域已有深入研究以及多元化的干预实践。当这种理念移植到基层治理与公共政策领域，将会为公共权力寻求一种差异化的干预方式，在政府包办与乡村自主供给之外走出村庄公共品供给的第三条道路。乡村赋能实践预示着乡村治理可以不再遵循行政主导、外部替代的国家模式，也并非放任村民自发组织与自行摸索，而是为培育村庄自治能力创造环境条件、制度空间和关键事件。在乡村振兴战略推进过程中阐释乡村赋能的理念体系、观察赋能实践的运作逻辑，能够为乡村发展提供更多的可能性。

第一节 社区赋能理念与层次链条

赋能（Empowerment）② 可理解为激活权能或培养能力，辅助"失

---

① ［美］理查德·H. 泰勒、卡斯·R. 桑斯坦：《助推：事关健康、财富与快乐的最佳选择》，刘宁译，中信出版社2009年版，第6页。

② Empowerment 在国内普遍翻译为"赋权"，从柯林斯词典看，这里的"权"是指权力、能力，即个人、组织或社区得以改善处境、控制生活的权能。但是由于中文的"权"既可理解为权力，也可理解为权利。部分学者在概念使用时便将"赋权"和"赋能"分别阐释为"赋予权利"与"赋予能力"两种不同的含义。为避免由于中文使用造成的理解混淆，本书从理论内涵和表意初衷出发将其统一表述为"赋能"。参见孟天广《政府数字化转型的要素、机制与路径——兼论"技术赋能"与"技术赋权"的双向驱动》，《治理研究》2021年第1期。

能"主体形成能够掌握资源以改善处境的能力。[1] 以社区为对象的赋能干预是指经由特定的干预举措消除社区成员与自组织在社区治理中的无权感,激发它们的主体性意识与自我解决问题的能力,构建内生治理和可持续发展的社区。由此可见,社区赋能包括了从个体、组织到社区的多层次赋能链条。

一　赋能理念与社区赋能

"赋能"理念源自于赋能理论（Empowerment Theory）,该理论认为部分治理主体被标签为弱势群体,因缺乏必要的个体性或社会性资源而产生对生活控制的"无权感"（Powerlessness）。这种"无权感"包括两层内涵,一是指"处于能力缺乏或资源匮乏的状态",二是指"无助状态,即当个体对侵害他们的社会系统感到无力抗衡时,他们常常有意识或无意识地否定自己,并感觉惶恐无助,当这种感觉逐渐内化后,他们通常会将所有矛头指向自己,指责和贬低自己,认为自己一无是处,陷入无权的恶性循环之中"[2]。赋能不是从无到有的创造,而是通过活动、组织或项目等形式的外部干预,协助治理主体经由集体性参与改善所处的社会境遇,增强对生活的掌控感和效能感。[3][4]

（一）何为"赋能"

"赋能"这一概念虽然已经被广泛用于科技、管理以及公共政策多种场景之中,但是对于何为"赋能"仍然需要更为细致的概念辨析。首先,赋的是什么能? 赋能导向的是一种主观的心理状态还是可测量的客观事实? 最早提出赋能理念的 Zimmeman 强调权力与控制的内在意义,认为赋

---

[1] Letha A. Chadiha, Portia Adams, David E. Biegel, Wendy Auslander, and Lorraine Gutierrez. "Empowering African American Women Informal Caregivers: A Literature Synthesis and Practice Strategies", *Social Work*, Vol. 49, No. 1, January 2004, pp. 97 – 108.

[2] 宋惠芳:《社区增权:中国基层社会管理新视角》,《北京科技大学学报》（社会科学版）2017 年第 6 期。

[3] Barbara Levy Simon, "Rethinking Empowerment", *Journal of Progressive Human Services*, Vol. 1, No. 1, January 1990, pp. 27 – 39.

[4] Marc A. Zimmerman, "Taking Aim on Empowerment Research: On the Distinction between Individual and Psychological Conceptions", *American Journal of Community Psychology*, Vol. 18, No. 1, February 1990, pp. 169 – 177.

能要改变的是主体对控制效能的主观感知，并且指出这种效能感在个人行为的积极转变中具有至关重要的作用。[1] 更为普遍的观点则认为能动性相较于效能感而言，与"赋能"的理念更加契合。能动性强调"能够定义自己的生活选择并追求自己选择的能力"[2]，而效能感则是在能力基础上的信心或信念。主观感知并不等同于拥有实质性的能力或社会权力。只有结合资源分配和权力控制，才能获得真正意义上的主观效能感，而不只是权力创造的假象。[3][4]

其次，赋能究竟是结果还是过程？赋能既可以理解为"经过培育而获得能力"的结果。当它作为一种结果状态时，主要评估赋能干预所产生的影响或治理主体所拥有的掌控能力。作为过程的赋能则关注治理主体的能力建设过程，特别是赋能的方式和机制。这些过程因素不仅直接关系到治理主体的实际权能，还会对其主观的效能感和满意度产生影响。[5]

最后，外部干预如何转化为治理主体的能力？赋能意味着权力观念与干预方式的转变。传统权力观认为强制与垄断是权力的基本特征，无论是施加约束或是放弃约束，其本质都是从外部施加强制性的干预，需要权力对象超越意志的服从。赋能强调的则是分权或权力的分享，此时的权力不再扮演场外的裁判而试图进入场域内部，塑造权力对象的主观认知和能动性。在 Kieffer 看来，赋能目标可拆分细化为一系列的主体能力，包括促进积极社会参与的个人态度或自我观念；对所在社会和政治系统进行批判性分析的知识和能力；发展策略、筹措资源以及合作实现

---

[1] Marc A. Zimmerman, "Psychological Empowerment: Issues and Illustrations", *American Journal of Community Psychology*, Vol. 23, No. 5, October 1995, pp. 581-599.

[2] Naila Kabeer, "Resources, Agency, Achievements: Reflections on the Measurement of Women's Empowerment", *Development and Change*, Vol. 30, No. 3, July 1999, pp. 409-692.

[3] Sharon Lamb, "Feminist Ideals for a Healthy Female Adolescent Sexuality: A Critique", *Sex Roles*, Vol. 62, No. 5, March 2010, pp. 294-306.

[4] Stephanie Riger, "What's Wrong with Empowerment", *American Journal of Community Psychology*, Vol. 21, No. 3, June 1993, pp. 279-292.

[5] Marc A. Zimmerman, "Empowerment Theory: Psychological, Organizational and Community Levels of Analysis", in Julian Rappaport and Edward Seidman, eds. *Handbook of Community Psychology.*, Boston, MA: Springer, 2000, pp. 43-63.

集体目标等行动能力。① 有效的赋能干预就需要通过政策实施、活动组织和理念宣传等，营造有利的资源环境，协助治理主体培养和锻造上述能力。

（二）社区赋能的内涵与机制

"赋能"理念最早应用于心理学、社会工作领域，关注妇女、黑人、同性恋、残障等"被标签化"的弱势群体如何降低"权力障碍"。②③ 随后对它的讨论扩展至教育、企业管理、社区复兴、医疗健康等治理领域。例如企业管理中的增权升能讨论的是组织结构从集权到分权的转变，赋予一线员工更多的参与感、自主权和自我管理空间。④⑤ 健康领域的赋能则是将医患关系由"家长式"转变为"平等合作式"，让患者参与到管理当中乃至主导自身健康相关的医疗和护理。⑥

社区赋能是将那些资源匮乏、缺乏动员能力与治理能力的"失能"社区（community）作为赋能对象，主张通过外部干预培育其治理能力。这里的"能力"一方面是指形成改善社区质量的集体行动，培育社区自我管理的能力，另一方面则指向构建社区组织与公共机构的对接与协作关系，奠定社区可持续发展的能力。⑦

不同学科视角对于社区赋能的本质与价值存在着差异化的认知。在政治学者看来，社区赋能是参与式民主的实践形式。它可以作为社会治理的有效手段，将社区事务的决策、实施与资源的实质控制权交还给社

---

① Charles H. Kieffer, *The Emergence of Empowerment: The Development of Participatory Competence Among Individuals in Citizen Organizations*, Ann Arbor, MI: The University of Michigan Press, 1981, pp. 21 – 38.

② Robert Adams, *Social Work and Empowerment*, UK: Palgrave Macmillan, 2003, pp. 5 – 6.

③ Lorraine M. Gutierrez, "Working with Women of Color: An Empowerment Perspective", *Social Work*, Vol. 35, No. 2, March 1990, pp. 149 – 153.

④ Xiaomeng Zhang, Kathryn M. Bartol, "Linking Empowering Leadership and Employee Creativity: The Influence of Psychological Empowerment, Intrinsic Motivation, and Creative Process Engagement", *Academy of Management Journal*, Vol. 53, No. 1, February 2010, pp. 107 – 128.

⑤ 罗仲伟、李先军、宋翔、李亚光：《从"赋权"到"赋能"的企业组织结构演进——基于韩都衣舍案例的研究》，《中国工业经济》2017年第9期。

⑥ 张艳双、张宇萌、张琳琳、王倩文、张雪：《英国"专家患者计划"及其对我国赋权慢性病患者的启示》，《中国医学伦理学》2021年第5期。

⑦ ［美］罗伯特·D.帕特南：《使民主运转起来：现代意大利的公民传统》，王列、赖海榕译，中国人民大学出版社2015年版，第225—226页。

区，由居民自己解决自己的问题。①② 同时，它还是推动行政变革的重要途径，通过邀请辖区居民参与公共事务商讨与决策，使得地方治理更具回应性、公平性和有效性。③④ 而社会学及社会工作学科则将社区赋能视为改变弱势群体无权状态的干预方式。他们不仅在积极探索减少服务对象的权利障碍、培育其权能的活动形式及过程，还关注赋能实践中社会情境、干预关系、服务对象的自我体验及其对于赋能效果的影响。⑤ 前者主要从政府与社会关系这一宏观结构出发，后者则聚焦于失能群体的微观变化。在既有的理论资源与实证案例基础上，社区赋能研究仍需基于社区治理的要素和规律，对于以社区为对象的赋能过程及机制开展中观层次的梳理。

有研究基于国际发展组织的赋能实践，总结出社区赋能的若干推动机制：首先是设立社区代理者。作为代理的权威人物或组织被视为社区行动能力的标志，负责识别困境、设计行动方案并组织实施。社区代理者所承担的任务包括社区性行动的资源募集以及社区性公共品的组织生产；其次是构建社区网络，既包括搭建与外界的网络联结，也需要孵化社区内部组织，并将其动员到特定的行动任务中；最后是资源供给，经由直接提供所需资源或服务来调动社区行动的积极性。⑥ 但是也有观点认为这会造成对于外部资源的过度依赖，反倒不利于社区能力建设；此外，营造授权环境也是常见的推动机制，使得社区的成员与组织能够积极响

---

① ［美］戴维·奥斯本、彼德·普拉斯特里克：《摒弃官僚制：政府再造的五项战略》，谭功荣、刘霞译，中国人民大学出版社 2002 年版，第 227—233 页。

② Scott E. Seibert, Seth R. Silver and W. Alan Randolph, "Taking Empowerment to the Next Level: A Multiple – Level Model of Empowerment, Performance, and Satisfaction", *The Academy of Management Journal*, Vol. 47, No. 3, June 2004, pp. 332 – 349.

③ Archon Fung and Erik Olin Wright, "Thinking about Empowered Participatory Governance", in Archon Fung and Erik Olin Wright, eds. *Deepening Democracy: Institutional Innovations in Empowered Participatory Governance*, London: Verso Press, 2003, pp. 3 – 44.

④ Archon Fung, *Empowered Participation: Reinventing Urban Democracy*, Princeton: Princeton University Press, 2004, pp. 56 – 60.

⑤ 吴帆、吴佩伦：《社会工作中的"赋权陷阱"：识别与行动策略》，《华东理工大学学报》（社会科学版）2018 年第 5 期。

⑥ Monique Hennink, Ndunge Kiiti, Mara Pillinger and Ravi Jayakaran, "Defining Empowerment: Perspectives from International Development Organisations", *Development in Practice*, Vol. 22, No. 2, March 2012, pp. 202 – 215.

应社区倡议并自发形成对于社区的公共责任意识。当然，这种环境营造的效果受制于前述机制的干预状况。

有研究基于过程视角将上述赋能机制与相关行动主体进行了阶段性区分。① 社区赋能初期以激活社区成员意识为目标。起初由于居民参与意识薄弱，社区事务的资源和主导权都掌握在政府手中，所以应该由政府推动，并向社区投入资金和实物资源。随着社区居民的参与意识初显，赋能中期则是以组建社区领导团队（代理者）和构建社区网络为目标。社区骨干在组建领导团队的同时，需要创设变革议题。同时，他们在利用社会资本、领导技能和组织资源动员居民参与的同时，也要与政府、当地组织协作共同解决社区问题。在积累一定的社区意识和社区能力基础上，赋能后期阶段则是政府逐渐退出而由社区巩固和扩充治理能力。此时的治理能力，一方面是形成具有共同治理价值、结构化的组织联盟，以此摆脱社区混乱的无序状态，② 另一方面是提升社区凝聚力、社会资本和集体效能，以实现可持续发展。③

从机制层面与阶段层面的论述可见，"失能"社区的赋能过程很难依托内生动力完成，需要多元的外部力量和全过程的助推与支持，包括政府、社会组织乃至企业、市场等。这些外部力量除了为社区发展提供资源外，更为重要的是在赋能过程中持续在场并且同时扮演"引导者"和"动员者"双重角色。④ "引导者"角色需要提供制度平台，引导社区成立亟须的、同时自我发展能力较弱的社区社会组织，化解制度供给难题；而后者则是指要在社区冷漠的情境下动员其成员参与其中，分担自主合作中的高额交易成本。

---

① 吴晓林、张慧敏：《社区赋权引论》，《国外理论动态》2016 年第 9 期。
② Laura J. Moriarty, "Social Disorganization Theory, Community Empowerment, and Coalition Building: Exploring the Linkages", *Criminal Justice Policy Review*, Vol. 6, No. 3, September 1992, pp. 229 – 240.
③ Sophie M. Aiyer, Marc A. Zimmerman, Susan Morrel – Samuels and Thomas M. Reischl, "From Broken Windows to Busy Streets: A Community Empowerment Perspective", *Health Education & Behavior*, Vol. 42, No. 2, April 2015, pp. 137 – 147.
④ 方亚琴、夏建中：《社区治理中的社会资本培育》，《中国社会科学》2019 年第 7 期。

二　社区赋能的多层次链条

就结构层面看，社区赋能可区分为个体（psychological）、组织（organizational）和社区（community）三个赋能层次。而且这三个层次具有内在联系性，它们相互依赖、会成为引发彼此的原因或结果。因此，社区赋能呈现为复合式的赋能关系链条，是由个体与组织两个层次的内在赋能共同推动所形成的（见图2-1）。

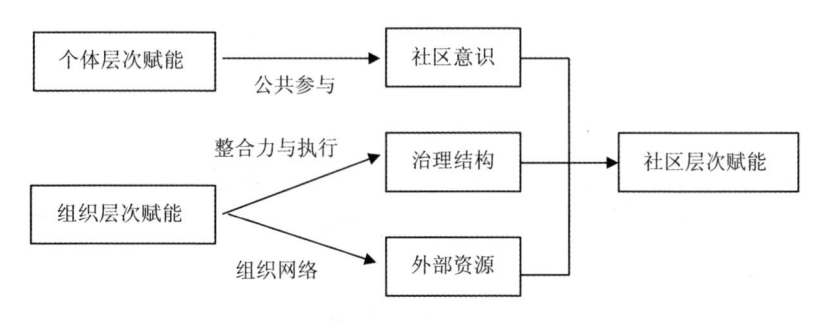

图2-1　社区赋能的多层次关系链条

具体而言，个体层次的社区成员赋能是为了"挖掘或激发主体的潜能，增强其把控和解决自身问题的能力"，不仅"强调解决问题的能力，而且表现的是一种权利的自我觉醒及自愿自动的行为表达"。[1] 阿恩斯坦将公民参与依据其形式与能力划分为阶梯上升的三个阶段，分别是政府操作与动员下的"非实质性"参与、进行信息传递和政策咨询的"象征性"参与以及定位为赋能和合作伙伴的"完全型公民"参与。[2] 社区赋能作为一种最高阶的参与形式，在心理维度能够获得掌控生活、自我效能的感知，而在行动维度则实质性地参与到公共决策和资源再分配过程中。[3] 对于社区成员而言，公共参与是一种公共训练。他们在化解矛

---

[1] 谭祖雪、张江龙：《赋权与增能：推进城市社区参与的重要路径——以成都市社区建设为例》，《西南民族大学学报》（人文社会科学版）2014年第6期。

[2] Sherry R. Arnstein, "A Ladder of Citizen Participation", *Journal of the American Planning Associaion*, Vol. 85, No. 1, March 2019, pp. 24-34.

[3] Rissel Christopher, "Empowerment: The Holy Grail of Health Promotion?", *Health Promotion International*, Vol. 9, No. 1, January 1994, pp. 39-47.

盾和凝聚共识的过程中学习了决策技能与群体性合作。①② 同时，社区意识也在这一过程中得以建构。参与中形成的"社区政治效能感"③ 将强化成员对于社区的认同感、归属感与主体性，有助于他们形成主动且持续的公共参与意愿和合作行为。④

社区内部的组织赋能则是指组织通过汲取资源、完善结构和拓展权能，增强其功能和影响力、实现其自我管理和成长。组织赋能包括两个面向：对内增强成员参与（empowering organization）、形成具有奖惩功能的公共规则，以此增强组织的整合力与执行力；对外提升组织目标实现能力（empowered organization），组织网络与联盟关系建设、资源获取的竞争力以及政策影响力都被视为对外能力的主要特征。⑤ 因此，组织层次的赋能过程需要内外两条路径同时推进，一方面是要构建出具有内聚力的治理结构，在社区骨干的推动下横向整合社区资源并且高效发挥其功能；另一方面则需推动与社区外组织的联盟网络，为社区链接外部资源，特别是构建与政府间的伙伴关系。⑥

个体赋能与组织赋能同时指向社区赋能。社区意识的积累、治理结构的完善以及外部资源的充实相互补充、相互支持，使社区成功获取到维护内部管理秩序的能力和外部组织协作的能力，以此推动社区的可持续发展。激发公共参与、搭建治理结构以及向社区输入资源……这些都是为了在社区内部形成多元主体间的有序共生状态。"共生包含了竞争和冲突中产生的新的创造性合作关系，从而达到共生系统中任何一方单个都不可能达到的一种高水平关系；共生强调在尊重其他参与方（包括文

---

① Barbara Bryant Solomon, "Black Empowerment: Social Working Oppressed Communities", *Social Work*, Vol. 22, No. 3, May 1977, p. 234.
② Marc A. Zimmerman, "Psychological Empowerment: Issues and illustrations", *American Journal of Community Psychology*, Vol. 23, No. 5, October 1995, pp. 581–599.
③ 李蓉蓉：《城市居民社区政治效能感与社区自治》，《中国行政管理》2013 年第 3 期。
④ Paul W. Speer, "Intrapersonal and Interactional Empowerment: Implications for theory", *Journal of Community Psychology*, Vol. 28, No. 1, January 2000, pp. 51–61.
⑤ Brad McMillan, Paul Florin and John Stevenson, "Empowerment Praxis in Community Coalitions", *American Journal of Community Psychology*, Vol. 23, No. 5, October 1995, pp. 699–727.
⑥ 吴晓林、张慧敏：《社区赋权引论》，《国外理论动态》2016 年第 9 期。

化习俗、宗教信仰等）基础上，扩大各自的共享领域。"①

第二节 从群体到社区：域外实践经验

赋能理念最早是源于第二次世界大战后英美等发达国家的自发探索，而今随着国际组织和一些援助项目已经扩展至全球各地。近年来，中国的社会工作领域也在逐渐接受和实践赋能理念。总体来说，既有的实践应用可划分为两种赋能类型：其一是"群体赋能"，主要应用于妇女、黑人、残障人士等被"标签化"的弱势群体，帮助他们改善社会境遇、增加生活掌控感；其二是"社区赋能"，关注在社会资本、公共规则以及自组织能力等社会基础条件缺失的状况下，社区何以实现自我管理并形成可持续发展的能力。而今，赋能理念在世界各地已经汇集了多元的干预主体和丰富的实践形式。在探究中国乡村的社区赋能实践之前，有必要简要地勾勒两种主要赋能类型的域外实践状况。

一 群体赋能的实践状况

在经济社会剧烈变革的过程中，群体间的资源占有、发展环境与社会评价都显现出较为明显的落差。于是，社会阶层就分化出与"强势"相对应的弱势群体。他们当中既有因为个体能力不足而造成竞争劣势，也有在变革转型中处于社会不利地位的同质化群体。但是，该群体的生活处境都表现为"资源获取能力匮乏，经济贫困和生活质量低下以及承受能力脆弱"②。

此外，这种弱势地位也可能产生于社会评价的刻板印象。宗教教义、社会道德乃至现代媒体都在传播特定的价值规范，并且依据这些规范设定某些群体的特定形象认知。例如同性恋、监狱罪犯或性工作者，这些社会形象负面的群体被习惯性地视为经济社会问题的罪魁祸首。他们所遭受到的不仅仅是社会舆论的压力。有研究指出对这些群体的"偏离者"

---

① 樊红敏、刘晓凤：《共生理论与有机社区——城市有机共生式社区建设模式的提出与构建》，《马克思主义与现实》2017年第1期。
② 范斌：《弱势群体的增权及其模式选择》，《学术研究》2004年第12期。

形象建构还会导致政策层面上对于他们的社会分配几乎都属于惩罚性质。[1]

当群体成员在社会性比较中发现自身的物质财富、社会地位乃至舆论评价都处于劣势，就会引发心理上的不满或不平衡状态。一旦社会阶层固化导致贫富差距拉大、低阶层向上流动更加困难，人们的"主观效能感"会进一步降低，甚至丧失对生活的把控感。[2] 这种主观感知在与资源配置固化、社会刻板印象交互作用的过程中会持续加深。这种结构性、系统性的困局，个体凭借自身力量很难摆脱，反而会陷入更深的无权感和无力感当中。更严重的是，由此形成弥散性的颓丧情绪及负向作用，可能会在社群内部代际性地传递。

群体赋能就是运用特定策略削弱或扭转社会对弱势群体的负面评价，可以理解为对于各类弱势群体被支配命运的抵制。西方国家随着市民权利运动的兴起，群体赋能的思想和实践都愈发深入人心。接下来将聚焦于妇女和黑人两个被严重"标签化"的群体，梳理与之相关的赋能实践。

（一）女权运动与妇女群体赋能实践

在父权社会结构与传统文化的长期影响下，妇女在资金获取、教育机会、职场环境与话语权分配等方面皆受到制约。发达国家的女权主义者与方兴未艾的女权运动正在系统性地反思现代社会的女性全面发展问题。他们将妇女赋能聚焦于政治参与，除了要求承认妇女平等的选举与投票权利外，还呼吁女性政治家或活动家要在民主议程中发挥关键作用。从理论上溯源，支撑妇女运动的两大核心理论，一种是自由主义理论，强调妇女应该塑造适应于现实生活的政治品质，以增加妇女体制内参与的可能。另一种是社会主义理论，主张应该改变妇女权力占有结构，并讨论妇女解放的社会性条件与环境变化。[3] 沿着何种理念，如何

---

[1] Anne Schneider and Helen Ingram, "Social Constructions of Target Populations: Implications for Politics and Policy", *The American Political Science Review*, Vol. 87, No. 2, June 1993, pp. 334 – 347.

[2] 孙奎立：《"赋权"理论及其本土化社会工作实践制约因素分析》，《东岳论丛》2015年第8期。

[3] Leila Nikpoor Ghanvati, Mehdi Moeini and Habib Ahmadi, "Investigating Social – Economical Factors Related to Women Political Participation", *Quarterly Journal of Woman and Society*, Vol. 3, No. 9, March 2012, pp. 41 – 64.

在政治领域开拓新局面……这些是发达国家的妇女赋能仍在持续探索的议题。

第三世界国家的种族、阶级、殖民历史以及社会文化等因素交织，使得妇女群体的从属地位更为严峻，并且导致"贫困女性化"现象。① 因而，围绕信贷、女性创业以及领导力等实践探索成为这些国家妇女赋能的主流，旨在利用公共资源的倾向性授予增强其支配能力和社会参与积极性。哈考特港口土著妇女参与消除贫困这一项目，引导妇女充分、和平参与政策制定以获取相应的资源和公共服务。Deedam 对此研究发现，这个有组织的自助过程同时也是理解概念、培养技能的过程，帮助妇女们在各种经济事业中都获得不菲收入。② 尼泊尔红十字会有一个针对经受突发灾害的妇女群体的赋能项目。③ 他们设立了社区灾害管理委员会（CDMC）并且赋予妇女在该平台的领导地位，同时还设置了相应的培训以提升她们的能力。这些赋能举措从救灾医护专业入手，扩展至社区治理和产业，不仅提升了妇女认知与经济地位，还为社区自治培养了重要的参与力量。④ 针对妇女的微型金融项目在第三世界国家盛行，孟加拉国的格莱珉银行是其中影响力最大的，而印度政府和世界银行推动的自助小组（SHGs）最初也设计为储蓄和信贷小组。有研究显示在南亚地区，这些小规模生产信贷帮助妇女们增强了控制资源的能力，使她们在家庭、社区拥有更积极的参与权。⑤ 但是当存在家庭暴力或家庭内部严格遵从这

---

① 皮尔斯提出 16 岁以上的贫困人口中 2/3 是女性，他们更容易陷入贫困境地。源自 Diane Pearce, "The Feminization of Poverty: Women, Work and Welfare", *The Urban & Social Change Review*, Vol. 11, No. 1, January 1978, pp. 28 – 36.

② Nua J. Deedam and Anthony O. Onoja, "Impact of Poverty Alleviation Programmes on Indigenous Women's Economic Empowerment in Nigeria: Evidence from Port Harcourt Metropolis", *Consilience*, Vol. 14, No. 14, January 2015, pp. 90 – 105.

③ 尼泊尔妇女的社会地位低下，面对突发灾害只能被限制在家或在灾后被送到庇护所，其人身安全以及月经、哺乳期的特定卫生需求都难以得到有效保护。

④ Kalpana Aryal, "Women's Empowerment in Building Disaster Resilient Communities", *Asian Journal of Women's Studies*, Vol. 20, No. 1, January 2014, pp. 164 – 174.

⑤ Mark M. Pitt, Shahidur R. Khandker and Jennifer Cartwright, "Empowering Women with Micro Finance: Evidence from Bangladesh", *Economic Development and Cultural Change*, Vol. 54, No. 4, July 2006, pp. 791 – 831.

些社会上根深蒂固的性别规范时，赋能效果则相当有限。①

也有赋能项目将关注点转向妇女的政治参与。温洛克国际农业开发中心进行社会性别动力培训，通过提供技能和营造支持性环境培养出一批具有开拓性的妇女骨干。② 为应对普遍的暴力和持续边缘化的城市部门，哥伦比亚的麦德林市采用了参与式预算编制的民主试验。被局限于私人和家庭领域的妇女因此有机会参与到城市治理，特别是社区提案设计。这一参与过程帮助她们克服内在压迫感、增强自身角色认知、学习与人协商并影响决策，使之可能在家庭和社区中争取更多发言权和决策权。③ 但是这些项目运行普遍面临着社会和文化上的挑战、平衡家庭责任和公共参与以及如何形成可持续发展能力等等问题，项目的在地化和持续性有待长时期的观察。

（二）种族隔离下的黑人群体赋能实践

全球范围内数百年的奴隶制与种族隔离制度，造成了对黑人群体根深蒂固的种族歧视，进而演化为错综复杂的社会问题。在种族歧视问题最为泛滥的美国，黑人在司法、教育以及就业各领域都面临着显而易见的社会性歧视，更重要的是在社会阶层固化的背景下，贫穷的黑人只能世代往复在社会底层挣扎。④ Fogel 指出，黑人群体正在经历一种独特且强大的种族压制形式。这种种族压制形式包括为多重法律所排斥、有限且极不平等的经济福祉、极少的社会尊重、有限的社会流动性、习惯于接受令人憎恶的社会歧视，特别是服从当局白人权威。⑤

针对黑人群体的赋能运动呈现出利益相关体多、参与范围广、文化

---

① Neha Kumar, Kalyani Raghunathan, Alejandra Arrieta, Amir Jilani and Shinjini Pandey, "The Power of the Collective Empowers Women: Evidence from Self-Help Groups in India", *World Development*, Vol. 146, October 2021.

② 章立明：《温洛克（Winrock）"妇女能力建设与农村发展项目"培训个案研究》，《妇女研究论丛》2003 年第 5 期。

③ Inga Hajdarowicz, "Does Participation Empower? The Example of Women Involved in Participatory Budgeting in Medellin", *Journal of Urban Affairs*, Vol. 44, No. 1, March 2018, pp. 22–37.

④ ［美］罗伯特·帕特南：《我们的孩子：危机中的美国梦》，田雷、宋昕译，中国政法大学出版社 2017 年版，第 91—93 页。

⑤ Richard M. Merelman, "Cultural Imagery and Racial Conflict in the United States: The Case of African-Americans", *British Journal of Political Science*, Vol. 22, No. 3, July 1992, pp. 315–342.

特性鲜明等特点。古巴一群黑人妇女曾于 2012 年聚集并组成"非洲黑人社区网络"（RBA）。该社区网络由学者、作家、科学家等不同社会身份组成，但都参与到对种族主义、历史记忆等议题讨论中，形成群体性、自主反思的社区教育模式。[①] 与此同时，社会组织、社区与学术团队也经常联合开展针对黑人群体的领域性赋能活动。密歇根大学弗林特分校、密歇根社区卫生部门和全州其他卫生协会就结成长期伙伴关系，以社区为基础进行改善健康与预防疾病的相关研究，该研究同时也通过技术援助、财政资助等方式切实帮助弱势群体，减少种族健康差距。[②] 这些项目由于社会资源丰富且具有较强的思想引领性，皆取得了良好效果。此外，黑人教会也成为黑人群体赋能的中坚力量，他们在传播宗教思想的同时，也在博爱、平等的教义指引下参与到种族赋能和社区赋能当中。[③] 黑人教会也利用自身独特的社区文化及社区凝聚力，开展跨族群的文化交流，他们接待年轻学生在社区交流访学，帮助白人学生了解其社区文化，在潜移默化中消减对于黑人群体的种族主义歧视。[④]

虽然黑人群体的赋能实践方兴未艾，当下美国颇具渗透性、隐蔽性和延续性的种族歧视状况仍旧严峻。部分非裔在实现阶层跨越后，便急于摆脱原有种族身份而跨入另一群体，也不会再回归黑人社区或参与黑人平权运动。如何寻求持续的外部赋能力量，是黑人群体赋能需要深入思考的。

二 社区赋能的实践状况

社区赋能从关注个人或群体行为转向特定空间的自我组织，从而增

[①] Geoffroy de Laforcade and Devyn Springer, "The Red Barrial Afrodescendiente: A Cuban Experiment in Black Community Empowerment", *Souls*, Vol. 21, No. 4, October 2019, pp. 339 – 346.

[②] Ronald L. Braithwaite and Ngina Lythcott, "Community Empowerment as a Strategy for Health Promotion for Black and Other Minority Populations", *JAMA*, Vol. 261, No. 2, January 1989, pp. 282 – 283.

[③] Donald E. DeVore, "Water in Sacred Places: Rebuilding New Orleans Black Churches as Sites of Community Empowerment", *The Journal of American History*, Vol. 94, No. 3, December 2007, pp. 762 – 769.

[④] Erika Vora and Jay A. Vora, "Undoing Racism in America: Help from a Black Church", *Journal of Black Studies*, Vol. 32, No. 4, March 2002, pp. 389 – 404.

加了包括社群意志、集体公共品以及地方性知识等相应的过程性要素。社区赋能的实践与扩散是多股力量共同推动的结果。西方发达国家受新公共管理和社区主义思潮影响发起了"社区复兴运动",主张政府放权与居民自治。而国际组织也在全球持续倡导"参与式发展"模式,并且广泛应用于包括例如疫苗接种、母婴健康、传染病控制等全球健康项目、清洁能源推广项目。这些活动的内核都是"社区赋能",这使得在不同国家或地区、由不同主体主导的社区赋能实践得以快速推广。在此将基于主体类型,大致围绕政府、国际组织以及社会组织三大类梳理和呈现当前社区赋能的实践状况。

(一)政府主导与政策干预

政府主导的社区赋能已经从零散的财政补助、民主参与等政策手段,扩展为由理念到项目、系统化的赋能运动。这类赋能不只是放权于社会、打造悬浮在社区以至社会之上的政治体,而是通过政策引导与社区自治的双向互动再造社区共同体。

20世纪末英国的"城市复兴运动"从城市物质设施重建扩展至邻里社区发展,在相对有限的社区范围内整合经济、社会与环境等发展目标共同改善居民生活。该运动全面展现政府主导的社区赋能模式。工党政府于1998年成立社会排斥部负责推进"全国邻里复兴战略",包括邻里复兴基金、社区复兴开拓者以及社区新政计划等创新项目。为配合该战略实施,工党政府于2006年和2011年先后提出"两级放权"、赋予居民本地事务的投票表决权力以及志愿组织对地方政府公共服务提出挑战等权力。英国城市复兴运动中社区赋能的主要形式是构建各级公共部门、企业、社会组织等多主体间的社区合作伙伴关系,1998—2010年共有39个社区成立合作伙伴组织。这些组织同时也是社区新政计划的重要载体,决定了约20亿英镑基金的使用决策,投入解决贫困、教育、健康、犯罪等弱势社区发展问题。有研究考察这一赋能过程后指出,政策效果主要体现在民众焕发出"积极公民"样貌和社区凝聚力增强,但是在健康、教育公平以及促进就业等方面未产生实质性变化。[①] 与此同时,

---

① Paul Lawless, "Can Area – Based Regeneration Programmes ever Work? Evidence from England's New Deal for Communities Programme", *Policy Studies*, Vol. 33, No. 4, July 2012, pp. 313 – 328.

社区赋能的模糊性、重制定轻实施以及实施中资源、结构、运行等形成的"执行间隙",都对社区成员的实质性参与和社区赋能效果形成了挑战。①②

政府主导的社区赋能行动,关键在于激活居民自治意识与社区内部的参与动力。西澳大利亚与印度尼西亚的两个项目虽然出自危机管理,却实现了持续性赋能和政社有效融合。1998年,西澳大利亚金伯利地区的农坎巴牧场站爆发牛群结核病,大量牛群死亡又导致牧场运营的雇佣与付酬负担。西澳大利亚农业部到访后与社区领袖协商开展了名为"ILS"的管理项目(Indigenous Landholders Service)。该项目改变牧场主与员工单纯的雇佣关系,为牧场内来自偏远地区的员工进行知识技能培训,并将其培养为本土产权所有者,在互惠互利的基础上改善了社区就业环境。该项目随后发展成为一个跨政府、整体性的服务项目,其成功的根源是以赋能为思路发展出人与社区之间的紧密联结。③ 印度尼西亚帕伦邦的合作治水项目也是通过深层社区参与取得持久、可再生的成效。自2015年以来,为解决废物丢弃、修复河流,洪灾频发的印度尼西亚帕伦邦市政府推出了一项以社区为单元的互助合作计划。社区基于在地优势能够协助政府更为迅捷地采取措施、消解灾害影响。为激发社区参与热情,政府针对健康生活、环境管理、洪灾原因及不良影响等,提供设备资源,提供专业咨询与培训,并且增强居民参与的广度和深度。这项研究表明,基于社区赋能的社会发展需要充分利用既有资源、利益相关者大力推动及专业知识培育多方合力才能实现。④

---

① Dave Adamson and Richard Bromiley, "Community Empowerment: Learning from Practice in Community Regeneration", *International Journal of Public Sector Management*, Vol. 26, No. 3, March 2013, pp. 190 – 202.

② 周晨虹:《英国城市复兴中社区赋权的"政策悖论"及其借鉴》,《城市发展研究》2014年第10期。

③ Mark Chmielewski, "Indigenous, Empowerment in Land Management" in Evert. A. Lindquist, Sam Vincent, John. Wanna, eds., *Putting Citizens First: Engagement in Policy and Service Delivery for the 21st Century*, Canberra: Australian National University Press, 2013, pp. 121 – 128.

④ A Sandy, Sriati, Azhar and A Siswanto, "Community Empowerment Model to Flooding Risk Reduction in Palembang City (A Case Study of Gotong Royong Program)" *IOP Conference Series: Earth and Environmental Science*, Vol. 810, No. 1, IOP Publishing, August 2021, pp. 12 – 18.

政府主导的社区赋能项目，需要妥善处理国家供给与社会需求、国家放权与社区自治之间的关系。埃塞俄比亚西北部实施的 KIWM（Koga Irrigation and Watershed Management）农业发展项目遵循着社区赋能的思路：捐助机构都将民众参与和社区自我管理作为提供捐助的附加条件；作为组织者的政府也将常规的科层化管理转变为"分散和参与式的项目执行"和"自下而上的问责机制"。但是该项目仍面临着一系列的运行风险，例如地方代理程度被夸大、代理链条被拉长和基层官僚规模扩张，反而削弱原本的赋能效果。而政府在构筑国家与社会边界的过程中出现责任转移，将滥用权力与资源冲突等棘手问题推给社区，也掩盖了包括阶层和性别不平等等诸多尖锐问题。[①] 而马达加斯加的水资源管理项目则因供需矛盾错位陷入困境。安布文贝—安德罗伊是位于马达加斯加南部的贫困地区，并且由于水资源严重匮乏而被持续边缘化。国家在该地区的水资源管理问题上不再强势介入，而是试图通过放权给地方当局和社区来提高治理效率与公平性。然而，以机构改革优化供水管理的赋能思路与亟须增加供水的社会呼声并不直接相关，社区能力又不足以承担自主供给，从而导致该地区长期无法摆脱缺水困境。[②]

（二）政府间组织及国际条约

相较于政府主导的社区赋能模式，政府间组织与国际条约所提供的是价值倡导、全球范围内的赋能项目。这类项目一般是由赋能理念、赋能框架以及操作方案三个部分组成，同时在多个国家或地区开展实践并且横向对比。更细化分析，由于政府间组织和国际条约的组织能力、资源基础以及约束力存在差异，两者的赋能形式及效果也有所不同。

政府间组织的突出优势在于拥有相对完备的跨国组织架构，它们可以利用既有的组织资源来规范赋能程序，动员成员国参与、划拨项目资金以及利用峰会、报告等平台宣传。上述条件使得政府间组织主导的赋

[①] Daniel Mulugeta, "Dynamics of State – society relations in Ethiopia: Paradoxes of Community Empowerment and Participation in Irrigation Management", *Journal of Eastern African Studies*, Vol. 13, No. 4, September 2019, pp. 565 – 583.

[②] Richard R. Marcus, "Where Community – Based Water Resource Management has Gone Too Far: Poverty and Disempowerment in Southern Madagascar", *Conservation and Society*, Vol. 5, No. 2, January 2007, pp. 202 – 231.

能项目具有较强的自主性与持续性。组织者可以长期跟踪，并且根据社区发展阶段适应性地调整方案或设立次级组织进行项目维护和推广。世界卫生组织开展的健康城市项目（HCP）便是其中的典型案例。该项目倡导卫生健康应该从公共倡议转变为个人行为[1]，在提供清洁安全环境的同时也要鼓励民众个人或组织化参与，经由项目干预构建长期发展的健康共同体。[2] 该项目开始于1987年，最初选定了35个欧洲城市共同合作推行。在赋能过程中，世卫组织发现规模越小、官僚机构越紧密且发展水平越高的城市，HCP项目的实施效果越好。他们还基于实践经验总结出项目成功的若干组成要素：政府层面需要强有力的政治支持、健全的项目管理、充分且恰当的资源供给、顺畅的部门间合作以及严格的政治与管理问责；而在社区层面则需要有效的委员会、积极的社区参与等。随着HCP项目试点取得了良好效果，越来越多城市要求加入项目并且希望成功城市传授经验。于是世卫组织于1993年组建欧洲网络协会作为项目平台，负责培训新参与城市、促进城市间经验交流与合作，以及联系其他国际机构筹资等。这意味着HCP项目由政策试验进入到经验推广阶段。协会除了在欧洲持续推广项目外，也在积极向中欧和东欧地区拓展，同时翻译并出版了一批HCP相关课程与书籍，以加快理念传播和资料储备。

由于缺乏实体化组织作为支撑，也没有法律约束力，国际条约更多是作为一种理念倡议或参考方案。这使得赋能项目不拘泥于成员国而具有了更为广泛的影响力，但也造成项目稳定性与自主性不足。例如，《21世纪议程》（以下简称"LA21"）鼓励社区参与和社区自主、自我发展，视其为环境可持续性战略的重要推动力。但是赋能理念与LA21的战略目标并不直接相关联，特别是在贫困问题尚未解决的社区，居民没有积极性参与环境保护行动。此时如何将社区赋能与环境保护结合，很大程度上依赖于国际条约响应者的主观能动性。英国政府基于LA21战略推出"城市

---

[1] Trevor Hancock, "The Evolution, Impact and Significance of the Healthy Cities/Healthy Communities Movement", *Journal of Public Health Policy*, Vol. 14, No. 1, March 1993, pp. 5–18.

[2] Agis D. Tsouros, "The WHO Healthy Cities Project: State of the Art and Future Plans", *Health Promotion International*, Vol. 10, No. 2, June 1995, pp. 133–141.

农业与社区园艺"项目。在社区内开辟土地进行农业生产或园艺景观建设，目标不仅是为城市增添生态、休闲景观，为贫困群体提供食物与劳动岗位，同时还创造拥有经济收益的社区互动空间。在这些园艺管理过程中，有些园丁执着于自身专业化的理解而拒绝接纳游客意见，而有些则支持LA21提倡的新花园计划，在花园规划的各个阶段都引入社区居民参与。[1] 该案例说明国际条约缺乏明确的任务性和约束力，其执行受到实际参与者的理念、具体项目方案以及当地政治等多方因素影响。为了使赋能项目更具适应性和可推广性，国际条约往往设定宽泛乃至模糊的行动目标，并且提供多种赋能方案以供选择。所以，这些项目的在地化实践过程中，经与当地政府和社区的适配会呈现出差异化的形式和效果。

（三）多元社会组织推动

社会组织被视为独立于政府和私人企业之外的"第三部门"，其民间性、志愿性、公益性和非营利性特征，决定了它们必然成为推动社区赋能的重要力量。这种自下而上的赋能路径能够扩展到更为丰富的社区治理领域，也会呈现出更具针对性的定制化赋能形式。西方国家的社会组织发育较为成熟，研究机构、宗教组织、社工机构以及社区自组织等都是社区赋能的常见推动者。

研究机构包括大学、研究院、医疗机构等的社区赋能实践，基本上都会制订严密的研究计划或实施方案并据此开展工作，具有较强的规划性和实验性特征。在赋能对象的选择上，研究机构更偏好具有极端特质的社区：薄弱社区、高收入社区以及拥有特殊资源，比如濒临消失的少数民族社区等。就赋能过程而言，研究机构会采用较为严谨的实验方法和操作步骤。例如英国皇家热带医学与卫生学会在古巴哈瓦那市开展实验，测试社区赋能策略与常规登革热媒介控制计划的结合有效性。他们将赋能对象分为若干个研究小组，除了不加干预的对照组外，其他组别采用包括风险监测、能力建设以及社区工作等差异化赋能策略，最后进行结果比较。同时，研究机构也刻意引入焦点访谈、过程评估、统计分

---

[1] Morag Bell and David Evans, "The National Forest and Local Agenda 21: An Experiment in Integrated Landscape Planning", *Journal of Environmental Planning and Management*, Vol. 41, No. 2, March 1998, pp. 237-251.

析等研究方法以便更科学、更全面地评估社区赋能策略的效果①。Mike Titterton 的团队在苏格兰的社区开展以医疗健康服务促进社区赋能过程中,聘请并训练了大量当地人开展社区采访。该群体除了收集前一阶段赋能活动的反馈外,还通过持续且广泛的交流强化社区成员间的社会关系纽带、促进社区共同体意识的形成。② 研究机构的社区赋能具有较强的实验性质,更强调过程的规范性和因果关联的挖掘。这种以研究为先导的社区赋能具有开拓性,但是对于实验环境、执行过程的高要求也使其运行成本会成倍增加。与此同时,研究者相对中立、抽离的身份和短期介入都很难与社区居民形成有效的社会链接,也就难以助力其增强社会资本。③ 此外,此类型的赋能实践在项目可持续性上也面临挑战。研究团队的离开极可能造成社区赋能进程的结束,因为他们的赋能方案经常涉及多项治理任务、需要大量的资源支持,一旦研究经费中止,社区赋能方案只能被迫中止。④

欧美国家的宗教组织有着"博爱""行善"的文化传统,一贯强调社会联系与自我赋能。在拥有长期宗教传统的社区,这些组织具有较高的公信力和稳固的民意基础,成为开展社区赋能的优势条件。宗教组织是依靠信仰理念、制度建设形成奖惩和声誉机制以解决信任困境并激发集体行动。⑤ 因而,他们所推动的社区赋能往往是建立在教父与教民的深度交流和直接互动之上,需要长期扎根和经营。受到教义与组织特质的影响,宗教组织主导的社区赋能具有宗教性与区域性特征。宗教性是指赋

---

① Marta Castro, Lizet Sánchez, Dennis Pérez, Nestor Carbonell, Pierre Lefèvre, Veerle Vanlerberghe and Patrick Van der Stuyft, "A Community Empowerment Strategy Embedded in a Routine Dengue Vector Control Programme: A Cluster Randomised Controlled Trial", *Transactions of the Royal Society of Tropical Medicine and Hygiene*, Vol. 106, No. 5, May 2012, pp. 315 – 321.

② Mike Titterton and Helen Smart, "Can Participatory Research Be a Route to Empowerment? A Case Study of a Disadvantaged Scottish Community", *Community Development Journal*, Vol. 43, No. 1, January 2008, pp. 52 – 64.

③ Melanie Wiber, Anthony Charles, John Kearney and Fikret Berkes, "Enhancing Community Empowerment through Participatory Fisheries Research", *Marine Policy*, Vol. 33, No. 1, January 2009, pp. 172 – 179.

④ Sheila Watt, Cassie Higgins and Andrew Kendrick, "Community Participation in the Development of Services: A Move Towards Community Empowerment", *Community Development Journal*, Vol. 35, No. 2, April 2000, pp. 120 – 132.

⑤ Richard Sosis、张清津:《宗教能否促进信任?信息传递、声望和惩罚的作用》,《经济动态与评论》2016 年第 1 期。

能过程以教义为依据，基本上只向本教教徒提供援助和赋能。Madeleine Power 等人在考察英国食物救济的社区赋能项目时发现，基督教会只愿意救助基督徒、白人，赋能范围不会扩展到同样境况的伊斯兰教徒。同样地，清真寺的赋能范围也局限于伊斯兰教徒[1]。区域性特征则反映宗教组织的赋能范围受到教区、教徒分布等因素限制。这点在美国的黑人教会表现较为明显，部分也与黑人群体的社会歧视状况有关。十点联盟（Ten Point Coalition）是波士顿城市黑人聚集区的教会组织，持续为社区青年提供日常公共服务和情感寄托。当地黑人青年既不信任警察也不畏惧法律，但是对于教职人员抱有信任。因此，黑人神职人员可以充当警察与黑人青年间的中间人，动员警察部门、社区组织和邻里居民等协调一致地努力控制和预防社区犯罪。[2] 也有研究认为教会组织的集体行动无法完全扩展到社区自治层面，因为教会赋能的群体、范围与社区的不完全重合，宗教意图与社区利益也不完全一致，甚至可能有所冲突。[3]

专业性社会组织也是社区赋能的重要实施主体。它们一般都聚焦于特定的活动领域或服务群体，在专业干预或项目实施中植入社区赋能的理念和方案以实现两者有机组合。柬埔寨儿童信托基金（CCT）最初是由一名澳大利亚志愿者游客和当地人共同创立的孤儿院。孤儿院在运营中意识到家庭重聚和社区支持对于儿童长期发展的重要性，于是，他们推出社区蜂巢模型的社区综合发展方案，包括成立社会企业餐厅、提供培训和能力建设、促进家庭团聚，同时在方案实施中注重项目控制权的本土化和对项目影响的持续监测。[4] 台湾地区推行的社区营造类社会运动

---

[1] Madeleine Power, Bob Doherty, Nell Small, Simon Teasdale and Kate E. Picket, "All in it Together? Community Food Aid in a Multi-Ethnic Context", *Journal of Social Policy*, Vol. 46, No. 3, January 2017, pp. 447–471.

[2] Kashea Pegram, Rod K. Brunson and Anthony A. Braga, "The Doors of the Church are Now Open: Black Clergy, Collective Efficacy, and Neighborhood Violence", *City & Community*, Vol. 15, No. 3, September 2016, pp. 289–314.

[3] Robert J. Sampson, "Great American City: Chicago and the Enduring Neighborhood Effect", Chicago: University of Chicago Press, 2012, pp. 191–195.

[4] Freya Higgins-Desbiolles, Regina A. Scheyvens and Bhanu Bhatia, "Decolonising Tourism and Development: From Orphanage Tourism to Community Empowerment in Cambodia", *Journal of Sustainable Tourism*, Vol. 31, No. 12, February 2022, pp. 2788–2808.

虽然源自政府倡导，但是由专业建筑师及相关组织主导。在社区建筑空间改造过程中，他们为了充分挖掘乡土文化和社区情怀，"更多扮演着沟通者、促成者和协作者角色"[1]。设计团队不仅注重普通居民的意见，还组织他们开展公共讨论。这种社区营造方式既是在重塑物理空间，也是一种社区赋能训练，同时还具有经济重建与社会重构的双重价值。然而，社会组织的非营利性质决定了它们的赋能实践在一定程度上受制于赞助方。例如瑞典斯德哥尔摩预防酒精和药物问题组织（STAD）在与当地警方合作开展社区干预时，不仅被预先框定活动方式，包括收集信息、参与青少年规训等，还要配合警方行动。[2] 而具有国际背景的社会组织更善于采用科学方法和他地经验来推动赋能项目。但是，他们"外来者"的身份和固定化的项目规定使其赋能活动难以有效贴合本地需求，过度关注自身议程反而弱化了赋能对象的认知与利益[3]。

此外，由居民自发形成的社区自组织也在自下而上、持续推动社区赋能。从既有案例看，聚焦于社区普遍关注的治理事件，是这些自组织能够组织起来并推动社区赋能的关键所在。由于面临财政压力和公民行动主义的兴起，泰国东北部两个市镇将共同生产理念引入市政服务。Nakorn Khon Kaen 市政府提供建筑材料和设备，让社区领袖和公民参与到辖区道路维修的决策和监督。Nam Pong 作为农村市镇模仿上述项目，引导居民组成 15—20 人的团队参与，男性与市政工人负责修补坑洼，女性和老年居民帮助准备食物。两市尽管在政治参与和社区动员上存在差异，但都增强公民的社区归属感和凝聚力。[4] 巴基斯坦北部迪尔—科希斯坦是该国森林覆盖最密集的地区之一，以农业为主，也依赖轮替森林和牧场

---

[1] 李敢：《"社区总体营造"：理论脉络与实践》，《中国行政管理》2018 年第 4 期。

[2] Mats Ramstedt, Hakan Leifman and Dandiel Müller, "Reducing Youth Violence Related to Student Parties: Findings from a Community Intervention Project in Stockholm", *Drug and Alcohol Review*, Vol. 32, No. 6, August 2013, pp. 561–565.

[3] Pui Yan Flora Lau, "Empowerment in the Asylum – seeker Regime? The Roles of Policies, the Non – profit Sector and Refugee Community Organizations in Hong Kong", *Journal of Refugee Studies*, Vol. 34, No. 1, March 2021, pp. 305–327.

[4] Tatchalerm Sudhipongpracha and Achakorn Wongpredee, "Decentralizing Decentralized Governance: Community Empowerment and Coproduction of Municipal Public Works in Northeast Thailand", *Community Development Journal*, Vol. 51, No. 2, April 2016, pp. 302–319.

来种植作物。当地社区基层组织，如村发展委员会和联合森林管委会主导发起了森林景观恢复项目（FLR）。他们通过组织会议和活动，动员社区成员参与项目从规划到实施的各个阶段。这些平台既为成员们提供了发表意见、参与决策的机会，又促成成员间的合作和协调，化解他们在土地和森林资源方面的冲突和竞争态势。同时，他们也推动社区集体管理资产、改善教育医疗条件、推广多样化的土地管理和森林利用实践。[1]社区自组织由于其本土性，为启动社区赋能奠定了良好基础。诸多研究都显示社区自组织推动的社区赋能更容易增进成员们的参与和联系，减少了其不平等感知并提升社区归属感。[2][3]但是，社区自组织的赋能模式弊端也很明显，自下而上的草根性使得社区自组织极易受到社区内部社会关系的影响。在墨西哥瓦哈卡州的两个社区都面临着新移民涌入、原住民领导层衰老或退出，这使得社区新成员难以融入既有组织，并进一步影响到社区自组织的筹款和换届，引发社区赋能的持续性问题。[4]

由此可见，社会组织主导的社区赋能行动引入了更多元的赋能主体，应用了更多样的赋能方式，也产生了差异化的赋能效果。但总体而言，社会组织主导的赋能实践较少涉及公权力使用，更侧重于与社区和居民构建亲密的社会网络与信任关系。相较于国际组织及国际条约，宗教组织、专业性社会组织以及社区自组织等都扎根于当地，更为准确地把握赋能对象的需求，并开展更具持久和连贯的赋能活动。

---

[1] Ayat Ullah,"Forest Landscape Restoration and Its Impact on Social Cohesion, Ecosystems, and Rural Livelihoods: Lessons Learned from Pakistan", *Regional Environmental Change*, Vol. 24, No. 1, March 2024, p. 26.

[2] Susan Coan, John Woodward, Jane South, Anthony Bagnall, K Southby, D Button and JoanneTrigwell,"Can a Community Empowerment Intervention Improve Health and Wellbeing in a Post–Industrial UK Town?" *European Journal of Public Health*, Vol. 30, No. Supplement 5, September 2020, ckaa165. 229.

[3] Victoria J. McGowan, Jonathan Wistow, S. J. Lewis, Jennie Popay and Clare Bambra,"Pathways to Mental Health Improvement in a Community–led Area–based Empowerment Initiative: Evidence from the Big Local 'Communities in Control' Study, England", *Journal of Public Health*, Vol. 41, No. 4, December 2019, pp. 850–857.

[4] James P. Robson,"Indigenous Communities, Migrant Organizations, and the Ephemeral Nature of Translocality", *Latin American Research Review*, Vol. 54, No. 1, April 2019, pp. 103–120.

第三节　乡村振兴背景下的社区赋能探索

域外多元主体发起的、领域广泛且形式丰富的赋能实践，为开启我国乡村赋能探索积累了宝贵的经验。然而，差异化的国情、文化、现代化进程以及政社关系等，决定了在乡村振兴背景下开展的乡村赋能必然呈现出中国式的图景和实践逻辑。乡村振兴战略是一项综合性、系统化的工程，必须依托农民的组织化和乡村的主体性。"当前我国农业农村发展中存在的突出问题，恰恰在于农民的去组织化。分散的小农户既无法对接市场，也无法有效承接政府资源，这种结构性困境使得亿万农民整体上成为'弱势群体'。"[1] 理性小农或离乡进城、被挤出农业和农村，或为维护个体利益而充当"钉子户"。这不仅在客观上造成村庄公共品生产的"集体非理性"，还导致农村社会结构更加固化、基层治理任务更为繁重。

"'乡村振兴'不只是表征一种发展战略，它预示着许多乡村之外的强大力量介入。"[2] 只有引导农民开展深度合作与组织化整合、重构乡村集体的主体性，才能高效地与市场、政府这些外力相对接，创造出乡村振兴的持续动力。从农民"去组织化"到"再组织化"，从乡村"去主体性"到"主体性回归"，这就是典型的社区赋能过程。由此可见，战略转变与现实需求共同催生了对赋能理念的关注，各地也相继开始探索乡村赋能的干预手段与制度形式。

一　乡村治理中的赋能探索

现代与传统并非全盘摧毁与重构的二元对立过程，特别是在非西方国家，传统价值与伦理观念仍在持续塑造着这个国家的现代化发展道路。以浙江义乌的市场化进程为例，当地之所以发生小商品经营的非农化转型，根源于农民经商的"家庭本位"伦理。以家庭为单位的整体分配、

---

[1] 吴重庆、张慧鹏：《以农民组织化重建乡村主体性：新时代乡村振兴的基础》，《中国农业大学学报》（社会科学版）2018年第3期。

[2] 曾鹰、曾天雄：《"新乡贤"文化："后乡土"乡村治理的内生价值之维》，《城市发展研究》2019年第5期。

模糊分工、灵活经营与吃苦精神、"有钱赚就做"的理念，共同激发出强大的资本动力，产生了比现代企业更高的市场效益。① 在而今农业产业的现代化经营中，乡土社会既有的"内外有别"行动伦理也仍然发挥着重要作用，关系到劳动力雇佣与监督这一核心问题。外来规模经营的猕猴桃企业需要通过"网格长＋班长＋农民"的生产组织形式开展分层雇佣，层层叠叠地扎根到村民的社会关系网络。这位企业主的成功是因为他意识到"要顺着农民的行动伦理来组织生成和分配收入。只要赢得了'人心'，企业就会扎根和盈利"②。这说明在现代化的冲击下，原本封闭的、等级森严的乡土结构与组织形式难以为继。但是，以家庭或家族为本位的社会基础，以关系、面子和人情所维系的行动伦理与社群规则仍然具有强大生命力，至今仍作为"社会底蕴"③ 影响着乡村场域内的生产与生活秩序。

如何调动和开发上述资源推动农民间合作生产公共品、构建以集体为核心的乡村主体性，这便是乡村治理中赋能实践的关键所在。目前部分地方政府或特定政策领域出现一些基于"社区赋能"理念的试点探索或制度创新。例如，农民用水户协会便是以赋能思路来设计农村水利设施建设与管护的方式。具体而言，在政府引导下由村庄用水户组成专业协会，以民主协商的方式自行组织辖区内渠系工程管理和维护、灌排水费收取与服务提升。④ 作为特定治理领域的赋能制度，它已经由地区性试点转向全国普遍推广，国家试图以此在乡村内部组建非行政性的水利供给体系。⑤

部分地方探索的社区治理创新也与社区赋能理念高度契合。例如四川省成都市的公共服务资金制度。成都市每年为村庄提供一笔资金用于公共品生产，但是资金具体用途不由政府设定，而是交给民主推选的村

---

① 刘成斌：《农民经商与市场分化——浙江义乌经验的表达》，《社会学研究》2011年第5期。

② 周飞舟、何奇峰：《行动伦理：论农业生产组织的社会基础》，《北京大学学报》（哲学社会科学版）2021年第6期。

③ 杨善华、孙飞宇：《"社会底蕴"：田野经验与思考》，《社会》2015年第1期。

④ 王毅杰、王春：《制度理性设计与基层实践逻辑——基于苏北农民用水户协会的调查思考》，《南京农业大学学报》（社会科学版）2014年第4期。

⑤ 罗兴佐：《水利，农业的命脉：农田水利与乡村治理》，学林出版社2012年版，第247页。

民议事会，代表们在议事会上统筹需求、协商确定具体项目，再交由村委会执行。① 此外还有福建省厦门市 T 区创设的房东协会制度。工业区建设使得该区农村涌入大量前来租房的外来打工群体。政府引导所辖农村有房屋出租的村民组建房东协会，由协会自行组织检查房屋质量、维护出租市场以及规范外来人口管理等。

此外，也有些地方政府在履行部门职责时有意识地引入外部组织开展赋能干预。浙江省 F 市在选择试点村设计建设规划时，采用"自主提案—公开选拔"形式并将"村民参与"纳入考评指标。这种机制创新将专业规划者和参与式规划塑造为向社区成员赋能的公共平台。② 目前在上海、宁波、深圳等城市社区每年都会举办公益创投大赛，以项目申请形式培育社区内生的公益组织或购买专业社工服务，③ 目前这一赋能活动尚未扩展到农村社区。由此可见，乡村赋能探索并非"黑天鹅"似的特殊个案，遵循着这种思路的干预方式与制度形态正在当前基层治理中持续涌现。

二　制度与组织：乡村赋能的类型划分

乡村赋能从社会本位出发，重新审视社区治理的需求与可能以及外部资源的投入与影响。它在客观上推动政社合作的多元治理格局，契合于中央倡导的社会治理导向，所以相较于"何为赋能"，"如何赋能"以及"何以有效赋能"是而今乡村治理研究中更值得深入研究的议题。

乡村治理并不存在一条单向度的发展路径，也不是单一要素"刺激—回应"的过程，而是国家、市场与社会多要素、多层次互构的结果。那么，三者的关键结合点是什么？行政权与社区自治权良性互动的载体与边界在哪里？这些过程性、路径式的问题是关系乡村治理效能的关键，也是乡村赋能理论与实践亟须探索的。

---

① 杜鹏：《村民自治的转型动力与治理机制——以成都"村民议事会"为例》，《中州学刊》2016 年第 2 期。
② 孙莹：《以"参与"促"善治"——治理视角下参与式乡村规划的影响效应研究》，《城市规划》2018 年第 2 期。
③ 尹浩：《"无权"到"赋权"：城市基层社会治理的新机制——以 H 省城市社区公益创投活动为分析对象》，《南昌大学学报》（人文社会科学版）2016 年第 5 期。

域外经验也显示,尽管遵循着相似的权力干预理念与赋能关系链条,不同的赋能形式在行动主体、干预措施以及支持性资源等方面都有所差别。换言之,不同的赋能形式在实践中会呈现差异化的运行逻辑。根据既有的实践案例,排除非制度化的危机赋能,[①] 本书主要关注制度赋能与组织赋能两种类型(见表2–1)。

表2–1　　　　　　　　乡村赋能的实践类型

赋能类型	社区赋能的逻辑	主要制度形式
制度赋能	政府出台相关规则与操作细则,指导社区进行治理结构调整与运行方式建设	社区协商议事制度、集体产权制度改革、村规民约
组织赋能	政策性组织:通过政策引导和项目配套挖掘社区内部的能人资源或同质性群体形成组织化力量,推动社区公共品供给	用水户协会、房东协会、老人会
组织赋能	外源型社会组织:通过政府购买服务形式引入社工组织和专业社工技术,由其主导社区赋能的干预过程	社区营造项目、政府购买社区服务

制度赋能是通过普适、权威的规则安排搭建公共参与平台,培养村庄自治能力。无论是受功利主义驱动,还是基于合法性考量,政府高度重视且习惯性地运用制度这一治理方式。制度能够提供一套可预期的社会规则,"这套共享的规则系统,通过限制行动者最优化的倾向和能力,又赋予某些群体以特权,使其利益在现行奖惩机制下得以保障,从而实现对行动的建构,使秩序得以可能"[②]。社区治理能力的培育"不能单纯依靠行政资源和力量,规制社区发展,也要思考如何在制度创新上给予居民或社区更多解决自身问题的权力和资源"[③]。制度赋能并不是一蹴而

[①] 危机赋能是指在应对社区中的突发问题或群体性权益维护活动中,乡村内部的自我组织化过程或政府引导下通过自治行动化解社区公共议题。

[②] Walter W. Powell and Paul J. DiMaggio, New Institutionalism in Organizational Analysis, Chicago: University of Chicago Press, 1991, p. 11.

[③] 尹浩:《城市社区微治理的多维赋权机制研究》,《社会主义研究》2016年第5期。

就，在制度出台之际就实现赋能的。它首先要依靠村庄既有的治理主体与组织化力量的推动，将制度转变为村民们理性行为的外部场景或游戏规则，形塑行动者追求自身利益的行为。随着制度演化为场域内普遍认同的规则体系时，该制度背后的赋能理念才会潜移默化地影响个体行为，甚至内化为建构其理性行为的选择偏好。

乡村社会可以视为正式与非正式制度交织着的制度性空间。由此形成的"制度丛"涵盖着乡村政治、经济与社会多领域，包括集体所有制、基层民主选举制度以及各类民俗习惯等。作为赋能形式的变革性制度，就是制度丛中具有撬动效应和助推功能的，既能将政治冷漠状态中的村民拉回公共领域，又能持续推动从个体、组织到社区的多层次赋能。集体产权制度改革和基层协商民主两种制度分属于经济与政治领域，但是都带有上述典型的赋能性质。第三章将具体研究这两种制度在理性设计的赋能逻辑以及在地化运行的实践样态。

组织赋能则是通过培育社区内部组织或引入社会专业组织，由它们作为组织者为村民公共意识生成和村庄公共品生产赋能。乡村公共领域发育的重要标志之一就是社区组织的培育及成长，因为它既能积累信任、强化规则，又能形成乡村治理中的组织化力量。社区组织的成长路径既可以选择激活村庄内部既有的组织资源，例如老人会、乡贤组织，又可以依托治理目标筛选特定特征的群体，通过政策引导组建新的乡村公益组织，例如用水户协会、妇女协会等。

相较于社区组织，基于专业知识和技术的社会组织则是外源型的赋能主体。近年来，政府购买服务制度日趋成熟，专业社会工作者、社会组织的乡村建设也日趋活跃。多重需求耦合共同推动这些外源型社会组织进入乡村场域，通过项目运作的方式帮助弱势群体、整合社区内外资源、开展乡村建设活动。[①] 外源型社会组织具有公益性质、专业社工技能以及第三部门运行方式，这些特征能够为乡村赋能带来新的理念与形式。然而，他们的"外来者"身份也容易遭遇乡土社会中的"情境合法性"质疑。能否"争取具体情境中的服务对象的认可与支持"

---

① 陈为雷：《政府和非营利组织项目运作机制、策略和逻辑——对政府购买社会工作服务项目的社会学分析》，《公共管理学报》2014年第3期。

将成为影响这类社会组织赋能的关键因素。① 第四章将以用水户协会与和合公益组织的乡建项目作为案例，观察组织赋能的形态、效能以及影响因素。

---

① 邓燕华：《社会建设视角下社会组织的情境合法性》，《中国社会科学》2019 年第 6 期。

第 三 章

乡村赋能的实践类型：
制度赋能及其运行样态

制度是各种意义和策略结构的稳定聚合。① 手段结构是它的显性组成，作为设计理念的意义结构则预先设定了解决问题关键的激励问题、可置信问题以及监督问题。基于"社区赋能"思路形成的制度大体遵循着相似的权力干预方式与赋能逻辑。集体产权制度改革是农村经济层面的制度供给，旨在通过重构集体产权保障村民的财产权利并推动集体经济发展。基层协商民主则是为完善乡村自治的制度创新，通过理性协商扩大参与范围，弥合观点差异，寻求集体共意。本章将借这两种制度实施的具体案例，观察不同领域的赋能制度的理性形态，及其在与特定的乡土环境互构中所展现的实践样态。

第一节 产权制度改革与集体经济"赋能式发展"

在中央实施的乡村振兴战略中，农村集体产权制度改革是重要的制度构成，被赋予"保障农民财产权益"与"壮大集体经济"的双重任务。② 这是中国农村继土地家庭联产承包和"三权分置"后又一触及"产权"的制度性变革。与以往不同，此次改革将关注的焦点投向更具市

---

① ［美］詹姆斯·马奇、约翰·奥尔森、允和：《新制度主义详述》，《国外理论动态》2010 年第 7 期。

② 参见习近平《决胜全面建成小康社会 夺取新时代中国特色社会主义伟大胜利——在中国共产党第十九次全国代表大会上的报告》，2017 年 10 月 27 日，https://www.gov.cn/zhuanti/2017-10/27/content_5234876.htm，2024 年 9 月 11 日。

场价值的经营性资产，以股份合作制的形式重构集体产权秩序。此次集体产权制度改革的实施不仅源自中央的顶层设计，也符合地方发展的现实需求。在广东、浙江等快速城市化与经济发达地区，早在20世纪90年代就出现了围绕集体资产股份制的自发探索。

从制度设计的视角看，该制度基于产权理论形成了从农民个体、经济组织到社区共同体的多层次赋能链条，包括赋予农民个体集体成员股权权能，激活集体经济组织的市场权能，以及在此基础上通过民主参与和结构完善培育社区共同体的治理能力。现有文献主要讨论了既有改革方案及其产权设计的合理性，股份合作制改革对集体经济发展、对村庄治理的影响。它们大多是将股份合作制改革作为自变量，观察或检验它能否有效赋予农民个体的股权权能、集体经济组织的市场权能以及村庄社区的治理能力。

沿海城市J市①作为国家试点，在中央的制度框架下推动集体产权制度改革。然而，制度设计中的赋能链条只是理性推演下的理想状态，在同一制度环境下的两个村庄却呈现出不同于制度设计、差异化的赋能过程。R村在改革中重视农民个体的民主赋能过程，而K村则更关注经济组织的赋能发展效用，同时改革前后两村的社区治理能力均无明显变化。本节通过两村的案例比较发现，制度设定的多层次赋能链条在实践过程中存在着内在张力，特别是在农民个体与经济组织之间。于是，各村往往会基于自身的社会情境进行适应性调适，在村社既有的群体产权认知与关键行动者能动性的相互作用中塑造出特定的赋能形态，因而建议各地政府在改革制度设计时为基层自主决策留存空间，同时注重对村庄能人的吸纳和对村民产权认知的培养。

一 集体产权制度设计的赋能链条

以股份合作制为形式的集体产权制度改革在经历各地近三十年的自发探索以后，转向由中央主导的顶层部署。此轮改革在制度设计上带有强烈的赋能逻辑，基于产权理论的理论推演，以股权为形式的产权改革将同时撬动个体、组织与社区多层次的赋能链条。

---

① 本书案例部分所涉及的城镇村社、社会组织以及受访对象等均进行了匿名化处理。

2017年国务院出台《关于稳步推进农村集体产权制度改革的意见》（以下简称《意见》）标志着国家以正式制度的形式开启面向农民个体、经济组织与社区共同体的多层次赋能过程。这套赋能逻辑是以产权理论为基础。在西方新制度经济学的产权理论视角下，产权是一组享有某种资产的权利束，包括所有权、占有权、使用权、支配权、经营权、索取权等一系列权利。[1] 著名的科斯定理指出只要产权明确，交易费用为零或者很小，资源配置最终就是有效的，并且与初始的所有权形式无关。[2] 产权安排合理性地影响人们的激励与行动，创设与之相匹配的经济和社会关系制度。[3] 这轮改革的基本思路就是在保有"集体所有"的前提下以股权形式将集体内部的产权明晰化。在赋予农民个体股权权能的同时，还能够激活集体经济组织市场化的发展功能，培育农村社区民主、有序运行的能力。在上述制度赋能逻辑中，股权权能是改革制度的核心内容，也是制度赋能链条的起点（见图3-1）。现有研究也基本遵循着这一制度设计框架，围绕各个层次的赋能过程与效果展开理论推演与实证检验。

（一）农民个体的制度赋能

农民个体层次的制度赋能是以集体成员的股权权能为主要内容。股权权能主要表现为权利属性，村民在变成股民后就获得对于集体资产相应的经济性权利与民主决策权利。"集体所有"一直被视为非市场性的模糊产权。[4][5] 对于谁是"集体"真正的代表，被掩盖在集体面目下的成员权利如何界定和行使，均无明确规定。所以在长期的实践中，集体资产使用的决策权主要掌握在村干部手中，"任何单一个体的农户或者一群农户再也无法

---

[1] Jean. C. Oi and Andrew G. Walter, *Property Rights and Economic Reform in China*, Stanford: Stanford University Press, 1999.

[2] ［美］R. H. 科斯：《社会成本问题》，载［美］R. 科斯、A. 阿尔钦、D. 诺斯等编《财产权利与制度变迁——产权学派与新制度学派译文集》，刘守英等译，上海人民出版社1994年版，第3—58页。

[3] ［美］E. G. 菲吕博腾、S. 配杰威齐：《产权与经济理论：近期文献的一个综述》，载［美］R. 科斯、A. 阿尔钦、D. 诺斯等编《财产权利与制度变迁——产权学派与新制度学派译文集》，刘守英译，上海人民出版社1994年版，第198—230页。

[4] 周其仁：《产权与制度变迁：中国改革的经验研究》，北京大学出版社2004年版，第152—174页。

[5] Peter Ho, "Who owns China's Land? Policies, Property Rights and Deliberate Institutional Ambiguity", *The China Quarterly*, Vol. 166, No. 3, August 2001, pp. 394–421.

作为集体的载体来显示存在和表达利益"①。股份合作制改革就是将集体所有制由"共同共有"转变为"按份共有"。②《意见》明确指出"将农村集体经营性资产以股份或份额形式量化到本集体成员,作为其参与集体收益分配的基本依据""保障农民集体资产股份权利"。这意味着以股份为载体将农民个体的集体成员权利具象化与制度化。

农民个体层次的赋能效果需要从结果与过程两个层面进行评估。结果层面的标准是成员是否拥有集体资产股权、是否享受相应的股权权能。王宾、刘祥琪对北京昌平区改革的实证检验指出产权改革促使农村集体分红有了大幅度增加。③ 各地的改革模式之间有着明显差别。④ 不同的股权分配方案和认定标准都有其相应的合法性基础,⑤⑥ 会对股权配置结果产生重要影响。郭巍青等发现在广东的改革中,外嫁女成为股权缺失的典型社会群体,已经演化成当地棘手的社会问题。⑦ 而从过程层面看,赋能改革的组织形式、过程样态与民主化程度都会极大影响到村民参与改革的自主掌控能力与主观获得感。各地在决策和执行过程中引发了诸多矛盾纠纷。⑧ 何包钢通过实验方式证明协商民主讨论能够有效地解决上述的外嫁女纠纷,由此形成的一次性赔偿方案也得到多数外嫁女的同意,⑨这从一个侧面反映出民主过程对于个体赋能的重要作用。所以北京市

---

① 吴毅:《农地征用中基层政府的角色》,《读书》2004 年第 7 期。
② 黄延信、余葵、师高康等:《对农村集体产权制度改革若干问题的思考》,《农业经济问题》2014 年第 4 期。
③ 王宾、刘祥琪:《农村集体产权制度股份化改革的政策效果:北京证据》,《改革》2014年第 6 期。
④ "农村集体产权制度改革和政策问题研究"课题组 夏英、袁崇法:《农村集体产权制度改革中的股权设置与管理分析——基于北京、上海、广东的调研》,《农业经济问题》2014 年第 8 期。
⑤ 刘玉照、金文龙:《集体资产分割中的多重逻辑——中国农村股份合作制改造与"村改居"实践》,《西北师大学报》(社会科学版)2013 年第 6 期。
⑥ 温铁军、刘亚慧、唐溧、董筱丹:《农村集体产权制度改革股权固化需谨慎——基于 S 市 16 年的案例分析》,《国家行政学院学报》2018 年第 5 期。
⑦ 郭巍青、张文杰、陈晓运:《"复杂问题"与基层干部的"办法":以 N 区"外嫁女"问题为例》,《公共行政评论》2019 年第 3 期。
⑧ 马翠萍、郜亮亮:《农村集体经济组织成员资格认定的理论与实践——以全国首批 29 个农村集体资产股份权能改革试点为例》,《中国农村观察》2019 年第 3 期。
⑨ 何包钢:《协商民主和协商治理:建构一个理性且成熟的公民社会》,《开放时代》2012年第 4 期。

的改革政策明确规定包括清产核资、集体成员界定等重要环节都要设定高比例的民主表决门槛①，这种制度性安排也构成赋能过程的重要内容。

(二) 经济组织的制度赋能

产权改革在赋予集体成员股权权能的同时，也将集体经济的组织结构转变为股份合作制形式。这便是经济组织层次的赋能过程，即赋予集体经济组织市场权能，促使其积极参与市场配置、在市场运行中发展壮大。由此可见，有别于个体层次的权利属性，该层次赋能更加为关注经济组织的功能性与发展性。诺斯提到"有效率的经济组织是经济增长的关键……有效率的组织需要在制度上作出安排和确立所有权以造成一种刺激，将个人的经济努力变成私人收益率接近社会收益率的活动"②。农地产权改革的现有研究多将产权制度视为内生变量，基于上述理论得出产权明晰的制度结构有助于推动农业现代化，并对农村经济发展产生了积极影响。③④⑤

这一轮产权改革是农地改革的延续与扩展，其赋能过程表现为如下两个方面：一是将集体经济组织改造为符合市场运行规则的股份合作社结构，并赋予它对集体资产的管理权力；二是赋予其"特殊法人"身份和市场主体地位。这些制度性安排有助于推动集体经济组织发挥市场化和发展性功能，在市场运作中盘活集体资源、激发集体经济活力，从而实现"壮大集体经济"的目标。关锐捷等对于北京市468家新型集体经济组织的经营效益分析指出，这轮产权改革确实促进了集体经济收入的持续稳定增长。该文还通过具体案例总结出建居撤村、市场化运营与新

---

① 赵家如：《集体资产股权的形成、内涵及产权建设——以北京市农村社区股份合作制改革为例》，《农业经济问题》2014年第4期。

② [美] 道格拉斯·诺斯、罗伯特·托马斯：《西方世界的兴起》，厉以平、蔡磊译，华夏出版社2014年版，第165—180页。

③ Shouying Liu, Michael R. Carter and Yang Yao, "Dimensions and Diversity of Property Rights in Rural China: Dilemmas on the Road to Further Reform", *World Development*, Vol. 26, No. 10, October 1998, pp. 1789–1806.

④ [澳] 杨小凯、黄有光：《专业化与经济组织：一种新兴古典微观经济学框架》，张玉纲译，经济科学出版社1999年版，第23—34页。

⑤ 姚洋：《中国农地制度：一个分析框架》，《中国社会科学》2000年第2期。

建产业等集体资产增值的实现方式。① 而钟桂荔和夏英基于云南大理 8 个村庄的观察指出推动集体经济发展的两条路径：一是将经营性资产公开竞标以提升资产的市场价值，二是将资源性资产和成员承包地入股成立合作社以便统一流转、规模经营。②

（三）社区共同体的制度赋能

在制度设计的赋能链条中，农民个体与经济组织的权能激活将共同促使农村社区共同体的治理能力提升。针对社区共同体的制度赋能所强调的是能力特征，主要是指社区自我管理和可持续发展的能力。关于社区赋能的相关研究指出，社区自治能力的培养需要经由两种路径：第一是激活成员的社区意识，包括对社区的满意度、信任度、归属感和参与意识。其中，成员的参与意识是构建其他社区意识的基础；第二是培养社区能力。社区骨干的领导、社区结构的合理化和外部支持网络的搭建，能够整合内外部资源、提升解决自身问题的能力。

有学者指出："由于产权和治权之间存在着一定的对应关系，集体产权制度改革本身就是乡村治理体系改革。它直接带来了治理资源、治理主体和治理体制机制的重大变化。"③ 在产权理论视角下，集体所有权的产权主体不清晰及其权利缺失是乡村治理主体有效性不足的根源。④ 农民个体的赋能过程将成员个人损益与集体经营状况直接关联在一起，由此形成的利益相容机制有助于开发村民们的民主管理能力，促使他们主动且持续地参与到对集体事务的决策和监管中。⑤ 而从治理结构上看，经济组织的赋能过程将产生独立决策、市场化运行的股份经济合作社。由此，村庄内部将形成"由党支部领导、股份经济合作社承担集体资产经营管

---

① 关锐捷、师高康、张英洪、段书贵、朱长江：《农村集体经济体制演变特点及收益分配的实证研究——以北京市为例》，《毛泽东邓小平理论研究》2017 年第 1 期。

② 钟桂荔、夏英：《农村集体资产产权制度改革——以云南大理市 8 个试点村为例》，《西北农林科技大学学报》（社会科学版）2017 年第 6 期。

③ 仝志辉、韦潇竹：《通过集体产权制度改革理解乡村治理：文献评述与研究建议》，《四川大学学报》（哲学社会科学版）2019 年第 1 期。

④ 黄韬、王双喜：《产权视角下乡村治理主体有效性的困境和出路》，《马克思主义与现实》2013 年第 2 期。

⑤ 袁方成：《治理集体产权：农村社区建设中的政府与农民》，《华中师范大学学报》（人文社会科学版）2013 年第 2 期。

理事务、由村民委员会承担村民自治事务的新型农村治理模式"①。这种政、经、社分离的组织架构有助于理顺村庄内部治理结构的权责关系，构建起有效运行的监督机制，从而提升经济运行与公共事务治理的双重效益。② 由集体经济运行入手也有可能逐步推动政府与自治组织之间的协同治理。③

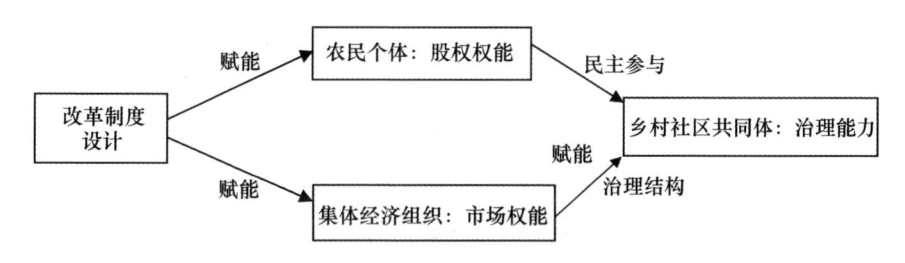

图 3-1　集体产权制度改革的多层次赋能设计

图 3-1 所展现的多层次赋能设计是建立在制度决定论的思维基础之上。制度决定论认为制度作为内生性变量，在建构个体行为和社会互动方面会产生决定性的影响。该制度是基于产权清晰、逻辑自洽的理论推演而成。股份合作制的产权改革将实现对集体经济成员的股权权能赋予与对集体经济组织的市场权能开发，进而推动乡村社区的治理能力提升。对于科学合理的制度内容，只要忠实执行就能遵循理性设计的赋能链条而自发达成乡村治理的目标样态。

然而，现实的制度运行几乎很难完成理性设计的整个赋能链条。基于产权理论的制度决定论难以回答理想设计与现实运行之间的背离，也无法回答"在同样的制度环境下，为何会产生不同的产权改革状况"。J 市作为这轮集体产权制度改革的国家级试点，于 2018 年在中央出台的《意见》指导下开始推动改革。本节将通过对其中两个村庄改革历程的观

---

① 夏英、张瑞涛：《农村集体产权制度改革：创新逻辑、行为特征及改革效能》，《经济纵横》2020 年第 7 期。
② 张茜：《"高水平集体化"方向的一种初步尝试——山东省东平县土地股份合作社探索》，《西北农林科技大学学报》（社会科学版）2015 年第 5 期。
③ 郭金云：《乡村治理转型的微观基础与制度创新——以成都市农村土地产权制度改革为个案的研究》，《中国行政管理》2015 年第 5 期。

察来尝试回答这套赋能制度在基层实践中呈现出哪些过程样态？理性设计下的多层次赋能链条在现实运行中为何难以有序推进，受到哪些情境性因素的影响？

二 一种制度、两种实践：改革中的两村产权建构过程

J 市（县级市）位于东南沿海地区，以乡或村为单位的块状经济发达，形成了高度工业化与低水平城市化的不均衡状态。庞大的农村体量是城市发展的短板。① 随着规模扩大和产能升级，最早发源于村庄内部的许多企业却搬迁至产业园区，这反而使得所在村庄的集体经济陷入困境。为盘活集体资源、探索乡村振兴的发展路径，J 市主动争取到省与国家两级试点，并于 2016 年年底启动农村集体产权制度改革。R 村与 K 村都被 J 市确定为第一批改革试点村。在市制度框架的指导与多部门的协助下，两村顺利完成改革，并成为 J 市内部学习与对外展示的"样板工程"。

之所以选择这两个村庄作为案例，首先是因为 J 市的集体产权制度改革不是自发地探索，而是在中央的整体部署和制度安排下推进。尽管各地在地理区位、资源禀赋与发展水平等环境条件上有所差异，J 市实践还是能展现出制度设计与执行的一些共性的特征和逻辑；其次，此次改革的一个显著特征是"并不强调整齐划一"②，《意见》中也明确指出"改革主要在有经营性资产的村镇，特别是城中村、城郊村和经济发达村开展"。R 村与 K 村分属城郊村与经济发达村，且处于沿海地区，发展起步较早，所以，两村改革的社会性需求更强、改革面临的矛盾张力更大，它们在改革中的探索与经验对中西部地区具有先试价值；再则，为了展现此次改革在制度设计与实施间的内在张力，所选两村所在的基层政府和村干部都具有较强的治理能力，尽量避免由于人为执行偏差对制度实施效果产生的影响。研究团队于 2018—2019 年间多次赴当地开展实地调研，跟踪观察 R 村和 K 村的改革历程。在深度访谈其村两委及部分村民

---

① J 市全市 293 个行政村，是城市社区的 3 倍以上，大多社区也是由村庄整体转制形成；另一方面，早先发源于农村的企业随着规模扩大就迁移到产业园区，所在村庄的集体经济并未因此获得发展。

② 张红宇、胡振通、胡凌啸：《农村集体产权制度改革的实践探索：基于 4 省份 24 个村（社区）的调查》，《改革》2020 年第 8 期。

的同时，也在村内随机发放问卷，调查村民的产权认知与改革行为。调研发现制度内在预设的多层次赋能在现实运行中难以共同实现。R村与K村在同一制度环境下，经历了相似的改革流程，但却呈现出各有侧重的赋能过程样态。

（一）R村的集体产权改革过程：聚焦农民个体的民主赋能

R村位于J市通往所属地级市的接合部。借助其临近中心城区的区位优势发展出一个小型商贸集镇，村域内除了入驻数家国内知名企业外，还形成水产批发市场、水果批发中心以及家装市场等商业市场。由于被规划入"半小时城市群"建设，R村在2000年、2005年和2012年先后经历三次片区或组团征迁。目前除少量滩涂地外，全村所有的集体土地与产业全都被征迁。前两次征迁均以现金形式赔偿，村两委将赔偿款陆续发放给村民作为生活补助。村两委在2012年城北组团征迁中转变思路，将被征的集体资产置换成为数十间商场店面和商品房，这些成为集体资产的主要构成。全村常住人口1700余人、371户，已被集中安置于村域内新落成的三个相邻商品房小区。目前村域内的外来人口已增至近万人，也在分享着本村村民的一些公共福利。如何保障集体成员的权益，如何在村改居过程中发展集体经济，成为村庄转型的当务之急。J市将R村纳入第一批改革试点村，除了出台试行指导意见外，还聘请审计、律师等专业机构为其改革提供全流程的技术支持。

R村改革的主导力量不是既有的村两委班子，而是特意召集的改革工作组。工作组成员除了村两委外，还包括村小组长、部分村民代表、老人协会以及村里有威望者，共计二十余人。扩展决策主体的代表性是为了提高改革过程的民主性和合法性。根据J市所出台的指导意见，此次改革需要就改革实施方案、成员资格认定和股权分配标准，以及所组建的经济联合社（以下简称"经联社"）管理等内容进行民主表决。[1] 所以

---

[1] 根据J市指导意见，改革主要包括成员界定、清产核资、股权设置以及新型管理机构设立4个主要环节，其间所形成的《改革实施方案》《成员资格认定方案》《清产核资情况》《股份合作改革方案》，以及《经联社章程》等改革方案均需在村民户代表大会上获得80%以上赞成票才能通过。

工作组先行商讨出初步的改革方案，然后分工入户去摸排情况并征集意见。根据收集到的意见，他们多次召开规模扩大的村民代表会议讨论相关的标准或规则，还针对村民的个别诉求召开专门协商会逐一商讨。R村曾于2017年2月召开了第一次全村户代表会议对改革方案进行表决，但未能通过。此后，工作组又花费了一个多月时间宣传改革意义、逐户补充确认成员资格。在村两委和党员的动员下，第二次表决才得以顺利通过。

从改革过程看，R村将主要精力都花在成员的股权权能配置上，并且相当注重赋能过程的民主性和规范性。该村的成员认定工作贯穿于改革的每个阶段。

> 我们资产比较明确，拆迁多少大家都知道。但是资格认定的公告总是贴不起来。表决通过后还会有人过来要股份，每次都大概有三四个。我们要把它罗列起来，二次认定。如果是可进可不进的情况，就需要大家投票，大家觉得应该给他就给他。（访谈记录：L20181114——R村村主任）①

由此可见，工作组对于村民诉求的回应很及时，而且主要是通过民主协商的方式来裁定成员资格。即使在经联社成立的最后改革阶段，他们仍在处理部分村民的异议、增补成员。② 此外，该村改革的另一个特点就是高度重视过程的规范性，不仅严格遵守政府设定的执行流程、及时公开信息，而且相当注意改革过程中的文件记录归档。自改革工作起的所有文件方案、公开信息、村民代表会议以及改革工作组内部讨论都会详细记录，整理形成《J市R村产权改革实录》。

R村的股权配置结果表现出均等化和股权权能优先的特征。其一是相较于有些地方的村庄会综合设置劳龄股、贡献股等多重配股标准，R村只按照村落共同体逻辑设置了人头股。全村最终有1509人被认定为集

---

① 访谈资料编码说明：Q为访谈对象简称，20190305为访谈具体时间，按年月日顺序排列，"——"后为访谈对象身份，本书皆同。

② 在《J市R村产权改革实录》中2018年5月12日商讨经联社章程草案的村民代表会议上明确记录8位异议人员的讨论过程和处理意见。

体经济成员，而且只要具备集体成员资格、无论男女老幼各 10 股。其二是经联社只设置了村民个人基本股，不设集体股。股权实行"生不增死不减"的静态管理，可在本社范围内继承、赠送与转让。集体产权制度改革需要协调农民收益与集体发展的关系，在利益分配上就表现为集体股与个人股的分配比重。[①] 从这一意义上看，R 村的设置方式凸显出对农民股权权益的偏重和保护。R 村改革的这两个特征在科学性上有待商讨，但却是在充分尊重民意、反复协商过程中产生的，所以村民们对于改革结果普遍具有较强的满意度和效能感。

R 村对于经济组织层次的赋能状况则与农民个体层次形成了巨大的反差。R 村两委班子对于如何开发经联社的市场权能、如何壮大集体经济少有规划，都尚未形成明确思路。他们将其归因于目前经联社的手续尚未完成、J 市对集体资产使用约束较多以及缺乏具有"掌舵能力"的经营者等外部因素。此外，村两委仍旧计划将集体经济后续发展的主导权也交由政府指导与村庄民主决策。

> 集体资产转移到经联社里，经联社必定要存在的，不可能让你卖完了。这个店面问题就要召集村民来讨论了，要怎么租，或者出售一部分，留一部分。也不可能全部出售了。　（访谈记录：P20181114——R 村书记）

（二）K 村的集体产权改革过程：侧重经济组织的赋能发展

K 村位于 J 市东南角，临海且远离集镇，具有悠久历史。有府志记载，该村至今已有 1300 多年，自古就是抗击海盗倭寇的前线战地。全村户籍人口 4300 多名（1100 余户）、3000 多名外来人口。村里总面积 3 平方公里且多为滩涂地，多数村民"靠海吃海"，以出海捕鱼和近海水产养殖业为生。2006 年村两委换届后，曾任驻村海防民兵哨长的洪某回村竞选上村主任（而今为村支书和村主任"一肩挑"）。他在整合原本"不团结"的集体班子后，提出发展乡村旅游的思路。此后，K 村一方面利用

[①] 夏英、张瑞涛：《农村集体产权制度改革：创新逻辑、行为特征及改革效能》，《经济纵横》2020 年第 7 期。

政府项目和配套资金完善基础设施，开发本村战地遗址、渔村风情和侨台资源打造主题景区，另一方面通过景区的商铺规划和租赁盘活近300亩闲置土地。村财由上任时的负债转变为年固定收入200多万元，目前集体资产除了部分出租的1300多亩土地外，还有现金存款、店面、仓库等经营性资产和敬老院、安居楼、景点公园等非经营性资产。① 而各家各户通过经营餐饮服务，在旅游旺季也能增加一笔可观收入。随着该村集体经济的发展壮大，村两委就开始面临集体福利如何分配、资源如何整合再开发等问题。为此，他们在2013年曾自发组织过集体资产清查和产权认定，但是很难推进。直到被纳入改革试点，他们才在J市政府和律师团队的指导与协助下完成了改革。

在遵照市里设定的制度规则的同时，K村主要是依托村干部的权威与规范化的执行流程推动改革。在争议最大的成员资格认定环节，村两委将工作重心放在先期的宣传动员和规则制定。他们通过前期的摸底调查，在草拟方案时便对各类情况进行了"一一对照梳理"，而后提交村民代表大会表决。他们设定的股权配置原则是，在截止日期与户籍登记划定范围内的本村原住居民成员人均享有10股，集体占股25%。改革方案通过以后，K村便严格按照方案规定执行，对于有异议的村民则是由村两委入户"做思想工作"。

> 肯定有不满意的……例如很多华侨就有意见，（我们）向华侨解释为什么他们没有股份，他们户口迁出去了……到了最后有几户不理解的村民，我们也是要到他家里跟他去解释，思想不通也要解释到通。（访谈记录：C20181023——K村副书记）

K村在改革过程中更加关注经济组织赋能的发展效应。从结果上看，两村都完成了集体经济成员的股权配置和经联社组建。但是，K村在改革过程中会有意识地创设议程，去激活经联社的市场权能、推动集体经济发展壮大。首先，该村村两委充分挖掘J市政府的有利政策环境，争取到农商银行给予新成立经联社的2亿授信额度，并且积极开发经联社的优惠政策。

---

① 该村只对村集体所有的不动产进行了盘点，未进行估值。

> 当时是明确说经联社可以当成公司来运转，而且说免税。你有经营、做生意，都免税，这倒是一个很大的优惠政策……而且我们现在也有清理出两块地皮，如果有投资商要来合作的话，我们想以经联社为主体来运作。（访谈记录：C20181023——K 村副书记）

其次，该村在改革方案中特意补充了相关细则，例如股权允许社内流转、个人持股不得超过总股数的5%、近5年内暂停流转等。鉴于集体产业可观的前景与股权的可流转性，村集体希望借由这些细则保障经联社在发展早期的股权稳定性与决策主导权。最后，该村有意弱化股权权能中的利益分配内涵。理论上经联社应按成员股与集体股的比例来分配股份分红与集体提留，但是村民改革前后的福利水平并未发生变化。

> 村民福利现在是还没有什么变动，就是帮全村的村民缴纳新农合、医疗保险，一年是每人200块左右。搞旅游，很多基础设施建设也要做，而且现在游客要求比较高，要有消费的地方。目前景区建设的前期投入比较大，经联社今后怎么运作还要探讨。有前景的话，以后肯定会分红。（访谈记录：C20190110——K 村副书记）

（三）两村制度赋能链条的实践状况总结

从改革的结果看，两个村庄都顺利完成集体经济股份化改造的基本任务，以较高的民意实现了村民的股权配置和股份合作制经联社的组建。但是从赋能的角度来看，两村在激活村民股权权能与开发经联社市场权能两方面是各有侧重的。

R村在改革过程中不仅强调程序的规范性，还主动构建民主协商式的决策平台，积极回应村民的赋能诉求。改革在经历第一轮投票失败后，再次表决才得以通过。这一改革过程本身就是对村民股权权能的实践，也有助于提升他们对集体事务的掌控感和效能感。但是在聚焦农民个体赋能的同时，R村的经济组织赋能则被弱化。从股权配置结果看，全部集体资产都被量化到每个成员，并未设定用于支持经联社发展的公积金提留部分。更重要的是，从村干部到村民，对于改革后集体经济的发展都没有长期的设想或规划，而且有把资产变现分割的民意诉求。相较而言，K村更关注如何利用改革释放集体经济组织的市场权能。他们主动开发产权改革配套的有利政策网络，既为集体经济争取税收优惠、贷款授信，也在积极探索新型的经联社与本村产业发展间的联系。而在股权权能的配置过程中，他们更多依赖村两委的既有权威来动员宣传、化解异议和不满。与此同时，股权配置内含的利益分配规则被弱化，集体收益主要还是投入于基础设施投入与扩大再生产。

然而，两村的村庄治理能力在这次改革前后都未表现出明显变化。根据制度设计的赋能链条，组织层次的赋能将推动乡村社区治理结构的完善。但是现实情况是，两村尽管都组建了经联社，但集体经济的运营方式与改革前相差无几，经联社仍由村两委负责管理，股东代表与村民代表也基本重合。由此可见，新成立的经联社具有较强的依附性，并未对原有的村庄治理结构造成实质性的冲击。

与此同时，股权权能授予将激发村民参与意愿的这一制度预设在现实中也并不明显。我们通过问卷调查[①]对两村村民改革前后参与集体事务的积极性[②]和具体内容[③]进行比较。由表3-2可见，R村与K村村民在改革后参与村务活动的频率相较于改革前非但没有提高，反而都下降

[①] 课题组在开展深入访谈的同时在两村各随机发放了50份问卷并全部成功回收。由于调研期间多数村民都外出工作，较难找到受访对象，所得问卷数量有限，但仍然能够在一定程度上反映社区层次的赋能状况。首先，两村习惯于以户为单位参与集体事务，包括这次改革（R村为371户、K村为1188户），所以在问卷发放时是随机选择其中的50户由家庭代表作答；其次，对样本特征进行了描述性统计（见表3-1），这些样本与村庄基本人口特征较为吻合，不存在明显的选择偏差。

[②] 对于产权改革前后村民参与度的比较采用如下两道题："在产权改革前，您参与村务活动的频率？A. 非常高；B. 比较高；C. 一般；D. 比较少；E. 非常少"；"在产权改革后，您参与村务活动的频率？A. 非常高；B. 比较高；C. 一般；D. 比较少；E. 非常少"。在分析时将选项中的"非常少""比较少""一般""比较高""非常高"等5项指标分别赋值为1、2、3、4、5，并进行了描述统计和配对样本T检验以对比改革前后的差异。

[③] 对于产权改革前后村民关注的村务内容比较采用如下两道题："改革前您对村集体事务主要关注哪些方面？A. 村两委的换届选举；B. 集体资产的经营、分配与监督；C. 公共基础设施的建设（养老院、村委会老人会大楼、医院、学校、乡村道路、监控系统、宗祠等建设）；D. 公共服务提供情况（养老、医疗、教育、交通、治安、文化习俗传承保护等）；E. 其他"；"改革后您对村集体事务主要关注哪些方面？A. 村两委的换届选举；B. 集体资产的经营、分配与监督；C. 公共基础设施的建设（养老院、村委会老人会大楼、医院、学校、乡村道路、监控系统、宗祠等建设）；D. 公共服务提供情况（养老、医疗、教育、交通、治安、文化习俗传承保护等）；E. 其他"。

了 0.4 左右。这说明村民到股民的身份转变未能提升他们公共参与的积极性。而就具体的村务内容而言（见图 3-2），两村村民在改革前后的一致变化是从基础设施建设的硬件需求转向公共服务等软件需求。此外，两村村民对于集体资产、村两委换届的关注都呈现出截然相反的变化方向，难以有力证明制度设计中由个体赋能推动社区赋能的作用机制。

表 3-1　　问卷受访者特征的描述性统计

变量名称	变量含义和赋值	R 村 百分比	R 村 样本量	K 村 百分比	K 村 样本量
性别	女 =0（基准组）	68%	50	32%	50
	男 =1	32%		68%	
年龄	19—30 岁	24%	50	14%	50
	31—45 岁	36%		8%	
	46—60 岁	24%		50%	
	60 岁以上	16%		28%	
家庭收入	3 万元以下	8%	50	19.1%	47
	3—8 万元	32%		10.7%	
	8—15 万元	38%		29.8%	
	15—30 万元	22%		21.3%	
	30—100 万元	0%		19.1%	
受教育程度	初中及以下	24%	50	31.3%	48
	普通高中或职业中专	58%		60.4%	
	大学本科或大专	18%		8.3%	
外出打工比例（占家庭人口）	0	68%	50	18%	50
	0—25%	24%		30%	
	25%—50%	8%		32%	
	50% 以上	0%		20%	
家庭中户籍不在村人数	0 人	70%	50	76%	50
	1—2 人	16%		10%	
	3 人及以上	14%		14%	

表3-2　　　　　　改革前后村民参与村务活动的积极性比较

	改革前参与村务活动的频率		改革至今参与村务活动的频率		配对样本T检验		
	均值	标准差	均值	标准差	均值	标准差	T值
R村	3.200	1.471	2.720	1.280	0.480	0.762	4.452***
K村	2.710	1.399	2.350	1.362	0.367	1.035	2.485**

注：***、**、*表示估计结果在1%、5%、10%的水平上显著。

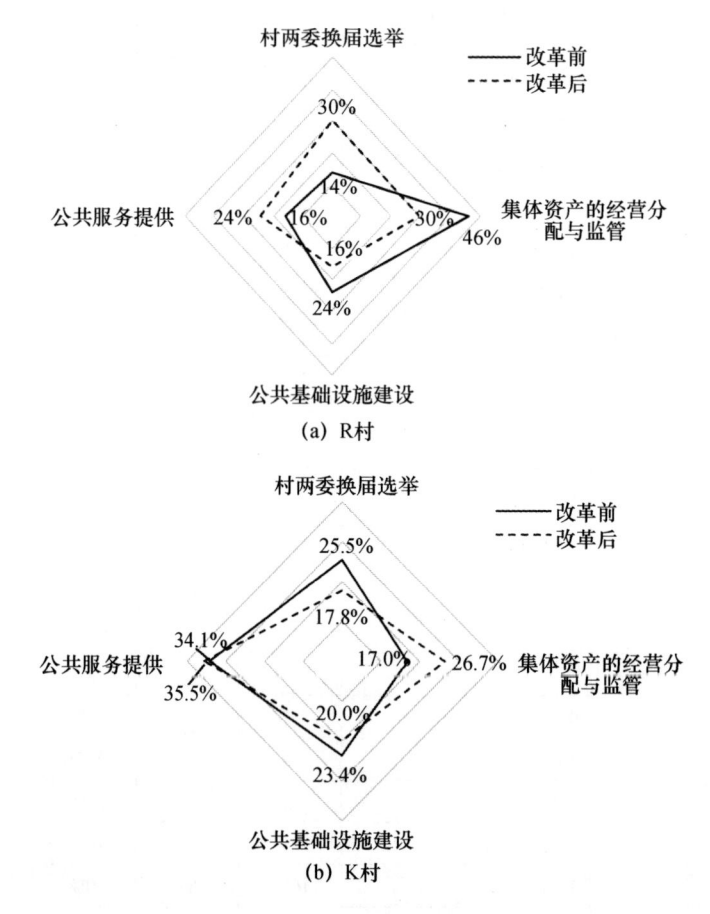

(a) R村

(b) K村

图3-2　R村村民与K村村民改革前后关注的村务内容

三 制度赋能过程中的群体产权认知与关键行动者能动性

两村的改革历程说明制度决定论在基层实践中的解释局限性。此次产权改革具有高度的情境性，制度很难完全起到"影响规则、信念和行为"的决定性作用[①]，只依靠整齐划一的理性制度设计也难以保障改革效果。制度设计的赋能层次之间表现出特定的内在张力，特别是在股权权能与市场权能之间，这使得两个村庄在推动改革时形成了各有侧重的赋能过程。那么需要追问的是，究竟是哪些因素塑造出赋能过程的差异？

（一）基于群体产权认知与关键行动者能动性的分析视角

1. 客观环境要素与制度赋能过程

R 村和 K 村两个村庄虽然处于同一制度环境下，但是外部环境有所差异，包括在地理区位、城市化水平以及集体资产的产权形态等方面。这些环境因素是村庄集体经济存续与发展的客观基础，也构成了集体产权制度改革的前置变量，从而影响改革主体的认知偏好与行为选择。但是，从区域间比较与案例动态过程的多重视角来看，它们对于村庄差异化赋能的影响作用并非最密切、最相关。

其一是地理区位与城市化水平的差异。R 村属于社区型城郊村，而 K 村则是远离集镇的典型村落。地理因素会直接关系到集体资源的市场价值以及产业开发定位，但不一定会对改革中的赋能过程产生影响。从全国范围看，城郊村主要依靠城市化扩张带来的土地溢价发展地租经济。而那些远离集镇的典型村庄，则更多利用其资源型资产发展特色农业或乡村旅游。

其二是集体资产的产权形态差异。这与村庄的赋能层次选择具有一定的关联性。R 村的集体资产以店面、商品房为主，产权与收益都较为清晰，便于个体化分配。而 K 村正在旅游产业开发过程中，集体资产具有较强的俱乐部属性，有赖于村集体的统筹开发。这种产权形态差异构成了赋能选择的客观合理性，但是基于理论推导出来的"应该是"与"实际是"之间仍有理论解释的差距。实际上，K 村的集体资产中也有部分是产权清晰的店面和仓库，但却不似 R 村刺激起村民强烈的分红乃至

---

① 徐湘林：《转型危机与国家治理：中国的经验》，《经济社会体制比较》2010 年第 5 期。

瓜分意愿。

其实相较于资产产权形态，是否形成明确的产业方向则是两村集体经济的关键性差异。这不仅会影响到村民们对村集体的依赖程度，还会改变集体资产的产权属性。K村集体资产的俱乐部属性与村民的集体性依赖，主要都源于村庄规划的乡村旅游产业。在广东、浙江等沿海地区，有些城中村或城郊村有着与R村相似的集体资产形态，是在整村改造或拆迁后置换的住房或店面。但是这些村庄以此发展物业经济，并在有一定积累后跨地域或跨行业继续投资。①② 当这些村民们能够从集体产业的发展中持续获益时，他们就会强化对村集体的依赖，而此时的集体资产也就带有强烈的俱乐部物品特征。然而，能否提出被村民所支持的产业方向并组织资源投入产业开发，在很大程度上取决于村干部的胆魄、意愿和能力。

2. 群体产权认知与关键行动者能动性的互构关系

基于调研中的经验发现，本文提出群体产权认知与关键行动者能动性之间的互构关系，对村庄实际赋能过程产生直接且关键性的影响。群体产权认知作为改革赋能的合法性前提，对行动者的自由空间构成了约束。而在集体产权改革过程中，村干部作为关键行动者，占据着村庄结构有利位置并掌握核心资源，具有反结构性、创造性的能力。他们将基于特定的目标或偏好有意识地重构事件情境，以掌握改革的主动权。R村与K村两个村庄在集体产权制度改革上的赋能差异便是由两者相互作用造成的（见图3-3），下文将结合案例资料对这一论断展开论证。

群体产权认知是受产权社会建构论启发而提出。产权的社会建构理论关注于产权的乡土社会实践，相较于正式的制度设计，它更强调集体产权秩序与群体性的产权认知的联系性。在该理论看来，集体产权具有很强的乡土性与情境性，既是乡村主体在长期的互动与协调中达成的社会性合约，也是依赖于"小社区"的情理、互惠规则以及共享的文化价

---

① 马学广、王爱民：《珠三角转型社区物业依赖型经济的特征及其调控路径》，《经济地理》2011年第5期。
② 石婷婷、张日波：《股份经济合作社助推城郊城市化——以宁波市江东区的"一化三改"为例》，《浙江社会科学》2014年第7期。

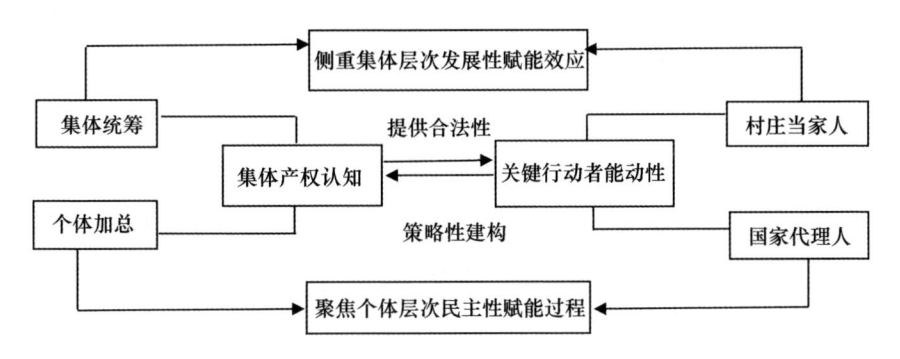

图 3-3　村庄场域内集体产权制度改革的赋能过程机制

值观来化解冲突、维持均衡。①② 所以 20 世纪八九十年代，集体企业在市场合约不完备的情况下，便是以非正式方式协调社区的产权冲突。③ 集体产权认知构成了左右产权改革的合法性基础，也会对赋能形态产生重要影响。有研究在追溯苏南与珠三角两地集体产权的演化历程时发现，珠三角村庄形成了"按份共有"的现代产权规则而苏南却没有，差别就在于集体回收土地的时机。④ 苏南收地发生在因务农收入低、农民主动弃田的时点，而珠三角是在土地溢价时期，村民对于土地红利的意识迫使集体要以股份制方式确认其收益分配。所以相较于村庄其他客观特征，延续着社会性契约的群体产权认知作为一种结构性要素，构成对赋能过程的一种民意约束。

能动者视角关注行动者调整与突破结构性约束的能力和方式。杰索普指出不仅结构限制会随时空变化而策略性运行，结构下的能动者更是如此。"能动者是反思性的，能够在结构限制下重新阐明自己的身份和利

---

① 申静、王汉生：《集体产权在中国乡村生活中的实践逻辑——社会学视角下的产权建构过程》，《社会学研究》2005 年第 1 期。
② 朱冬亮：《村庄社区产权实践与重构：关于集体林权纠纷的一个分析框架》，《中国社会科学》2013 年第 11 期。
③ 折晓叶、陈婴婴：《产权怎样界定——一份集体产权私化的社会文本》，《社会学研究》2005 年第 4 期。
④ 桂华：《产权秩序与农村基层治理：类型与比较——农村集体产权制度改革的政治分析》，《开放时代》2019 年第 2 期。

益，并且能够在他们当前的处境中进行策略计算。"[1] 产权的社会建构理论也意识到在制度环境急剧变化时，这种社会性合约的保障作用就变得很有限。[2] 此时的关键行动者由于掌握着重要的信息和资源，能够根据主观偏好策略性地进行议程设置，能动地重构改革情境。自古以来就有乡绅、宗族长老等乡村能人群体置于公共权力与乡土网络的双轨政治之间。杜赞奇笔下的"保护型经纪"，所展现的便是古代乡村能人群体在进行双轨连结时的能动性。[3] 徐勇则指出作为当代村治关键行动者的村干部群体同时扮演着"国家代理人"与"村庄当家人"的双重角色。[4] 村干部既要对上代办乡镇交付任务，又需要向下提供村庄公共物品、带领村民致富。这个分析框架最初是对村干部在"结构上的静态定位"，也表现出该群体在履职时的"结构性两难"。[5][6][7] 但是从能动性的角度来看，"双重角色"又可以被视为村干部在自主行动偏好上的两种理想类型，是忠实执行上级任务还是以村庄发展为行事出发点。他们会依据各自的行为偏好设定赋能目标，选择产生决定性影响的行动策略。

（二）群体产权认知：制度赋能过程的合法性要素

两村村民对于此次产权改革的意义和价值都没有明确认知，也普遍表现出对于此次改革较低的关注度。多数受访的 K 村村民表示"信任村两委""积极配合"，中青年则以没时间为由"委托家里老人处理"。R 村村民多数是被亲戚动员或出于从众心理参与投票。虽然部分村民在积极争取集体成员身份，其背后的诉求是要遵照以往产权惯例获得分红，有的甚至提出"将集体资产彻底分掉"。由此可见，两村村民都尚未形成作

---

[1] Bob Jessop, "Interpretive Sociology and the Dialectic of Structure and Agency", *Theory, Culture & Society*, Vol. 13, No. 1, February 1996, pp. 119 – 128.

[2] 折晓叶、陈婴婴：《产权怎样界定——一份集体产权私化的社会文本》，《社会学研究》2005 年第 4 期。

[3] ［美］杜赞奇：《文化、权力与国家——1900—1942 年的华北农村》，王福明译，江苏人民出版社 2010 年版，第 43—57 页。

[4] 徐勇：《村干部的双重角色：代理人与当家人》，《二十一世纪》1997 年第 4 期。

[5] 吴毅：《"双重角色"、"经纪模式"与"守夜人"和"撞钟者"——来自田野的学术札记》，《开放时代》2001 年第 12 期。

[6] 吴毅：《双重边缘化：村干部角色与行为的类型学分析》，《管理世界》2002 年第 11 期。

[7] 申静、陈静：《村庄的"弱监护人"：对村干部角色的大众视角分析——以鲁南地区农村实地调查为例》，《中国农村观察》2001 年第 5 期。

为股权所有者的产权主体意识。

这种模糊的群体产权认知状态与此次改革的集体资产属性有关。近二十年来，集体土地承包经营权的确认、流转与宅基地隐形市场的形成，日益凸显出"排他性"与"可转移性"这些私有产权的核心特征。[①]"土地由公共资源属性向个人财产属性的转化，直接刺激了农村集体土地私有观念与私有产权规则的发育。"[②] 相比之下，本轮产权改革指向的是集体所有的经营性资产。这类资产多由少数村干部群体主导和经营，用于村庄公共开支与普惠性的村民福利，更偏向"社区共有产权"特性。由于尚未形成现代股权意识，村民们仍然是以既有的产权惯例来作为评价此次改革合法性的标准。

具体来看，两村"社区共有"的群体产权认知又有所差别。K村的"社区共有"强调集体控制、统筹安排的形态，由村集体负责统筹集体资源配置、使用和经营。该村与苏南村庄的收地状况类似，也是在20世纪90年代初土地抛荒严重的时候，村集体便将包括林地、荒地在内的数百亩土地都收了回来。此后，土地使用权基本上都交由村干部统筹安排，投入景区开发和学校、安居房等公共福利建设。村民们从中享受到了实惠并对集体经济的发展抱有信心，所以普遍对既定运行规则表示认可与支持，这为村干部在改革设计时提供了较大的自由空间。

> 我们村以前的土地都是集体所有的，大家对土地这一块的认知可能没有那么多，村里打电话来说我们要弄村民股权制，大家也都很配合就拿着户口本、身份证来登记。（访谈记录：A20181030——K村村民）

R村这种"共有"属性并非团体性的"集体利益"，而是集体成员个体利益的加总。R村从第一轮土地承包以来就维持三年一调整的惯例，

---

① [美] H. 登姆塞茨：《关于产权的理论》，载 [美] R. 科斯、A. 阿尔钦、D. 诺斯等（编）《财产权利与制度变迁——产权学派与新制度学派译文集》，刘守英等译，上海人民出版社1994年版，第96—113页。

② 黄鹏进：《农村土地产权认知的三重维度及其内在冲突——理解当前农村地权冲突的一个中层视角》，《中国农村观察》2014年第6期。

所以相较于"生不增死不减"的固定承包模式，村民们并没有强烈的私有产权观念。村域内土地随着城市化的扩张经常被征用，所得补偿款除了用于村部建设和日常运营外，剩下的就是"全村一律平分"。

> 我们的土地是全村共有的，不是说你这块地你种就是你的，这块地卖出去要把钱给全村基金会再去分。所以我们的股权认定就按照老习惯来，大家比较容易接受。改变可能会造成更大的争议。（访谈记录：S20181114——R 村书记）

这种个体导向的分配原则已经形成具有普遍认可的社会性契约，也塑造着村民对这次改革的基本预期。多位村民都表达了相似的看法：

> 我们村因为平时就有分村财这块，所以（这次改革）感觉不是很大的变动。现在是换成经联社。我们就是想把村财全部转移到经联社，然后以股份把村财全部分下来，不要留有集体的……（访谈记录：K20181114——R 村村民）
>
> 大家就是关注什么时候分钱。其他的不关注，因为也不需要集体壮大什么的，就是想趁早分掉。（访谈记录：H20181115——R 村村民）
>
> 我们心里想的都是如果这些房子你要卖了要分一点福利，比如逢年过节都要吧。反正就是这样子，其他的都同意，还是比较信任的。（访谈记录：D20181114——R 村村民）

遵循惯例的群体产权认知使得 R 村多数村民更关注集体资产的分割，并不在意作为集体股权所有者的长远预期。这也能解释为何 R 村村民在改革后反而降低了对集体资产后续管理的关注度（图 3-2）。这种集体认知极大地限制了 R 村村干部在建构改革情境中的行动空间。他们将此次改革解释为切分资产的"前置环节"和"规范平台"，并采取严谨、透明且民主的运行过程，这些都是为了最大程度消除村民们对村集体的疑虑和资产分配的焦虑情绪。

(三) 关键行动者能动性：制度赋能过程的建构性要素

R 村村干部在此次改革中表现出典型的"国家代理人"偏好，将完成上级交办的试点任务视为此次改革的首要目标。尽管该村也有改革的客观要求，但是在 J 市农业局的安排下发起的，就带有开展"政策试验"和树立"示范标杆"的使命。村两委班子对本村改革的定位就是完成市里安排的试点任务，R 村村主任多次提到"这次改革是市里面牵头，我们村也是试点村，肯定要做得更好嘛"（访谈记录：L20181114）。为了迎合政府对试点成功的高度期待，他们对政府所传导的压力很敏感，也在改革过程中主动模仿和对接科层制的运行方式。他们花费大量精力去梳理改革流程、摸排讨论成员资格认定、股权设置等核心利益，全程邀请律师团队参与并提供咨询。R 村详细留存了改革各阶段的文本图片资料并形成文件汇编。在科层制运行中，"对基层来说，文档是其落实工作和取得绩效的依据……文档不仅是了解该组织运行情况的主要信息来源，也是一种使得组织免受外部风险的依据"[①]。村干部们严格的痕迹管理一方面是在以科层制形式展现对政府交办任务的重视程度，另一方面也是在以科层官僚制手段而非乡土逻辑来应对村民的质疑。

关键行动者的能动性作用主要体现在应对村民们的"分钱"诉求。它扎根于 R 村村民的群体产权认知，是顺利完成试点任务的最大风险。起初，村干部们将改革解释为"以股份方式分钱""甄别谁有份谁没份"。但是村民们对这套说辞存有疑虑，导致第一次民主表决受阻。这给具有代理人偏好的村干部们带来"按时完成改革任务"与"维持社区稳定"的双重压力。

> 农业局让我们做这个试点，它有一个工作计划。但是你有的时候没办法按时完成，该推后的还是要推后。因为改革是为了向好的方向推进，不要做起来变成整个村造反、乱哄哄的。（访谈记录：L20190110——R 村村主任）

[①] 颜昌武、杨华杰：《以"迹"为"绩"：痕迹管理如何演化为痕迹主义》，《探索与争鸣》2019 年第 11 期。

为确保第二次表决的通过,村两委高度动员、采取多种应对措施。首先是将股份合作制改革塑造为资产分配的前置环节,并以后续部分房产销售计划安抚村民;其次是继续围绕成员界定开展民主协商,尽可能减少群体内的反对声音;最后还采用物质激励,每户家庭凡有代表参与投票,"只要去了就可以拿到一百元"。终于在J市局领导亲临的第二次村民会议上,四个改革方案都得以顺利通过。而与改革过程的主动作为形成鲜明对比的是,R村村干部们对集体经济的后续发展则无明确思路,目前的方案除了保守的店面出租和住房售卖以外,他们更多寄希望于"政府支持"。

K村的村干部在村治过程中更偏重于"村庄当家人"角色,将主要的注意力都放在如何进行村庄经营,即"运用其村庄领导人的公共身份,合法地经营村庄公共资源"①。在J市推行以产权改革撬动集体经济的政策思路之前,该村两委就开始自主谋划村庄的发展,提出"生态兴村,旅游富村,文化强村,诚信立村,依法治村"五大治村理念和"环境整治、资源整合到旅游发展"三个十年发展规划。谈及该村的发展规划,村支书侃侃而谈:

> 我们现在这个十年先保护文化生态、对外宣传、让农民经营乡村旅游,所以才会对集体产权制度改革有兴趣。下一个十年是怎么留住人,怎么拓展美丽特征、乡村特色,发展成两岸青年的创客村、现场教育的研学村、海峡妈祖的交流村,对于这些我们是想了很多。(访谈记录:H20181023——K村书记)

该村的村干部始终将"发展集体经济"作为贯穿改革过程的首要考量,他们积极利用"试点"身份,借助公共权威突破原有阻力,并在改革议程创设中为集体经济营造有利的发展环境。在股权设置方面,K村很强调集体在未来经联社的主导权,不仅在政策范围内设置了最高比例的集体股权,还对股权流动设定门槛,防止个人垄断。他们还将股份分

---

① 蒋永甫、杨祖德、韦赟:《农地流转过程中村干部的行为逻辑与角色规范》,《华中农业大学学报》(社会科学版)2015年第1期。

红与否和集体经济的未来盈利挂钩，保障个体的股权权能在现阶段不会对组织发展造成冲击。

> 我们集体股是 25%，肯定要集体股啊，要不然你以后都归到经联社，人员、用电、用水从哪来？还有每年我们很多基础设施建设也要做，特别是做旅游。旅游产业是非常好的，可以保护文化、生态、业态，但是来钱慢，前期基础设施投资建设非常大。（访谈记录：C20190110——K 村副书记）

除了对改革过程的重构，K 村村干部的"当家人"偏好还体现在能动地开发改革制度周边的政策红利。"为了使试点取得成功，上级政府还往往集中资源投入到试点地区。正是因为试点能够获得在政策、财政等方面的支持……"[1] 该村两委班子已经为 K 村发展制定了长期愿景和实施安排，如何将政策支持导入这个愿景是他们更为关心的内容，其实他们的旅游产业就是在这种思路下发展至今。

> 2007 年我就首先提出保护生态、保护文化，发展乡村旅游。基于这条主线，碰到国家政策扶持，我们就更上一层楼……各个部门项目都有，美丽乡村打造，政府也有配套。做旅游，旅游部门也有配套……既要等机会，也要自己去争取。（访谈记录：H20181023——K 村书记）

凭借对于政策红利的敏感性，他们不是坐等"政策支持"，而是积极开发各部门的相关资源。除了银行贷款授信、经联社税收优惠，他们还在国土部门的指导下完成本村一块集体建设用地的上市交易，这不仅为集体经济留存了土地拍卖 70% 的资金收益，还引进了大型企业投资的星级酒店，提升该村的旅游设施水平。

---

[1] 赵慧：《政策试点的试验机制：情境与策略》，《中国行政管理》2019 年第 1 期。

四 小结

集体产权制度改革是继家庭联产承包责任制后，对于农村集体所有制的又一重大产权变革，而且已经从自发探索进入到顶层设计主导的制度化推广阶段。在收集各地探索经验、比较创新成效的同时，还需要观察制度实施的效果，这就涉及制度设计与基层实践之间的关联性。

本节得出的基本结论如下：首先，集体产权制度改革在制度设计上带有强烈的赋能逻辑，基于产权理论形成了多层次的赋能链条。股份合作制改革在理性预期中不仅将赋予农民个体股权权能，还有助于开发集体经济组织市场权能，公共参与积极性的提升与治理结构的完善将共同提升乡村社区共同体的治理能力；其次，预设的制度赋能链条在现实情境下是存在张力的，尤其是在股权权能与市场权能之间。在产权制度改革的过程中，这种张力既表现为集体利益与个体权利孰先孰后，也表现为集体经济的角色定位在市场化与保障性之间孰轻孰重；最后，基层村庄在产权制度改革中形成了差异化、定制性的赋能过程。这主要是由当地群体产权认知与关键行动者能动性相互作用塑造而成。作为社会性契约的群体产权认知构成了行动的民意约束，而作为关键行动者的村干部群体则能够根据其"国家代理人"或"村庄当家人"的自主偏好能动地设定改革目标，策略性地重构群体产权认知。

本书结合集体产权制度改革案例为经济制度赋能乡村发展提供一些新的研究视角与思路。

第一，梳理制度赋能影响乡村社会体系的层次链条。赋能理论不仅关注对治理主体的干预方式和内容（授予权利、制度支持），也关注干预后治理主体的权能变化和效能感知。基于制度设计者与既有理论研究者的角度梳理制度赋能链条，这有助于厘清多重改革目标间、潜在的关系脉络，以便与基层实践样态进行比照。

第二，对于现实案例的情境性分析有助于拓展对制度赋能的实施效果分析。制度赋能不能简单套用"制度目标是否被完全执行"的标准来评判有效性。对于以村社作为主体、赋权增能为导向的这类制度，除了改革流程、内容设计的科学性外，其实施还依赖于一系列情境要素的共时性支持。R 村与 K 村改革虽然都未能按照预设完成赋能全链条，但是都是基于特定村情的适应性产物。

第三，强调村干部群体在此次改革中作为关键行动者的作用。案例分析充分说明产权制度的外部赋能过程很难在短时间内有效培养出现代性产权观念。在产权制度改革当下，村干部群体在政府、集体以及普通村民三方之间发挥了重要的联结和协调功能。同时，他们的主观能动性包括对集体经济的发展规划、对村治中的自我角色设定和资源精力投入，都将直接影响到集体经济的发展，也会对群体产权认知起到转折性的塑造作用。这也从一个侧面说明制度赋能链条的另一逻辑偏差。在现实案例中农民个体与经济组织赋能都未明显提升社区共同体的治理能力，反而是社区共同体内部少数关键行动者的权威与治理能力能够左右农民个体与经济组织两个层次的赋能效果。

基于上述研究，建议地方政府在推动制度赋能时首先要完善制度建设，在发挥助推和规范作用的同时，为集体自主决策留存充足的空间。其次要创造完善的治理环境与发展空间，引导村治能人回流与扎根，发挥他们在村庄治理的能动作用。

本研究仍存在一定的不足和可拓展的空间。首先本节所选取的案例位于东部沿海、经济发达地区，难以完全反映全国范围内的普遍情况。下一步将在现有研究基础上扩展中西部地区的案例样本，开展案例比较或大规模的调查研究以增强研究的普适意义；其次是提出以集体产权认知与关键行动者能动性相互作用的解释机制，但现有案例难以覆盖分析框架所涉及的所有状况。例如当"村庄代理人偏好的村干部"遇到"个体总和的集体产权认知"时将如何影响村庄赋能样态，或"国家代理人偏好的村干部"与"集体共有的集体产权认知"如何互动。这些状况有待寻找适配的案例进一步挖掘。

第二节 基层协商民主制度：乡村治理的赋能机制

将协商民主制度引入乡村治理，相当于为原本处于分散化、断裂状态的乡村主体提供了制度化的公共参与平台。该制度带有浓厚的"社区赋能"逻辑，试图经由主体汇聚和理性协商两种机制推动社区主体间的整合和自治能力的提升。党的十八大以来，经历了探索期和试点期的基层协商民主进入全面推广阶段,各地纷纷推出规范性的制度文件,并以体制内动员形式推动协商民主在辖域内的制度化运行。然而,制度化运行的协商民主能否实现制度内在预设的"社区赋能"功能?褪去了试点阶段的注意力资源,在与乡村治理场域的常态互动中将受到哪些关键因素的影响和塑造?这对于制度设定的社区赋能目标又会产生哪些影响?

D市于2017年在全市探索基层协商议事会制度,从局部试点到全面推广持续了三年时间。该市将协商议事会嵌入乡村治理结构意在为基层治理"赋能",既提升乡村内部的自我管理能力,又强化基层的政策执行效能。然而,协商民主的嵌入性特征使其在深入空间场域开展社区赋能的同时,其运行样态与效能也同时受制于场域内若干社会性因素。换言之,村庄治理场域与协商民主运行之间存在互构作用。本节对D市三个典型村庄的比较研究发现,同一制度运行在村治实践中分别呈现"倒T型""L型""I型"三种差异化的协商样态,其协商民主效能依次递减。同一制度情境下之所以会出现三种协商类型,主要是受到村庄社会资本、社会能人参与度与村干部能力三重因素的共同形塑。由此可见,村庄治理场域对于协商民主的实践形态产生了结构性约束,但它同时也为协商民主效能提供能动的行动者和地方性规则。值得注意的是,"乡贤重组"成为基层协商民主制度的非预期赋能效果。在协商民主的常态化运行中,村庄能人群体被率先动员起来,在现代民主形式与当前乡村社会基础、"乡政村治"结构的碰撞与结合中被培育或整合成为新乡贤群体。

因而,协商民主作为赋能制度在体制强势推动下进入基层治理体系,有助于其快速普及和推广,但是它的现实运行受制于乡村社会固有治理结构与关键主体。制度赋能与结构约束的相互作用在一定程度上修正了制度设计的赋能初衷,但这也是制度实践本土化的过程,也呈现出在乡土社会中开展全过程人民民主的阶段性发展样态。为了进一步提升基层协商民主的社区赋能效果,需要培育有能力的村干部群体、激活村庄自治组织并充分发挥乡村社会能人的积极性与带动作用。

一 赋能乡村治理的协商民主制度

协商民主的本土实践既受到西方协商民主理论发展的启发,又扎根在本土化场景之中,是结合既有的体制性资源和当下治理需求发展而成的。现如今,协商民主已经成为"中国特色民主的一个组成部分"[①]。

(一)协商民主制度的本土实践历程

协商民主实践起初是部分地方以"政府创新"之名推动的自发探索。[②] 其中持续时间最长、运行较为规范的便是浙江温岭的民主恳谈制度,在二十多年间经历了三种协商民主模式的试验与更迭。[③] 此外还有些地方侧重于开发相应平台以畅通政社之间的信息沟通,包括自上而下信息公布与自下而上需求咨询,例如听证会、发布会、交流论坛等。这些地方性探索主要以点状试点或试验形式开展,制度创设有赖于基层党政官员的改革创新意识,也尝试引入一些规范化的协商技术,例如协商民意测试、参与式预算以及开放空间技术等等。[④][⑤]

党的十八大明确提出"社会主义协商民主是我国人民民主的重要形式","健全社会主义协商民主制度",由此开启中国协商民主发展的新阶段。该阶段出现了系统性的本土化转向,一方面是从本土治理传统,包括国家构建历史、传统文化基因以及体制适配性与民主价值多层面挖掘"社会主义协商民主"的理论渊源和生存土壤;[⑥][⑦][⑧] 另一方面,更为重要

[①] 俞可平:《中国特色协商民主的几个问题》,《理论学习》2014年第2期。
[②] 杨雪冬:《简论中国地方政府创新研究的十个问题》,《公共管理学报》2008年第1期。
[③] 林雪霏:《当地方治理体制遇到协商民主——基于温岭"民主恳谈"制度的长时段演化研究》,《公共管理学报》2017年第1期。
[④] 何包钢:《协商民主和协商治理:建构一个理性且成熟的公民社会》,《开放时代》2012年第4期。
[⑤] 叶娟丽:《协商民主在中国:从理论走向实践》,《武汉大学学报》(哲学社会科学版)2013年第2期。
[⑥] 齐惠:《中国社会主义协商民主的历史基因探析》,《科学社会主义》2015年第6期。
[⑦] 李君如:《协商民主在中国——中国特色协商民主的理论思考》,《中共天津市委党校学报》2014年第4期。
[⑧] 张明军、易承志:《中国复合民主的价值及其优化逻辑》,《政治学研究》2017年第2期。

的是协商民主实践由"民主导向"向"治理导向"转变。① 这是中央"高位阶"的政策倡议②与地方系统性的制度建设合力推动的结果。相较于发展初始阶段,此时的协商民主呈现出新的发展特征:一是体制性,体制内各组织都被动员到协商民主建设中,除了组织部、宣传部外,拥有协商对话、代表性传统的人大、政协以及各级基层政府都主导或参与其中;二是制度化,区别于初始阶段在地方性试点中引入协商技术,该阶段多数采用政治权威的高位推动、规范设计的制度文件以及行政化运作方式;三是治理导向,与体制紧密结合使得协商民主的治理功能得以充分挖掘,为地方政府差异化的治理需求服务,包括提升政府决策质量③、应对政策执行梗阻④、化解社会冲突⑤以及培育社区自治能力⑥等。

在目前协商民主的各种实践类型中,在城市和农村的社区自治层面的探索占很大比重。基层政府或村社干部广泛发动社区居民,围绕社区内的公共物品或急难愁盼问题展开协商讨论、形成集体行动。近年来,很多地方政府也通过组建协商议事平台、配套项目建设资金等方式积极引导开展这一类型协商,由此顺利解决了诸多基层治理难题,例如社区基础设施建设项目、人居环境整治项目、老旧小区停车问题、加装电梯议题以及农村外嫁女权益问题等等。基层协商民主在制度化推广中展现出强大的生命力,也根据现实复杂的治理需求演化出诸多实践形态与应

---

① 胡象明指出协商民主实践不仅可以广泛运用于中国的政治实践,也在公共治理领域具有广阔前景,深化我国公共管理体制改革的基本方向就是建立以中国式协商民主为基础的公共治理模式。参见胡象明《协商治理:中国公共管理体制改革的目标模式》,《学术界》2013 年第 9 期。

② 党的十八大报告还明确指出"要健全社会主义协商民主制度。完善协商民主制度和工作机制,推进协商民主广泛、多层、制度化发展";中共中央于 2015 年相继印发《关于加强社会主义协商民主建设的意见》《关于加强城乡社区协商的意见》等指导性文件,厘清了基层协商民主的发生范围、关键主体、议题内容、形式平台以及程序规范,并强调"要按照协商于民、协商为民的要求,建立健全基层协商民主建设协调联动机制,稳步开展基层协商";2019 年召开的党的十九届四中全会在社会治理方面提出建设"完善党委领导、政府负责、民主协商、社会协同、公民参与、法律保障、技术支撑的社会治理体系"。

③ 燕继荣、李修科:《政策协商原则及实施保障》,《学海》2016 年第 2 期。

④ 宋雄伟:《政策执行"梗阻"问题与作为治理的协商民主——一个诊断框架》,《中国软科学》2016 年第 12 期。

⑤ 苏鹏辉、谈火生:《论群体性事件治理中的协商民主取向》,《国外理论动态》2015 年第 6 期。

⑥ 闵学勤:《社区协商:让基层治理运转起来》,《南京社会科学》2015 年第 6 期。

用场景。

然而在调研中也发现，虽然是相似的制度形态或相同的运行流程，协商民主的运行效果却参差不齐，在一些地区取得了显著成效，而在另一些地区却未能如预期所愿。现有研究对此也进行了一些探讨，第一是从权力层面。有研究认为地方领导的意志和决心是决定协商民主运行的关键要素。倘若没有政府回应与支持，协商民主很难发展。[1] 但这也意味着协商民主实践存在权力不平等，由于少数人控制议程以及对于协商的工具性定位造成其过程背离民主理念，出现象征性协商、控制性协商等异化样态。[2][3] 第二是考虑制度层面完善与否是影响协商民主效能的关键。于是有学者从要素—程序—规则三个层面系统总结协商民主体系建设的相关标准。[4] 基于基层实践的多元化和开放性特点，有研究从参与度、公平性和共识性等方面检验既有协商技术例如"开放空间会议"[5]，或提炼出组织化运行、民主化审议、项目化驱动和专业化推动"四位一体"的本土化技术方式。[6] 第三是沿着政治文化影响政治参与和政治行为的进路，讨论政治文化对协商民主效能的影响。有研究指出具有协商互助特征的格莱珉模式之所以在中国移植失败，是因为与面子文化、说闲话机制等本土文化相冲突。[7] 安戈等在对偏远村庄、城中村和国有企业社区的案例比较发现基层协商多发生于形成时间长的社区，因为强烈的归属感

---

[1] 侣传振：《回应性协商：中国农村基层协商有效运行的重要路径——基于三个农村土地综合整治案例的比较》，《湖南农业大学学报》（社会科学版）2021年第2期。

[2] 徐敏宁、陈安国、冯治：《走出利益博弈误区的基层协商民主》，《中共中央党校学报》2013年第4期。

[3] 郎友兴、葛俊良：《作为工具性机制的协商治理——基于不同环境协商类型的分析》，《浙江社会科学》2020年第1期。

[4] 张大维：《高质量协商如何达成：在要素—程序—规则中发展协商系统——兼对5个农村社区协商实验的评量》，《华中师范大学学报》（人文社会科学版）2021年第3期。

[5] 袁方成、张翔：《使协商民主运转起来：技术如何可能——对"开放空间会议技术"及其实践的理解》，《甘肃行政学院学报》2015年第4期。

[6] 黄徐强、张勇杰：《技术治理驱动的社区协商：效果及其限度——以第一批"全国社区治理和服务创新实验区"为例》，《中国行政管理》2020年第8期。

[7] 程士强：《制度移植何以失败？——以陆村小额信贷组织移植"格莱珉"模式为例》，《社会学研究》2018年第4期。

与共同的利益需求会激活他们的协商参与意愿。①

由此可见,基层协商民主的现有研究多停留在民主制度层面,包括民主制度形式以及制度过程中的政社互动,围绕协商民主运行效能的研究仍有待深入。虽然在民主实践的讨论中有提及场景特征,但主要是在比较不同社区类型的实践状况,并未系统讨论社区场域内的哪些环境要素会对协商民主运行产生影响。乡村社会是相对稳定的社区场域,在熟人社会基础上形成了基于亲情血缘关系的乡土网络和行动规则。借由农村社区能够凸显治理场域与制度运行间的相互关系,也能更加深入地探讨本土化的民主制度赋能议题。

(二) 制度与场域互构视角下的民主赋能

基层协商民主相较于政府决策中的民主咨询或社会治理中的民主表达等实践形式而言,是民主程度较高的,它不仅仅是单向度民意征集或诉求反映,而且还是集体空间内的自主决策。这一协商过程对于村庄而言就是培育其自治能力的赋能过程。"由于公共决策的行动边界或获利主体较为清晰,居民们能够形成较为强烈的参与意愿,同时在集体性公共物品的讨论、生产和监管中体验到自身参与对于公共事务治理的实际效果,增强政治效能感。"②

1. 代表性断裂与社区治理能力困境

我国村庄治理场域内普遍存在两类权力结构,一是横向的社会权力,包括村庄内部的村干部、社会能人以及普通村民等多元主体间关系;二是纵向的政治权力,包括代表国家治权的乡镇政府和代表基层自治权的村委会两类主体。其中村干部同时存在于两类权力结构中,兼具作为"国家代理人"与"村庄当家人"的双重角色。③ 当乡村自治的民主过程被局限于选举行为的状况下,在短暂的选举期外的多数时候,村干部与多数村民之间的代表性联结是断裂的。与此同时,税费制度改革、新农村建设到乡村振兴战略持续地推动着城乡间资源配置的战略转向。国家

---

① [澳] 乔纳森·安戈、陈佩华、钟谦、王可园、毛建平:《中国的基层协商民主:案例研究》,《国外理论动态》2015 年第 5 期。

② 林雪霏、邵梓捷:《地方政府与基层实践———一个协商民主的理论分析框架》,《经济社会体制比较》2017 年第 2 期。

③ 徐勇:《村干部的双重角色:代理人与当家人》,《二十一世纪》1997 年第 4 期。

惠农项目的持续输入在提升乡村基础生活条件的同时，也引发乡村治理的结构性变革，突出表现为政社间的代表性断裂。在基层治理的任务规模、压力程度与程序性要求都日趋强化的背景下，镇村的行政联结发生了两个明显变化。第一是为加强村干部队伍和乡村治理的标准化建设而形成的科层化治理趋势。具体表现为村干部的职业化、科层监督的制度化以及村务工作的去人格化。① 第二是在压力型体制下形成的镇村两级"治理共同体"。通过包村领导、驻村干部等向下分解任务，以消化上级下达且刚性化的多中心工作。

村干部更侧重于扮演"国家代理人"，将主要精力投入乡镇交办的任务，并且高度依赖行政权力推动。乡村治理中纵向权力强化的同时，经选举形成的代表性联结就变得疏离。这不仅使得民意表达渠道阻塞，更会造成村民们对代表的合法性和权威产生怀疑，在日常治理中就表现为对村两委的不信任和对政策执行的抵制。村干部被视为是"代表公家"的，"不会为我们村民说话的"。由此造成横向权力的进一步疏离和横纵向权力结构间的断裂。

这种变化同时也加深了村庄集体行动的组织困境及其政治化延伸的趋势。除了村民们基于理性的"搭便车"行为外，更重要的是村民们缺乏自主生产的主体认知。政府项目资金的投入与富人治村，使得村民们不再将公共品生产视为"自己的事"，而是"国家的事"或"村里的事"。于是，横向间的集体合作和筹劳筹资基础逐渐被消减，村民们不再主动介入村庄事务，只盯着自家的"一亩三分地"。更有甚者千方百计地扩展自身利益。这些"钉子户"在村庄日益市场化、原子化和空心的转型中不断滋生。② 这些困境虽然源自社会内部，"一旦国家回避对矛盾的调解、裁判、化解，社会内部的冲突就会很快演化为对国家的冲突"③。面对这种内卷化的治理局面，基础能力薄弱却治理任务沉重的基层政府

---

① 董磊明、欧阳杜菲：《从简约治理走向科层治理：乡村治理形态的嬗变》，《政治学研究》2023年第1期。
② 贺雪峰：《论乡村治理内卷化——以河南省K镇调查为例》，《开放时代》2011年第2期。
③ 祝灵君：《授权与治理：乡（镇）政治过程与政治秩序》，中国社会科学出版社2008年版，第212—213页。

只能到处救火，花钱买稳定。

2. 协商民主制度的社区赋能机制

村庄治理场域与协商民主处于相互建构的过程中，它源自协商民主制度生长的嵌入性特征。基层协商民主是嵌入村庄场域的一套民主运行机制。这意味着这种民主形式并不直接冲击村庄既有权力的生产方式与配置格局，而是作为一种资源或创新形式服务于权力主体的治理需求，进而潜移默化地对参与者的思想观念与行为方式构成影响。① 基于此，两者的互构关系可简化为图3-4所示。其中，协商民主作为一种参与决策的制度形式，经由主体汇聚和理性协商的过程机制重塑村庄内部的集体决策模式。与此同时，协商民主的嵌入性运行也使其受到场域行动者与地方性规则两类因素影响，形成差异化的协商样态及其效能。

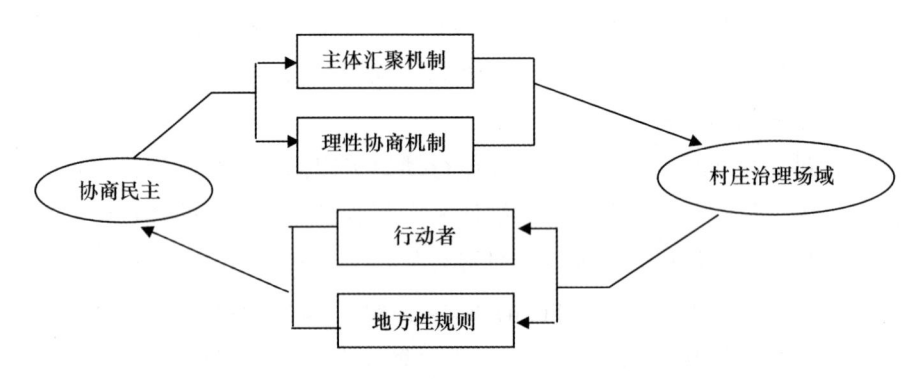

图3-4 协商民主和村庄治理场域间的互构关系

协商民主制度嵌入，核心要解决的就是上述乡村治理横纵向权力间的代表性断裂问题以及由此产生的社区"去公共性"问题。协商民主的社区赋能具体呈现在两种过程性机制上。首先是主体汇聚机制。协商民主要求打破周期性的选举参与和常态化的封闭式决策模式，将政治参与引入村庄日常的公共领域或公共决策过程中。村民代表大会、党员代表大会这些法定自治平台的参与主体相对固定。相较之下，协商民主制度

---

① 韩福国：《作为嵌入性治理资源的协商民主——现代城市治理中的政府与社会互动规则》，《复旦学报》（社会科学版）2013年第3期。

将关心议题内容的乡村能人、利益相关者、普通村民以及镇街干部等主体都汇聚到同一平台，平等地参与决策。这种打破村庄原有权力结构下各主体间单向度的对接局面，不仅为普通村民的意见表达提供了平台，也推动了横纵向权力间的沟通与整合。由此，协商民主通过主体汇聚机制重塑公共决策中的村庄治理结构。其次是理性协商机制。"基层治理实践是基层社会各方利益主体通过持续互动达成共识，进而实现国家意志和村庄集体意志的过程。"[1] 互动中的共识倘若没有在决策阶段实现，就会延续或后置到执行阶段，遭遇到部分村民的"扯皮"、阻挠和反对。这种困境被称为"最后一公里"难题，它产生于村社公共目标与个体利益间的冲突。[2] 理性协商机制则试图将个体利益整合为村社理性。公开讨论以及有效监督有助于构建公平与公正的议事氛围。理性协商机制包括了充分的信息传递、坦诚的意见表达以及理性的论证说服，这既是一个利益博弈的过程，也是公共性重建的过程。村民们参与到理性协商中，能够帮助他们更为全面地理解事件详情及作为"集体成员"的权利义务，动员他们追求村社的"公共理性"。因而，经协商议事平台形成的民主决议既是达成共识的"公共理性"[3][4]，也是村民们签订的集体行动契约。平等协商的规则程序和理性说服基础上的自愿共识从过程和内容两个层面赋予了协商结果更强的合法性。这是社区赋能的重要内容，便于"使得村社组织可以通过内部化作用，以较低的成本实现乡村基本公共物品的供给，形成稳态的治理结构"[5]。

3. 村庄治理场域对于协商民主的建构作用

协商民主是嵌入村庄内部的一套制度模式，村庄治理场域在为其提

---

[1] 李祖佩、钟涨宝：《分级处理与资源依赖——项目制基层实践中矛盾调处与秩序维持》，《中国农村观察》2015年第2期。

[2] 桂华：《项目制与农村公共品供给体制分析——以农地整治为例》，《政治学研究》2014年第4期。

[3] [美]詹姆斯·博曼：《公共协商：多元主义、复杂性与民主》，黄相怀译，中央编译出版社2006年版，第92页。

[4] John S. Dryzek, "Democratization as Deliberative Capacity Building", *Comparative Political Studies*, Vol. 42, No. 11, April 2009, pp. 1379 – 1402.

[5] 温铁军、董筱丹：《村社理性：破解"三农"与"三治"困境的一个新视角》，《中共中央党校学报》2010年第4期。

供运行空间的同时，其结构要素也都会对协商民主的形态与效能产生建构作用。这种建构作用主要是通过行动者与文化规则两个层面形成的。

村庄治理场域为协商民主运行提供行动主体，于是，行动主体的特征及其相互关系就构成了协商民主运行的权力结构基础。村庄权力结构是由三类群体组成，分别为掌握村庄体制性资源的村干部、村庄内具有威望和影响力的社会能人以及普通村民。仝志辉、贺雪峰认为社会能人与普通村民之间关系的稳定性决定了村庄权力结构的稳定性，而村干部与普通村民关系的松散程度则决定其内敛程度。[1] 也有学者讨论体制内外权威间的相互作用以及对乡村治理的影响，包括构成村庄公共品供给的非正式问责，促进村民参与公共品集资，以及转化为具有强动员能力的公共性组织等。[2][3] 由于各村的历史演进和资源差异，行动主体间的权力关系与运作方式都有所差异，这种长期形成的稳定关系构成村庄权力的合法性基础，也通常奠定了协商民主运行的权力结构。然而，结构是约束行动者的外部框架，行动者也能利用结构内的冲突或调整以发挥其能动作用，[4] 特别是掌握有体制性资源的村干部与具有强大经济社会影响力的社会能人。他们掌握村庄权力结构中的有利位置与关键性资源，协商民主便可能成为他们突破常规治理情境的动员方式。

村庄既定的文化规则也会对协商民主运行产生建构作用。包括村庄内部民众间的交往方式、道德要求以及宗族地域观念等都属于村庄内部的文化规则。它们是在长期的社会网络关系中形成的，具有很强的乡土性，即使相邻村庄的文化规则，也可能呈现差异化的形态。同时它们又经过长期的互动与协调而达成，具有相当的韧性，村庄内部许多利益纠纷、邻里矛盾就依赖于这些文化来化解冲突、维持均衡。它们在为村庄治理秩序提供保障的同时，也对协商民主的运行产生限制。所以协商民

---

[1] 仝志辉、贺雪峰：《村庄权力结构的三层分析——兼论选举后村级权力的合法性》，《中国社会科学》2002年第1期。

[2] Yiqing Xu and Yang Yao, "Informal Institutions, Collective Action, and Public Investment in Rural China", *American Political Science Review*, Vol. 109, No. 2, April 2015, pp. 371–391.

[3] Lily L. Tsai, "Solidary Groups, Informal Accountability, and Local Public Goods Provision in Rural China", *American Political Science Review*, Vol. 101, No. 2, May 2007, pp. 355–372.

[4] 陈珽、李庚、曾远清：《为何转移出去的职能会恢复？策略的迂回与职能的内嵌——基于A省行政审批改革个案的考察》，《中国行政管理》2020年第8期。

主的本土化实践或主动或被动地修正其运行规则，形成与其文化规则相适应的"在地化"工作模式。①

（三）D 市协商议事会制度的赋能设计

本节将以 D 市出台的协商议事会制度为例，观察地方政策制定中何以设计协商民主的赋能方式？作为一种赋能制度，协商民主如何在乡村场域内常态化运行？其设计的赋能制度能否实现预期目标，其制度效能又会受到哪些因素的影响？为了回答上述问题，在此采用了嵌入式单案例研究设计。嵌入式案例研究是单案例研究的变式，当一个案例需要同时对多个层级的分析单元进行考察时所采用，"次级分析单元能够帮助研究者拓展研究范围并对案例进行更深入的分析"②。它从主分析单位出发提出研究问题，通过对次级分析单位（或连同主分析单位）的研究，最终回归主分析单位得出研究结论。研究选取的案例是 D 市全域推广的基层协商议事会制度，因而将它作为主要分析单元，整体剖析协商民主的赋能模式与设计初衷，讨论它所产生的干预效果。与此同时，基层协商民主是在具体的乡土社会中运行，故以村庄作为次级分析单元，在具体的村庄情境中观察协商民主的实际运行逻辑与影响因素，在此选择 3 个典型案例 X 村、Y 村和 Z 村进行具体分析。

D 市委组织部牵头，于 2017 年 4 月选取了 3 个镇街的 6 个村庄开展试点，在近两年的试点经验基础上出台了基层协商议事会的工作办法（以下简称"实施方案"）③，并于 2019 年全面推行。需要说明的是，本研究以制度化推广阶段而非试点阶段的协商民主作为分析对象。试点阶段的制度运行有其独特性，"其本质往往不是一个科学实验，而是一个塑造示范标杆的过程"④。政府会选择基础较好、成功可能性大的村庄试点。协商过程的方方面面（从议题确定、代表人选、会议流程到化解政策难

---

① 郭雨佳、张等文：《改革开放以来农村基层协商民主制度化：驱动因素、嬗变历程与基本经验》，《理论月刊》2020 年第 8 期。

② ［美］罗伯特·K. 殷：《案例研究：设计与方法（第 2 版）》，周海涛等译，重庆大学出版社 2010 年版，第 60 页。

③ 内部资料：《中共 D 市委组织部关于印发〈D 市推进基层协商民主工作实施方案〉的通知》。

④ 赵慧：《政策试点的试验机制：情境与策略》，《中国行政管理》2019 年第 1 期。

点等），都是在乡镇干部的精心指导下演出的一场民主"剧目"。相较而言，制度化阶段的观察更能呈现协商民主在基层治理常态下的赋能过程和干预机制。首先，制度化阶段意味着民主动员由"剧场政治"转为"常规治理"，需要与乡村结构中的各种社会力量、道德秩序进行碰撞和融合；其次，政府的行政资源无法支撑"一村一策"指导，需要设定具有普遍性的政策工具，为制度实施破除障碍或制造激励。为此，研究团队于 2020 年 11 月至 2021 年 8 月多次前往 D 市实地调查，涉及下辖 6 个镇及 12 个行政村。期间，对市委组织部、镇街分管领导、镇街驻村干部、村两委班子成员以及普通村民多方主体进行深度访谈，一方面收集地区基本信息、制度实施过程、有关政策文件以及典型案例等经验资料，另一方面了解不同的参与主体对于该制度的主观认识、行为与评价。

1. D 市基层治理压力与赋能初衷

D 市是东部沿海地区一个民营经济相对发达的县级市，在瞩目的经济增长背后是庞大的农村体量。近年来，社会治理同样面临着上文提及的村干部行政化、村民公共性消解以及横纵向权力间断裂等困境，村庄数量多、"基层工作难做"。更重要的是，D 市自古就有浓厚的宗族传统，形成了"注重传统权威、重人治而轻法治、重人情而轻程序"的治理文化。自上而下的科层理性或政治动员与这种治理文化之间存在天然的矛盾，既有的行政手段在社会矛盾与利益纠纷面前经常难以奏效。"县域政府社会稳定依然是'红线'和'硬任务'，问责追究的压力比改革前更大，如对解决信访问题应对不力的县域政府和党政领导采取'列管'、'就地免职'，等等。"[①] 所以，D 市政府亟待一套行之有效的制度手段用以完善基层治理体系，一方面加强乡村内部自我管理与自我服务的能力，另一方面加强政社沟通，推动上级布置的"中心工作"有效执行。

> 今天来调研的这个课题（推动村级协商民主、完善基层治理体系）……要达到以下目标：以健全村级党组织领导下的充满活力的

[①] 樊红敏、刘晓凤：《模糊性治理：县域政府社会冲突治理运作逻辑》，《中国行政管理》2019 年第 10 期。

基层群众自治机制为目标,以"正在做的事"为中心,以制定村(居)民自治章程为抓手,探索符合各自实际的协商机制,找到群众意愿和要求的最大公约数,努力形成共识、化解矛盾、提高效能、推动工作,实现基层民主和中心工作"双促进"。（文件资料：L20170407——组织部部长在试点村基层协商民主建设调研座谈会上的讲话）

基层治理体系包括权力结构和运行机制两个层面。民主选举处理的是"谁能获取权力"问题。在宗族观念浓重和宗族关系复杂的地方,权力竞争容易引发社会矛盾。为此,D市绕开了权力分配问题而转向治理过程中的运行机制。从实施方案看,协商议事会被设定为村民自治法定决策的前置环节,侧重于意见表达、利益协调与资源筹措。"协商不只是政治活动清单上的一种,协商提供了其他政治活动可被证明是合理正当的方法。"[1] 有位村书记就提到"协商之前,这条路是我村干部自己要修,协商之后就是按着大家的意思做"（访谈记录：L20220308）。这充分说明协商民主的赋能方式之一就是为基层治理提供合法性资源。此外,协商民主过程也有助于参与者突破私利桎梏而培养公共性,这是村庄民主动员重要的社会资本。"协商过程不是政治讨价还价或契约性市场交易模式,而是公共利益责任支配的程序。"[2] 协商民主强调平等、理性对话而非投票决策,所以在此过程中,参与者公平公正的诉求会被激活,也更容易培养相互包容、理解与妥协的精神。

2. 协商议事会制度的赋能设计

D市将协商议事会明确为村民自治制度的补充完善,作为法定决策的前置环节侧重于意见表达、利益协调与资源筹措,植入协商民主意在单向度的行政任务传导之外强化横向间的自治协商决策。"制度建设的要求提出了非选举阶段如何实现代表性村民自治的问题,如果自治的目的是实现村民的自我管理,那么势必需要解决集体决策,或由村民选举的

---

[1] Amy Gutmann and Dennis F. Thompson, *Why Deliberative Democracy*? Princeton: Princeton University Press, 2004, p.56.

[2] 陈家刚:《协商民主:概念、要素与价值》,《中共天津市委党校学报》2005年第3期。

代表进行间接集体决策的制度保障问题。"① 所以《实施方案》中所限定的协商事项主要以村庄公共品供给与社区秩序维持为主②，列出的工作目标包括提升基层党组织的组织力和号召力、拓宽群众参与渠道并构建三治融合的乡村治理体系。由此可见，协商议事会的赋能逻辑是借由公共权威打造联通横纵向权力结构的决策参与平台。协商议事会上的主体汇聚与围绕公共议题的理性协商是两种核心机制，有助于调整横纵向权力间的疏离关系，培育社区治理的组织力和凝聚力。

为了改变乡村传统的封闭决策，将公共议题的相关群体都聚合到同一协商空间，协商议事会制度规定了"3+X"的参与人员结构。其中"3"是指镇领导（或驻村干部）、村两委成员和利益相关人三方代表；"X"则是具有专业知识、社会资源或乡土权威的代表，包括镇职能部门代表、两代表一委员、村民代表、乡贤能人、法律工作者、老人会代表、专家学者等。这一参与结构兼具稳定性与灵活性，还将党政资源以及村庄社会资源都调动和整合到协商平台。其中处于主导的是村庄社会内掌握着政治、社会和经济权威的能人群体③，有效提升了协商议事的组织性和资源整合能力。协商主体是根据议题内容、特征相应地确定利益相关者，并且规定"利益相关人的数量一般不少于议事会总人数的三分之二"。赋予利益相关者的表达权利和渠道，有助于调动和培育他们公共参与的热情。此外，乡镇干部参与在联结政社关系、提升协商理性化方面扮演着重要角色，包括把控协商走势的政府权威、政策解读者以及协助化解政策障碍的协调者。经由主体汇聚机制，协商议事平台实现村庄公共决策的主体扩容，并且通过具体决策议题下的有机组合打破横纵向权力间既有的割裂状态，重塑了村庄的治理结构。

与此同时，《实施方案》花费大量篇幅详细规定了协商议事会的基本

---

① 张静：《基层政权：乡村制度诸问题》，社会科学文献出版社2019年版，第196页。
② 《实施方案》中规定的协商事项包括：党委政府的重点工作部署在村（居）的落实；城乡经济社会发展中涉及当地村（居）民切身利益的公共事务、公益事业；当地村（居）民反映强烈、迫切要求解决的实际困难和矛盾纠纷等。如集体经济、集体资产、道路水利、生态绿化、环境卫生等公共工程，及社会事务、卫计服务、教育文体、移风易俗、公共安全、市场管理、综治调解等公共服务事项等。
③ 李祖佩、杜姣：《分配型协商民主："项目进村"中村级民主的实践逻辑及其解释》，《中国行政管理》2018年第3期。

流程，设置了从议题确定、人员选择、会议召开到结果落实的闭环管理（见图3-5），并且就主持记录、场所设置以及争议表决等具体内容附上了流程图与过程文书。"在利益高涨的时代，协商民主的扎根和发展必须立足于为利益的博弈搭建一个平台，制定一个程序规则，建构一个利益协调仲裁机制"[①]。而协商过程的平等性、理性讨论的充分程度以及结果的合法性都有赖于协商程序的规范化程度。同时，规则设置也是行政结构和公共权力推动赋能制度的常规方式。

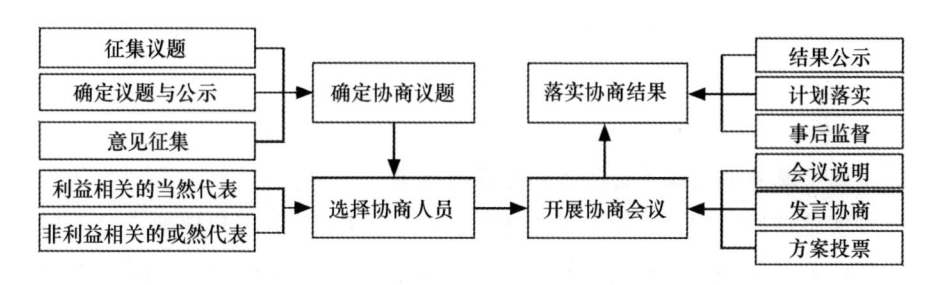

图3-5　D市基层协商议事会的运行规则

> 协商民主是个新东西，这些文件能够为村社提供类似于技术指南，让他们能够按照流程一步步来做。也有助于提高协商过程的公开、公正和透明。（访谈记录：S20201015——D市组织部干事）

在制度实施方面，D市并未给乡镇设置例如覆盖率或运行频次等具体的量化指标，而是要求各镇街确定试点村并定期将"推广基层协商机制过程中的好做法、好经验，以案例形式及时送市委组织部、市民政局"[②]。赋能制度中的公权力不再扮演场外的裁判，而是试图进入场域内部，对民众的思想观念和行为选择采取积极干预。有效干预的前提是制度能够有效嵌入并适配差异化的治理情境。而对于这类政策有效运行"至关重要的情境信息"往往越接近基层掌握得越充分。同时，实施方案

---

① 何包钢：《协商民主和协商治理：建构一个理性且成熟的公民社会》，《开放时代》2012年第4期。

② 内部资料：《中共D市委组织部、D市民政局关于推广Y镇等地基层议事协商试点经验的通知》。

中也要求各镇街"成立领导小组、制定实施方案、建立党政领导挂钩联系机制以及定期上报实施进度与工作成效"。这些都是科层体制内部释放政治信号、调动基层政府注意力的主要方式，以此推动乡镇层级有意识地指导村庄开展协商民主实践。

我市考核镇会有一个面上的要求，就说每个镇至少确定两三个试点村，没有就可能这块分数就没了。这就倒逼乡镇，你要确定几个村来做，而且肯定要做出东西。如果是全面要求每个村一定要达到什么标准，从软硬件看都不太现实。（访谈记录：S20201015——市委组织部干事）

二 基层协商议事会的差异化实践样态

实地调研发现，尽管D市各村采用相同的协商形式和规则，但是却呈现出差异化的实践样态。按照纵向政治权力与横向社会权力间的组合形式，D市协商议事会的实践样态大致可以归纳为三种类型，分别是作为横纵权力互动平台的"倒T型"样态、作为横向权力辐射链条的"L型"样态和作为纵向权力下沉轴线的"I型"样态。

为了更细致地展现协商民主的实践样态与治理效能，也为进一步探索赋能制度与村庄场域间的关系，在此针对每种类型各选择一个具有代表性的村庄进行深入剖析，分别为X村、Y村与Z村。为了收集3个村庄的相关资料，研究团队一方面通过对驻村干部、村两委、乡贤与普通村民的深度访谈，了解村庄协商议事会的运行状况及其参与体验；另一方面对协商议事参与者发放给每村各50份问卷调查，回收有效问卷132份，并利用数据分析呈现参与者的协商意愿及协商效果认知。

（一）"倒T型"协商样态：横纵权力的互动平台

"倒T型"样态的协商议事会为横纵向权力搭建起有效的互动平台。村两委通过开发这一平台主动将利益相关者引入决策过程。这打破了原先只由村两委、村民代表等固定群体参与、封闭化的议事传统，使更多村民得以直接参与到公共事务。在推动多元主体聚合的同时，协商议事会的理性发言、协商调解与实名投票等程序设置，打通了两种权力结构之间的沟通壁垒，有效地促进信息双向传导和共同意志形成（见图 3-6）。

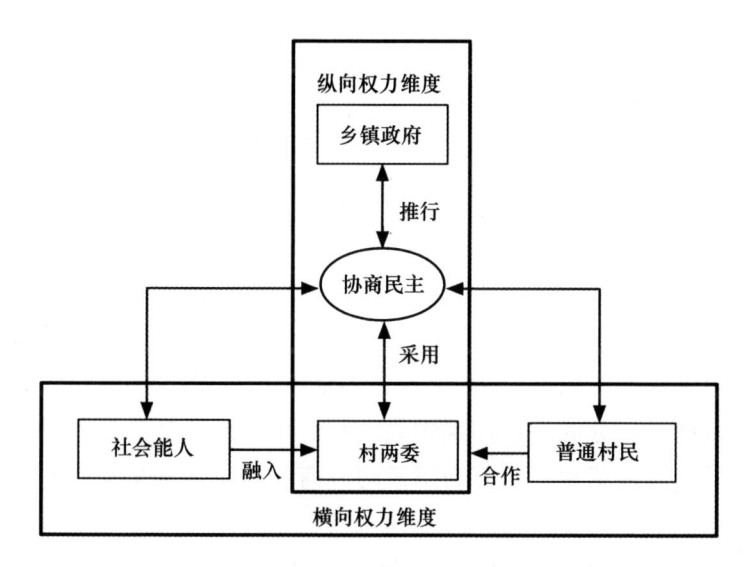

图 3-6　"倒 T 型"协商民主的实践样态

X 村是"倒 T 型"协商样态的典型。该村是革命老区基点村，由 3 个自然村组成，面积约 0.9 平方公里、常住人口 1500 名左右。该村引入协商议事会的契机源自其中某自然村的土地置换议题。该村有意对村内一处革命会址进行保护和翻建，但是该会址目前属于村民洪某的私人住宅，因而，实施保护工作的前提是解决产权问题。镇村干部商量形成了土地置换的初步方案，将该自然村另一块集体土地与洪某置换，但是这又涉及当前占用着置换地的部分村民利益。由于涉及多重利益相关方，村两委在镇政府的支持与指导下就此方案召开协商民主议事会。他们根据文件规定的"3+X"方案将该自然村房头、乡贤以及利益相关村民都邀请参会，各方进行了多轮商讨都因利益纠纷难以达成一致。为推动协商进程，村书记邀请村中一名 98 岁高龄的党员，他以亲身经历讲述了当年会址主人冒着生命危险投身革命的壮举，令议事村民动容。协商议事赋予了村民强烈的参与感，也更容易形成"主人翁"似的公共精神。村民们都认可保护会址的重要性，在此基础上经简单的利益协调达成了一致认可的置换方案，由村内集体所有的一处约280平方米地块置换出会议旧址。从村干部的角度看，协商形成的决议更易于执行，也更具合法性。

> 群众更有参与感，（村庄事务）不是书记说了算的，大家一起来商量事情，如果出了什么事情我们（村两委）有（村民的）支持也不会承担不了。（访谈记录：H20201029——X村书记）

村民的问卷数据也印证了"倒T型"协商实践所带来的高政治效能（见图3-7）。有83.4%的受访村民认为个人意见能在村庄公共事务的讨论中发挥作用①，实际参与过协商的受访者中有61.1%认为个人观点得到了充分的重视和采纳②。这说明"倒T型"样态的协商议事会为村民提供了相对平等和畅通的协商渠道，有效提高了村民民主参与的效能感。

在纵向的政治权力维度上，A镇干部在X村的协商议事过程中并非置身事外，也不是单向度地下达命令，而是作为"第三方"全程跟踪指导。镇里自我定位为"协助村两委发挥主导作用"，所以主要是为方案设计提供专业意见，在协商讨论中解答政策，为村两委组织协商议事提供支持和保障。

> 应该说整个工作，从刚开始在推动，镇里都有全程来跟踪指导，包括像现在说的这个土地置换，镇里也跟村里就商量怎么弄，怎么才能把这个保护下来，最后谈论说要把拿村里这个自然村一块公家土地来跟他置换。（访谈记录：S20201029——A镇组织委员）

土地置换的协商成功让X村干部切实体会到，协商议事会对于凝聚

---

① 问卷调查题目"A12. 如果您能参与到村民公共事务的协商中，您认为您的意见能够发挥作用吗？A完全没有作用、B作用不大、C比较有作用、D非常有作用"。

② 问卷调查题目"B29. 您在这个协商会议中，您的观点被采纳的程度如何？A我的观点很容易被忽略、B我的观点偶尔会被采纳和关注、C我的观点经常得到重视和采纳、D不清楚"。

第三章 乡村赋能的实践类型:制度赋能及其运行样态   93

A12.如果您能参与到村民公共事务的协商中，
您认为您的意见能够发挥作用吗？

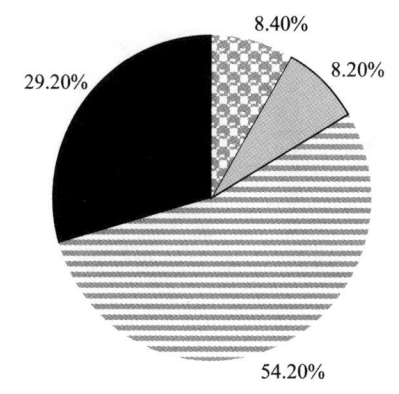

- 8.40% 完全没有作用
- 8.20% 作用不大
- 54.20% 比较有作用
- 29.20% 非常有作用

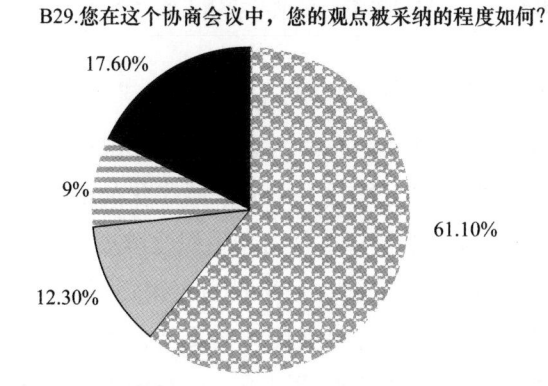

B29.您在这个协商会议中，您的观点被采纳的程度如何？

- 17.60% 我的观点经常得到重视和采纳
- 9% 我的观点偶尔得到重视和采纳
- 12.30% 我的观点容易被忽略
- 61.10% 不清楚

图3-7 X村村民参与协商议事会的效能感知

村庄共识和协调横纵向关系具有积极作用。此后，该村将协商议事会的形式广泛运用到制定村规民约、人居环境整治、邻里纠纷调解以及村财规划与设施建设等不同领域的议题中（见图3-8）。村庄不仅顺利化解了土地置换、修路拆迁等棘手难题，也在实践中逐渐形成了相对成熟的协商形式。协商议事会由上级布置的任务变成村两委惯常采用的治理方式，村民们经多次民主训练也有效地培养起民主意识和公共精神。

B27. 您曾参与讨论的协商议题包括

[柱状图：制定村规民约约72%；房前屋后整治约67%；基础设施建设约61%；邻里纠纷调解约55%；村财的规划和使用约45%；村庄（产业）发展规划约40%；征地拆迁补偿约28%]

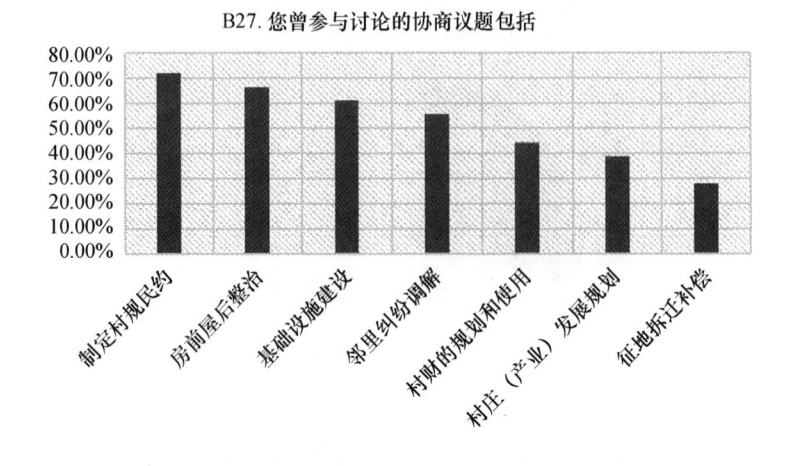

图3-8　X村村民参与讨论的议题占比（多选）①

(二)"L型"协商样态：横向权力的辐射链条

村庄场域形成的"L型"协商样态难以承担起汇聚横纵向多元主体的平台功能，而是在纵向权力推动下形成了差序化的横向权力辐射链条（见图3-9）。部分村庄由于内部整合力和组织化程度有限，村两委的社会权威不足以同时主导议程设置与基层动员。因而，为实现有效治理，村干部就需要寻得宗族、乡贤等社会能人的支持，由他们作为中间管道开展信息传导与协商议事。在这种情况下，协商议事会演化为体制内外精英汇聚、议事决策的固定化平台，此后再依托社会能人的代表性和权威与普通村民进行"二次辐射"。

Y村的协商实践则呈现为"L型"样态。该行政村由7个自然村组成，共有2780名常住村民。这些自然村分属于同一宗族下的不同房头，长期以来彼此间的关系就较为疏离。行政村层面难以统筹这种割裂的局面，只好将任务分摊到自然村。自然村内的公共事务和利益纠纷基本由有较高威望的长老、乡贤来组织、协调和裁定。这种治理结构尚能维持

---

① 问卷调查题目"B27. 您曾参与讨论的协商议题包括【多选】①基础设施建设；②制定村规民约；③邻里纠纷调解；④村财的规划和使用；⑤征地拆迁补偿；⑥人居环境整治；⑦村庄（产业）发展规划；⑧其他"。

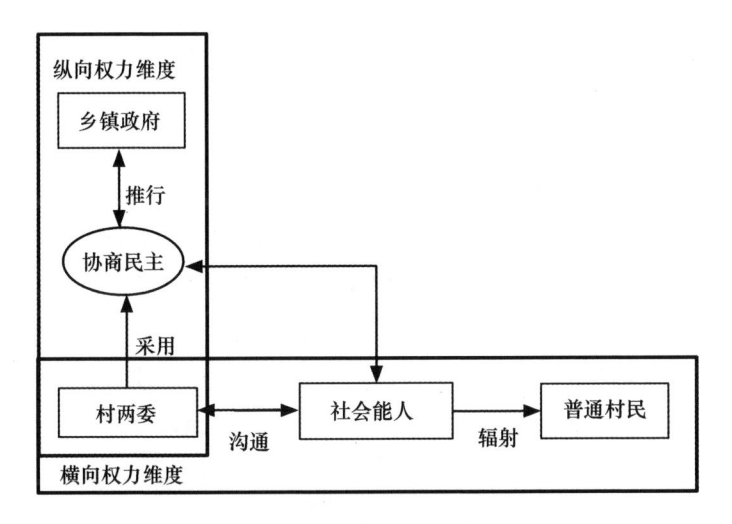

第三章 乡村赋能的实践类型:制度赋能及其运行样态　95

图 3-9　"L 型"协商民主的实践样态

常规的村务运行,但是在面对跨自然村域整合的项目时就很棘手。Y 村地理条件优越,背靠风景秀丽的桃园山,而且交通便利。近些年依托市镇两级的人居环境整治项目,村内打造出几处极具乡土特色的村居院落。村两委有意再打造些特色景点以系统地发展乡村旅游,其中一个规划项目就是在两自然村之间建设一处户外拓展公园。这涉及两村村民的土地流转问题,村两委曾私下摸底发现村民反应比较激烈,协调难度大。

市里的协商民主文件下发后,Y 村尝试利用协商议事会进行项目协调。考虑到村庄浓厚的宗族治理传统和村民们的决策习惯,所以 Y 村的协商议事会主要邀请了代表宗族和群体利益的社会能人参加。在会上,村两委首先与项目涉及的两村房头、老人会、神委会等负责人商讨项目方案。在征得他们认可、取得共识性的方案之后,再由他们向各自村内的村民进行普及宣传与利益协调。

> 我们村协商的关键在于宗族"领头人"。我们整个村有 7 个自然村,(比如)这边 1 个自然村和上面 1 个是隔开的,我们就让他们的房头去做工作,然后再把这些乡贤调动起来,让他们也帮我们一起做工作,(通过这种方式)我们这个公园建设最后就成了一个示范点。(访谈记录:L20201127——Y 村书记)

"L型"协商样态的主体汇聚机制起到的是联结乡村社会网络的功能,由此加强权力节点间的关系沟通,打破横向权力的断裂状态。与此同时,协商过程则被切分为两个阶段,首先是在村干部与社会能人之间信息传递和议事协调,再由社会能人利用家族网络渠道向普通村民进行辐射。由于借助了乡土社会中的宗族纽带和道义权威,这种协商样态的治理效率较高,但是将普通村民多置于被动的局面。他们无法直接参与到围绕公共利益的决策过程,而在二次辐射阶段只能围绕私人利益讨价还价。该村问卷结果也显示,超过48%的村民认为自身在协商中发挥的作用较小[1];16%的村民则感觉"几乎没有表达出自己的想法"[2](见图3-10)。

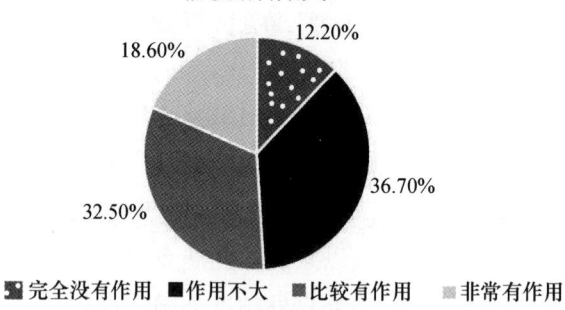

A12. 如果您能参与到村民公共事务的协商中,您认为您的意见能够发挥作用吗?

- 完全没有作用: 12.20%
- 作用不大: 36.70%
- 比较有作用: 32.50%
- 非常有作用: 18.60%

B28. 在协商会议中,您是否能充分表达您的想法

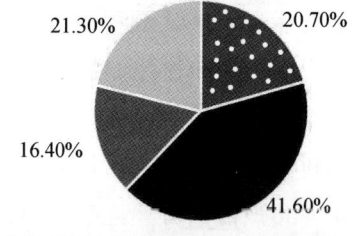

- 我充分表达了自己的想法: 20.70%
- 我表达了自己一部分想法: 41.60%
- 我几乎没有表达自己的想法: 16.40%
- 不清楚: 21.30%

图3-10　Y村村民参与协商议事会的效能感知

---

[1] 问卷调查题目:"A12. 如果您能参与到村民公共事务的协商中,您认为您的意见能够发挥作用吗?A 完全没有作用;B 作用不大;C 比较有作用;D 非常有作用。"

[2] 问卷调查题目:"B28. 在协商会议中,您是否能充分表达您的想法?A 我几乎没有表达出自己的想法;B 我表达了一部分自己的想法;C 我充分表达了自己的想法;D 不清楚。"

这些数据说明"L型"协商虽然有助于纵向权力推动下的治理效能，但是以社会能人为中介的二次辐射弱化了普通村民的政治效能感知。从长远角度看，对于社会能人的依赖将在某种程度上阻碍广大村民主动参与到公共事务协商中，从而影响其公共意识和民主观念形成。

（三）"I型"协商样态：纵向权力的下沉轴线

与前两种类型不同的是，"I型"协商样态之所以形成，是因为其协商议事是依靠行政权威或村干部自身权威来推动，所以只能达成横向权力主体间的有限整合、信息的单向度传递和"一对一"的利益协调（见图3-11）。这类协商议事会难以全面地汇聚利益相关者以及具有代表性的社会能人群体，只能有选择地邀请部分亲体制的村民代表，以此塑造公共决议的民意基础。在协商过程中，村干部强势主导议程设置，协商重点从决策转向执行，关注焦点在于如何减少执行阻力，提高执行效率。

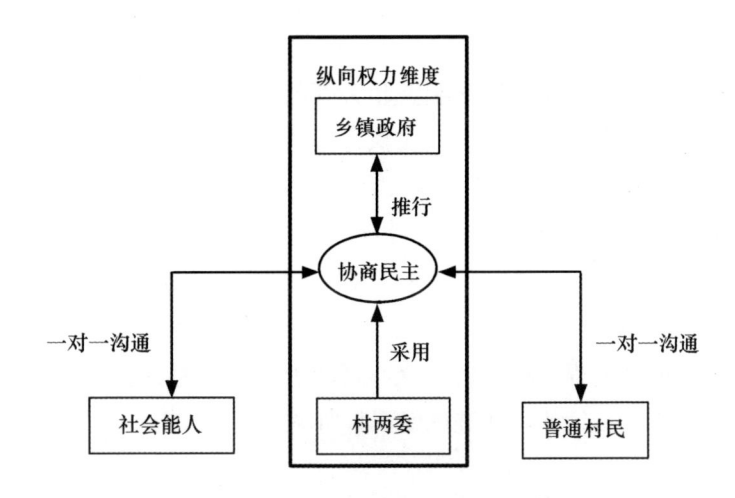

图3-11　"I型"协商民主的实践样态

Z村的协商议事会便呈现出典型的"I型"协商样态。该村常住人口将近4万人。制鞋是村庄主导产业，村域内有大小鞋材、鞋料企业360多家，也吸引了超本村人口4倍的外来务工人员。快速的工业化发展使得该村土地溢价程度高，也使得土地纠纷变成棘手问题。该村有近5000平方米的集体土地长期被少数村民占用，由于宗族房头错综复杂，前两任村委都未能成功将其收回。现任村书记王某是企业家返乡，经济实力强并且"有公心",上任之初,他就向村民承诺要将这块地收归集体并改造为农贸市场,在方便村民生活的同时增加集体收入。

最初,村两委以宗族房头为单位一对一进行协商,效果不佳,反而被这些长老认为是在拉帮结派、针对性地"找茬"。在以房头为单位的一对一协商失败后,王书记决定召开协商议事会,将"支持村里工作"的党员代表、村民代表和宗族代表等召集在一起,协商过程是以确立议题合法性为主要目的。村两委意在由此构建合法的民主程序并争取部分社会能人的认可,为收回集体土地这一决策制造民意基础。

> 这个阻力非常大,但是我不怕。反正我第一是按政府的方向正确去走。第二这些要做的事,我都通过村民议事会提出来给人家研究……参加的村民小组成员都拍胸脯保证说如果我一定要干,不管什么都会支持你。呼声上来了,我就有力气了。(访谈记录:W20201106——Z村书记)

然而,由于决策环节缺乏利益相关者的参与和商讨,项目执行过程面临重重阻力。多数涉事村民们在执行中或处于观望状态,或提出诸多拆迁条件,还有些威胁"如果拆就让自己80岁的父亲到死都住到村书记家"。面对这些情况,村书记并未进行全体协商,而是自己携两委干部们登门拜访或通过亲友乡贤——"做工作"。刚拆迁初期,有一两个村民态度很强硬,遭遇到较为严重的抵抗行为,当时村两委也寻求了行政力量介入以推动项目进程。村庄的从众心理较为浓厚,随着前期少数"钉子户"得以攻克,后续的拆迁进程就不断加快。

> 碰到钉子户这些不让拆、吵闹这些都有。后来发现个别搞事的,就请镇政府派人下来协助我们。这块地原来是公家的,你占一块他占一块,没有交出额外一分钱,所以我拆他,我不赔他。(访谈记录:W20201106——Z村书记)

Z村的"I型"协商样态凸显村干部的个人能力与权威资源,无论是议题决策、协商人选,而且协商内容高度服务于决策执行环节。为此,这种协商样态与纵向政治权力的互动紧密,但是横向主体间的协商从代表性或充分性上都较为不足。协商议事是以获取合法性和解决眼前棘手问题为目标，缺乏利益协调与民意整合的考量，这在村民的协商效能认知上也有充分反映。问卷调查中有超过46.2%的村民认为在协商议事中"自己的意见作用不大"①；仅有不到20%的受访者认为"我的观点经常得到重视和采纳"②（见图3-12）。这些数据均说明村民们普遍作为被动的接受者，政治效能感处于较低水平。从长期来看，协商议题、参与群体以及民主表达程度受限，无助于培养村民们公共参与的积极性与理性协商能力。

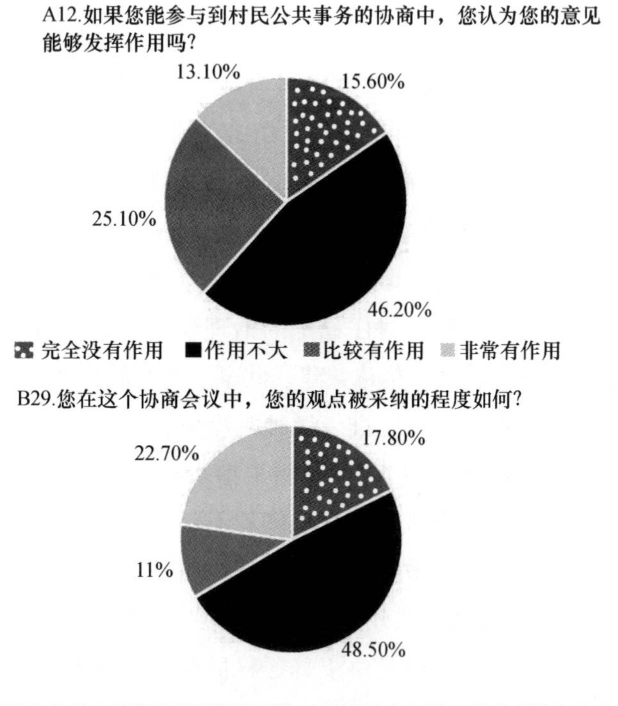

A12.如果您能参与到村民公共事务的协商中，您认为您的意见能够发挥作用吗？

- 完全没有作用：46.20%
- 作用不大：25.10%
- 比较有作用：13.10%
- 非常有作用：15.60%

B29.您在这个协商会议中，您的观点被采纳的程度如何？

- 我的观点经常得到重视和采纳：17.80%
- 我的观点偶尔得到重视和采纳：48.50%
- 我的观点容易被忽略：11%
- 不清楚：22.70%

图3-12 Z村村民参与协商议事会的效能感知

---

① 问卷调查题目："A12. 如果您能参与到村民公共事务的协商中，您认为您的意见能够发挥作用吗？A 完全没有作用；B 作用不大；C 比较有作用；D 非常有作用。"

② 问卷调查题目："B29. 您在这个协商会议中，您的观点被采纳的程度如何？A 我的观点很容易被忽略；B 我的观点偶尔会被采纳和关注；C 我的观点经常得到重视和采纳；D 不清楚。"

三　村庄治理场域何以影响基层协商民主效能

从整体上看，基层协商议事会制度在实践中呈现出"倒 T 型""L 型""I 型"三种差异化的协商样态。这三种协商样态的治理绩效如何？为何同一制度规定下的协商民主会产生三种不同的运行样态和效能？下文将从村庄治理场域中寻找相关的影响因素及其作用机制。

（一）三种协商样态的效能差异

协商民主效能是通过实施协商民主而达成的正向作用，基于现有文献基础可以从两个向度展开观察：一是工具性的治理效能。考察协商民主是否提升了社区在面对复杂情境时自我管理和对外管理的能力与水平[1]，包括化解村庄矛盾与冲突、推动决策的科学性与合法性；二是价值性的民主效能，从理念层面上对民众参与的平等性、公开性、主动性等进行考察[2]，评估该制度在推动村民们民主参与积极性和培养民主能力方面的效果。这两者对于社区赋能同时都具有重要作用，前者有助于提升村庄的集体行动能力、维持村庄稳定的治理秩序，后者则能调动起村民们的公共意识和参与热情，构建共建、共享、共治的社区治理格局。

以这两个向度指标作为标准，三种类型的协商民主效能从高到低分别是"倒 T 型""L 型""I 型"。"倒 T 型"样态的协商民主效能最高，因为该村的协商民主运行既有助于化解原有治理的困境，又有效增强了村民参与协商的主动性与效能感，有效地修正了乡村既有治理结构的不足。"L 型"样态的协商民主效能次之，虽然依托社会能人群体进行示范和动员提高了治理效能，但是由于普通村民的直接参与不足使得其民主参与的广度和深度受到制约。"I 型"协商样态在这三种类型中效能最低，因为它高度依靠村干部的个人权威和能力，也服务于他们的既定决策内容。协商过程更类似于营造合法性的舞台，仍旧依靠基层既有的问题化解策略，包括软硬兼施、社会关系动员等。

---

[1] 何包钢、吴进进：《社会矛盾与中国城市协商民主制度化的兴起》，《开放时代》2017 年第 3 期。

[2] 林雪霏、周敏慧、傅佳莎：《官僚体制与协商民主建设——基于中国地方官员协商民主认知的实证研究》，《公共行政评论》2019 年第 1 期。

(二) 基于村庄治理场域的协商民主效能影响因素分析

协商议事会制度是在强政治势能的推动下运行，获得市镇两级政府的高度关注与资源支持，这构成了新时代基层协商民主运行的典型特征和有利条件。基层协商民主作为赋能制度是在具体村庄场域中开展，所以有必要在制度与场域互构的视角下思考影响协商样态及其实际赋能效果的影响因素。基于上述三个案例的比较研究，发现协商民主效能受到村庄社会资本、社会能人参与度与村干部能力三种关键因素的影响。

1. 村庄社会资本

村庄社会资本是指特定村庄场域在长期交往中形成的关系网络状况，它所内含的信任基础与合作程度会对协商民主制度的运转及效能产生至关重要影响。帕特南曾将社会资本具体化为信任、规则与组织化载体，并指出在拥有高社会资本存量的共同体中，民众参与网络的准则更加牢固，也更有利于民众之间的协调和交流。[1]

村庄社会资本对于协商效能的作用机制也得到问卷数据的检验。当被问及是否愿意参与村庄事务协商时，X村近90%受访者都选择愿意参加，在Y村和Z村则降至82.2%和78.1%。[2] 其中选择以"关心村庄公共事务"作为参与理由的，X村占75.8%，Y村和Z村则分别为38.9%和25%[3]。由此可见，社会资本越强的村庄，村民越关心公共事务，走出私人领域而参与公共协商的积极性也就越高，这有助于推动协商过程中多元主体汇聚并提高理性协商质量，从而发挥协商民主赋能作用。

在上述3个村庄中，X村虽然村庄规模小，但是房头间关系和谐、村民们维持着长期稳定的交往关系和彼此较高的信任程度。基于村庄内强大的社会资本，村两委对于启动公开协商、引入利益相关者不像其他两村那样顾忌重重。与此同时，村民们也能开展高质量的理性协商，在公

---

[1] Robert D. Putnam, Robert Leonardi and Raffaella Y. Nanetti, *Making Democracy Work: Civic Traditions in Modern Italy*, Princeton: Princeton University Press, 1994, p.171.

[2] 问卷调查题目："B38. 如果被邀请（或被再次邀请）参加村里重大事情的协商，您愿意参加吗？A 愿意（跳转至B39a）；B 不愿意（跳转至B39b）。"

[3] 问卷调查题目："B39a. 您愿意参加的原因是？A 事关我的利益；B 我受村里重视，说话很有分量；C 我关心村庄公共事务；D 参加感觉很光荣。"

共价值的引导下达成共识。据了解，X 村自土地置换项目后至今已协商过 8 个集体项目，只有 1 个因条件不成熟遭到反对并搁置，其余项目都在协商中顺利推进。而 Y 村虽然 7 个自然村之间关系疏离、行政村层面统筹能力不足，但是各村内部凝聚力强、宗族长老的权威基础和与村民间信任程度都很高。问卷调查显示该村有 40% 受访者是以自然村作为身份认同，占最高比重。① 对行政村的低认同感使得村民们对于其倡议的公共事务普遍冷漠，村两委只能经由居间的社会能人进行二次辐射和两轮协商。相较于前两个村庄，Z 村的社会资本存量最低。该村外来人口多、房头关系复杂，村民间的冷漠感与陌生感较重，根据亲缘和业缘分化为一个个小团体。这种治理环境很难组织起公开且理性的协商议事。前任村干部在提出收回集体土地和建设农贸市场的设想时就遭到部分村民的阻碍，他们还传出建农贸市场是村干部有心贪集体的钱，以此动摇村民代表的意见。所以，这任村两委便利用协商议事会扩大议题倡导联盟的力量，并且利用民主程序来增强议题的合法性。

　　社会资本的强弱除了作用于协商议事会的结构与功能，也会影响协商结果的执行状况。由于协商议事会的参与规模有限，难以容纳全体村民，协商结果就需要参会代表进行"二次协商"以传播信息和动员说服。一般而言，村民间的信任程度越高，二次协商的效果越好，也能提高村民们在决策执行时的配合程度。X 村村主任就指出："村民有时候更相信邻里间的消息。参会代表的宣传解释其实等于帮村里做工作，而且效果更好。"（访谈记录：X20201029）相比之下，社会资本弱的 Z 村，不仅难以组织起汇聚利益相关者的理性协商，还难以推动协商结果的传播和执行。"很多村民，他只关心他的利益得到保障，不关心你村里，没法一步一步来。"（访谈记录：X20201106——镇驻村干部）由于协商结果的合法性不足，村干部只能综合开发个人权威、亲缘关系与行政资源等多重资源，软硬兼施、一对一"做工作"。

　　2. 社会能人参与度

　　社会资本对于许多村庄而言是既定的文化社会环境，那么对于那些

---

① 问卷调查题目："A1. 当别人问到'你是哪里人'时，你会说自己是（　　）。A 某行政村人；B 某自然村人；C 某生产大队人；D 某房头的人。"

社会文化环境不利的村庄而言，赋能制度还有可能发挥作用吗？① 答案是肯定的，因为协商民主制度效能同样取决于社会能人参与度与村干部治理能力。村庄治理场域中的社会能人群体既是推动协商民主在地化的主要参与力量，也是形塑协商样态的结构性因素。这些社会能人主要包括乡村宗族权威与当代经济社会领域的专家能手。其中宗族内那些德高望重的老人依托他们个人威望或家族地位，既能令普通村民信服，又有能力同村干部讨价还价；② 当代乡村能人则是以企业家、公职人员以及专家学者为主，他们凭借经济实力或社会地位得到村民们的认可。③ 他们虽然不在村两委班子里，但是其威望或实力会对村庄事务产生巨大影响。多数自上而下的规则都需要经由这些社会能人的转化，否则往往会流于形式、无法发挥其真正的治理效力。④ 协商民主制度也是如此，这些社会能人既能作为意见代表在公开协商平台上反映民意，又可以弥补协商主体参与不足的困境，凭借自身威望开展信息宣传和二次协商，此外可能还会慷慨捐资或链接资源支持村庄建设。

鉴于社会能人在基层协商民主所扮演的重要角色，该群体的参与程度以及与村两委的合作关系便成为协商民主制度运行的结构化支撑。Y村的"L型"协商形态就是由社会能人的积极参与形塑而成。由于行政村层级的权威不足，村两委在日常村务中就高度重视找各自然村老人会、乡贤理事会"借力"。Y村刘书记在谈及该村治理时就多次提及"村庄治理关键靠乡贤"。而X村的房头之间力量差距较大，村两委成员主要出自较大的房头，但也兼顾其他小房头的代表。这种权力配置与村庄社会结构基本吻合，为体制内外合作奠定了坚实的制度性基础。因而，各房头有威望的社会能人被较为顺利地动员参与协商议事会，并且凭借他们"说话有分量"分担了村两委部分更细致的沟通协调任务。相比之下，Z

---

① 张静：《互不信任的群体何能产生合作 对XW案例的事件史分析》，《社会》2020年第5期。
② 吴业苗：《转型期村庄精英权力结构的分化与互动》，《中共浙江省委党校学报》2004年第2期。
③ 陆益龙：《乡村社会治理创新：现实基础、主要问题与实现路径》，《中共中央党校学报》2015年第5期。
④ 左雯敏：《新乡贤与有效治理：中国士绅传统再反思》，《原生态民族文化学刊》2023年第2期。

村先前经历的土地征迁、村庄建设项目导致宗族房头间矛盾重重。在历史遗留问题和村庄内生矛盾的制约下，村干部的动员能力和辐射作用受阻。该村两委也尝试与宗族、企业家等社会能人开展协商但是无法凝聚共识，这迫使该村干部只能更多依靠自身能力和行政支持来主导议程设置，有选择地整合部分村民代表履行民主程序，因而协商影响力和效能都较为有限。

由此说明，社会能人群体作为村庄治理场域中的桥梁，在基层协商民主中发挥着沟通、协调与资源供给等重要作用。同时这些能人作为村庄治理的中坚力量，也体现出村庄的社会权力结构。在将他们整合到协商议事平台的同时，协商样态和效能也反向地受其影响和重塑。

3. 村干部治理能力

村委会作为村庄自治的法定组织，大量村庄公共事务都需要在他们的决策与组织下推进。特别是作为村庄领头人的村主干[①]，他们所具有的能力、阅历以及社会关系网络，决定了他们的治村理念与行动举措，也会对村庄发展产生深远的影响。与此同时，政府持续扩展的民生事务和项目制运行，也要求村主干对外能够拓展关系圈、争取项目，对内能够黑白通吃、摆平矛盾。[②] 嵌入式的生长路径决定了协商民主制度在村庄实践中首先是作为治理资源，而非权力配置机制。因而村干部对于这种治理资源的使用意愿和操作偏好，会对制度实践产生至关重要的作用。

村干部的发展规划与权威基础决定了他们在协商议事会运行中所扮演的角色。Z村王书记就是强人政治的典型代表，他受过良好教育且经济实力雄厚，上任后就为村庄发展制定了明确规划：短期内基于村庄庞大的人流量与良好区位建设农贸市场，以此形成产业与客源聚集，长期而言推动集体经济向第三产业发展，通过物流、服务与村庄制鞋产业和鞋材市场相结合，带动村民共同致富。但是，无论是长远规划还是农贸市场项目，都是他的个人决策而非广泛讨论后达成的集体共识。一方面是由于村庄的社会资本不足与社会联结断裂导致；另一方面也是源自他自

[①] 而今许多地区都推行了村党支部书记和村委会主任"一肩挑"的制度，村书记和村主任由一个人担任。

[②] 李祖佩：《"新代理人"：项目进村中的村治主体研究》，《社会》2016年第3期。

身的治村风格。在王书记看来，有效协商需要有个基本方向和有限的解决方案。"基本上是在这几个方案里面讨论，或者说有一个基本解决方案，大家都同意，细节再来研究。"（访谈记录：W20201106——Z 村书记）这种协商其实是在操作层面而非决策层面展开。它虽然有助于提高执行效率，但是在发挥协商代表的主观能动性与提高决策科学性、民主性方面是相对不足的。

与此同时，村干部的组织能力和行动策略也是影响协商民主效能的重要因素。Y 村的人居环境整治项目是以自然村为单位展开。由于涉及拆房征地等利益纠纷和协调，各自然村积极性都不高。于是，Y 村刘书记采取"树立典型"的策略，首先发动两个有意愿的自然村进行村道拓宽、房前屋后整治，并且积极向政府争取支持，得到了市镇可观的项目配套资金。在取得切实可见的效果后，刘书记再次召开协商议事会。在会上，自然村之间自发形成了相互竞争的局面，相对落后的自然村代表由于村民的舆论压力和会上的竞争氛围都纷纷表示要积极发动本村村民、努力跟上建设进度。X 村的土地置换协商议事会也曾因为计较私人利益而陷入困境，当时是村书记请来当年老党员讲述房屋主人舍家救国的壮举，进而感染和激发了村民们的公共精神和爱国情怀。

四 乡贤重组：基层协商民主的非预期赋能

无论从民主类型还是制度设计者的初衷看，协商民主制度意在"为每个作为公民而不是作为具有共同利益和思想的人提供超越不同社会背景和从属关系的连续的、结构性的机会"[1]，换言之就是最大限度地动员民众参与以扩展基层民主的包容性。但是在扩展到 D 市 6 镇 12 村的规模性调研后普遍发现，在乡村治理场域中常态化运行的协商民主，率先凸显出来的是培育或整合新乡贤群体的过程。在此将"新乡贤"界定为与特定村庄场域紧密联系，有资财、有知识、有道德、有情怀，奉献于乡里、在乡民邻里间享有较高威望和认可的贤能之人。对于"贤能"的认

---

[1] Martha L. McCoy and Patrick L. Scully, "Deliberative Dialogue to Expand Civic Engagement: What Kind of Talk Does Democracy Need", *National Civic Review*, Vol. 91, No. 2, June 2002, pp. 117 - 135.

定范畴既有传统的道德典范,也拓展到现代价值和能力标准,包括对市场资本、知识技能与社会影响力等把握。[1] 而相较于"乡村能人"的客观标准,新乡贤还需要兼具公共精神和社会认可。需要说明的是,在此不刻意区分"在乡"者与"离场"者的差异,因为恰是这两类乡贤的合作互动构成乡贤网络中不可分割的部分,形成乡村治理上的优势互补。但是强调该群体不包括村两委班子成员的村干部,特指在无国家授权的前提下,以非体制权威嵌入乡村治理的社会能人。

乡贤重组首先表现为由政治冷漠或割裂对抗的社会能人转变为具有公共性的新乡贤,该群体又经由"公共利益表达者"与"公共物品供给者"双重角色重新嵌入村庄生活。其次呈现出普通村民均徘徊于协商民主实践之外。这是村干部有意安排和村民自身意愿双重作用的结果。无直接利益相关的村民们忙于自家生计、无心关注公共事务。利益相关群体多数都持观望、"随大流"态度,相较于参与协商,他们更关注其他人的态度和行动。而少数坚决反对的村民则是村干部入户"做工作"的重点对象。为何预期以动员普通村民公共参与的民主形式,会呈现出乡贤重组过程?

(一)协商民主实践中的三种乡贤重组机制

村庄在历史积淀、社会发展与宗族力量关系中会形成差异化的"村庄结构",而乡贤重组的社会基础与发生过程都扎根于深厚的村庄历史文化。村庄结构正是村庄内部少数能人与普通村民之间、次级社会关系网络(自然村落、姓氏宗族等)之间所构成的稳定组态。它在实体层面表现为行动主体间的共时地位以及由此产生的多种互动关系,例如支配与被支配、合作与对抗等[2]。而在文化层面则包括积淀于过往传统、外化为宗族组织或公共仪式等的社区记忆。作为村庄结构的"文化网络",社区记忆可以借由强有力的宗族力量和舆论力量来联结权力主体、巩固支配秩序。[3] 根据村庄场域内初始的村庄结构和社会基础,协商民主实践呈现

---

[1] 吕霞、冀满红:《中国乡村治理中的乡贤文化作用分析:历史与现状》,《中国行政管理》2019年第6期。

[2] [法]皮埃尔·布迪厄:《艺术的法则:文学场的生成和结构》,刘晖译,中央编译出版社2001年版,第286—287页。

[3] 贺雪峰、仝志辉:《论村庄社会关联——兼论村庄秩序的社会基础》,《中国社会科学》2002年第3期。

出差异化的乡贤重组机制（见表3-3）。

表3-3　　　三类村庄结构的协商民主实践与乡贤重组过程

村庄结构	社会基础	协商民主干预机制	乡贤重组过程
良性关联型	分散化的乡贤	组织动员机制	乡贤行为聚合
个体脱序型	公共性缺失的能人	身份授予机制	乡贤主体培育
群体割裂型	认同分化的能人	认知塑造机制	乡贤认同重构

　　第一类是良性关联型的村庄结构。这类村庄主体间关系融洽，整体性社区记忆深刻，村民处于相对有序而紧密的关联中且容易达成一致行动。这类村庄拥有一批较为活跃的能人群体并且营造出较为浓厚的乡贤文化，已然完成了从能人到乡贤的转化。但是这些新乡贤基本分散在各宗族内活动，参与村级事务仍处于被动状态，多是在村干部进行一对一动员时慷慨解囊。所以，乡贤重组的重点在于提升该群体公共参与的组织化和稳定性，从个人动员转为群体动员。村干部依托协商民主制度的组织聚合机制能够有效推动社会乡贤的内部整合与有序公共参与。所谓组织聚合机制，是构建相对稳定的协商议事活动，乃至组建具有固定成员、正式制度、规范化运行的组织载体。由此一方面将原本局限在宗亲间、个体随意的慈善行为转变为村域范围内、稳定发展的组织动员；另一方面在公共项目推进和公共事务协商中将乡贤组织整合到村庄治理架构中，逐渐演化出村两委与乡贤组织"既分工又合作"的治理模式。这两者将乡贤个人行为聚合为组织行为，并将其制度化地整合到村庄治理中。

　　第二类是个体脱序型的村庄结构。这类村庄的多数村民主要以核心家庭为单元进行利益考量，干群或族群间的联结度较低，同时社区记忆的断裂导致文化网络破碎和规约机制失灵。在个体脱序型的村庄结构下，社会能人即使实力雄厚，也存在公共精神不足问题且呈离散分布状态，从能人到乡贤的转化与重组面临着诸多阻碍。因而，乡贤重组的关键在于社会能人的公共性生产，让他们有意愿从私人领域中走出来，参与公共事务、维持公共利益。协商民主实践的主导干预机制是身份授予机制，通过授予能人"村庄代表"身份以及参与公共协商、决策的权利，持续培养他们的"乡贤"主体性。这首先是为村庄宗族头面人物、企业家提供了公共参与的公开渠道，推动个体理性与公共责任一定程度的整合；其次是给乡村这些社会能人"提供了一个'道德锦标赛'的总体场域"[①]。"村庄代表"本身就是一种荣誉身份和"道德形象"标识。协商议事会形式更是将这种荣誉感和尊严感推到了前台，有些能人还会主动参与筹资或认领项目，营造出"为荣誉而竞争"的即时情境。依托协商议事会进行"乡贤"身份建构同时调动起社会能人的理性需求和荣誉心理，使之深度嵌入村庄公共生活。

第三类是群体割裂型村庄的内部，由于宗族联结或地域界限而形成多个组织集团，并且围绕治理权或局部利益展开争夺。社区记忆的维系和加深反而固化了这种割裂状态的支配秩序。宗族结构与长期的权力争斗造成了这类村庄割裂的乡村结构，也形成在主体归属、利益维护上难以整合的社会基础。社会能人大多分属割裂的文化网络，未能形成对于村庄的整体性认同。因此，这类村庄在乡贤重组方面的核心任务是重构认同单元，由局部的宗族认同转变为整体的村庄认同。协商民主制度为乡贤认同重构提供了认知塑造的干预机制，通过对其认同单元、利益边界和归属感的重新塑造得以实现。协商议事会将这些能人推到以村庄为单位的公共议题面前。他们在扮演村庄发展推动者、个体理性引导者、村内矛盾协调者与村落话语塑造者等公共角色时，其关注焦点和认同单元也从宗族递进到村庄整体。与此同时，倘若能强化邻里交往与协商自治，为乡贤提供积极作为的行动空间，也在日常生活中构建起替代宗族、有归属感的新认同单元。

（二）为何协商民主率先完成乡贤动员

协商民主实践中的乡贤重组，虽然是制度的非预期结果，却是现今乡村治理环境中的必然产物。它的出现不仅仅是集体行动问题，也出自现代民主形式与当前乡村社会基础、"乡政村治"结构相互碰撞与结合，接下来将从村治结构、乡土基础与群体特征三个层面讨论为何民主动员

[①] 姜亦炜、吴坚、晏志鑫：《荣誉与尊严：乡村振兴中的基层荣誉体系建设——基于浙江省新乡贤组织的调研》，《浙江学刊》2019年第4期。

率先激活乡贤重组。

1. 打造村治结构中间层级的需求

从新农村建设到乡村振兴战略，国家携带资源全面"回归"，承担了大量原本应由家庭和集体提供的公共品和公共服务。各种惠农项目下乡都需要村级组织经常性与村民互动，包括组织与动员村民等。但是在村民们眼里，村干部已经是"官"，项目实施是"政府的事"，于是"官"与"民"的分立在当前村治结构便具化为行政化村干部与原子化村民之间的直接碰撞，呈现为村民们普遍的"看客"和"借机谋利"心态。特别是"在需要牺牲个人利益、成全集体利益的事情上，村民往往索要高价补偿，成为典型的钉子户，使得治理实践举步维艰、成本高昂"[1]。

在这种情况下，镇村两级有意打造具有地方权威的新乡贤群体作为村治结构的中间层级，以此黏合原子化的普通村民、平衡行政命令与村庄需求之间的张力。特别是在关切村民利益的项目推进中，绕过征求民意环节必然会造成群体性不满和反对。但是多数村干部对于直接组织利益相关者开会协商又顾虑重重："有的不同意，当场吵得闹翻天""靠在一起，大家会相互影响""如果在会上形成分歧，这条路就修不了"。相比而言，以小规模、有威望的乡贤协商会来商讨方案，或者发挥乡贤在大会协商中的引导作用，成为村干部替代性的民主方案。同时，他们会持续开发乡贤们决策后续的公共价值，利用乡贤的权威辐射、示范作用与情感动员"做工作"，降低公私利益之间的协商成本。

在原有的镇村互动中，治理权力衰弱的乡镇政府需要依赖村干部协助应付检查或摆平各类矛盾。[2] 村干部在"国家代理人"和"村庄当家人"双重角色中，或处于"结构性两难"[3]，或以此滥权谋私利[4]。随着新乡贤群体的加入，构建起了乡镇干部、村干部与新乡贤群体之间的三

---

[1] 董磊明、欧阳杜菲：《从简约治理走向科层治理：乡村治理形态的嬗变》，《政治学研究》2023年第1期。

[2] 欧阳静：《富人治村与乡镇的治理逻辑》，《北京行政学院学报》2011年第3期。

[3] 吴毅：《"双重角色"、"经纪模式"与"守夜人"和"撞钟者"——来自田野的学术札记》，《开放时代》2001年第12期。

[4] 贺雪峰：《论乡村治理内卷化——以河南省K镇调查为例》，《开放时代》2011年第2期。

角权力关系。首先，乡贤群体可居中发挥转译和重组的功能，从村民心理出发解读涉农政策。由于"形成一个可以相互讨论的空间，而不是急于形成乡村改造与重建的实践纲领"①，推动国家资源与村民需求的有效对接。其次，新乡贤治理也构成了对村干部权力的制约。村庄公共决策从幕后走到台前，要经由正式平台和公开说理才得以实现。这不仅压缩了村干部的自由裁量权，还以村庄利益与公共规则逐渐瓦解宗派利益联盟，营造出更为和谐、可信任的村庄治理生态。

2. 乡村社会基础的遵循需求

在急剧的社会变迁与政社关系转变中，建立在家族和社区基础上、封闭的生产生活单元被打破，村民们对村庄公共品的供给需求在弱化。熟人社会的情感联系也加入理性计算的色彩，多数村民不再关心和热心村庄事务，"我们农民都忙着生活，哪有空参与这些""互不得罪，能过就过了"。尽管如此，乡村的社会基础仍然保持着强大力量，"它可以表现为意识层面的结构性观念，也可以表现为一些非正式的制度（风俗习惯），或者是与道德伦理相联系的行为规范"②。

乡村根本的社会基础就是由血缘、亲缘和地缘关系所组建的"差序格局"以及由此聚集而成的社群组织即"社会圈子"③。"社群成员围绕某些精英（能人）构建各自不同的关系网络，根据与能人构建各自不同的关系网络，根据与能人的亲疏远近，层层推开，形成不同的圈层。"④ 这些社会圈子是村庄人际交往和组织动员的基本单元，村民天然地更信任所在"圈子"核心的能人权威，也倾向于配合他们的行动，所以受访村干部经常提到乡村治理就是"一把钥匙开一个锁"，"村干部十句话顶不过老人一句话"。案例中 3 个村庄的村干部们在项目决策前都会预先征得主要乡贤同意，并且将代表性和威望作为挑选协商代表的重要考量标准，因为在村民眼里他们是自己圈子的代表，说话有分量、"管用"。

---

① 刘芳、孔祥成：《乡贤治村：生成逻辑、实践样态及其完善路径》，《江海学刊》2020 年第 6 期。
② 杨善华、孙飞宇：《"社会底蕴"：田野经验与思考》，《社会》2015 年第 1 期。
③ 费孝通：《乡土中国》，北京出版社 2011 年版，第 35—36 页。
④ 尉建文、陆凝峰、韩杨：《差序格局、圈子现象与社群社会资本》，《社会学研究》2021 年第 4 期。

在乡村治理中，新乡贤群体除了作为群体代表外，也在发挥组织化功能。农民们有着特殊的公正观，他们对于公正的衡量更多来自与他人的比较，而不仅仅根据自身得失加以计算。① 所以，集体行动中的村民常分化为两个群体：少数利益受损者会明确表达反对意见，当"钉子户"甚至鼓动联合其他村民；多数村民则处于观望状态，既"害怕自家吃亏"，又不愿"得罪所有人"。此时，基于自愿原则的合作生产谈判成本和执行成本都很高。同样以协商合作组织起来的农村用水户协会就普遍遭遇水土不服，有学者指出"水利不是合作问题而是组织问题"，需要"自上而下具有一定强制力的措施"②。农村公共品生产的"组织"有赖于地方性权威的动员和引导，特别是处于"社会圈子"核心的乡贤群体，他们是发起动员、整合意见的"钥匙"。

3. 关键群体的能力与意愿考量

集体行动的棘手难题之一是在公共品生产者中找到愿意贡献更多时间、资金以及其他资源的关键群体，这是启动所有集体行动都必需的。③ 新乡贤群体"代表着内生秩序与外生力量的融合"④，成为最适合的人选。在民主实践过程中，他们展现出关键群体所需的重要能力。一是较高的协商能力。协商质量约束着协商规模，也对代表能力提出要求，需要"高参与性—强公共性"为特征的积极责任型代表。⑤ 身处不同职业和身份的乡贤们一方面具有成熟的发展经验，可利用其现代视野和专业知识提供可行建议，另一方面又熟悉乡土规则，能主动承担起公共责任，权衡符合公共利益的最优方案并说服在场者。二是潜在的输入性资源。在集体经济缺失的村庄中，村干部只能维持现状，亟待寻求外部资源以推

---

① Xiaogang Wu, "Income Inequality and Distributive Justice: A Comparative Analysis of Mainland China and Hong Kong", *The China Quarterly*, Vol. 200, No. 12, December 2009, pp. 1033-1052.

② 贺雪峰：《"农民用水户协会"为何水土不服？》，《中国乡村发现》2010 年第 1 期。

③ Pamela Oliver, Gerald Marwell, and Ruy Teixeira, "A Theory of the Critical Mass. I. Interdependence, Group Heterogeneity, and the Production of Collective Action", *American Journal of Sociology*, Vol. 91, No. 3, November 1985, pp. 522-556.

④ 易承志、韦林沙：《城乡融合背景下新乡贤参与乡村公共治理的实现机制——基于制度与生活视角的个案考察》，《行政论坛》2022 年第 3 期。

⑤ 侣传振：《积极责任型代表、协商能力与乡村社会协商民主有效——以浙江龙村为个案》，《湖南农业大学学报》（社会科学版）2022 年第 4 期。

动变革。根据乡土社会惯例，协商议事不仅是民主决策的过程，还意在为集体行动筹劳筹资。村干部在征得乡贤们认可的同时，也在争取他们能够慷慨解囊、回馈乡里。此外也希望经由他们链接到更为丰富的政府或市场资源，包括对接国家涉农项目、引入市场资金以盘活乡村资源等等。

相较于忙于生计、忍气吞声的"落单农民"或谋利型的钉子户，最有意愿参与村务讨论、完成公共性生产的就是新乡贤群体，这是由他们的现实理性与道德情感共同决定的。"利益决定着参与及民主程度，利益包括利益的相关性和利益的获得性。"① 多数乡贤都是掌握丰富资源的社会能人，多与村庄有着密切的产业关联，公共参与有助于他们保障和扩展自身利益。此外，乡贤参与慈善也可能转化为其他富有价值的利益形式，如民众的好感与宽容、接近政治资本的门路或掌控村庄发展的影响力等等②。然而，现实主义的考量并不能否定新乡贤群体内在的道德情感驱动。"荣归故里""反哺桑梓"的乡贤文化既是自古以来乡土社会的道德荣誉观，又在构建适用于乡贤身份的特定规则。个人"若直接参与公共治理，往往会被贴上'逞能''多管闲事'的标签"③。协商民主客观上授予了参与者"新乡贤"的公共身份，也激发出他们"光宗耀祖"或"人过留名"的脸面观。由此形成的心理满足与道德责任会驱使他们持续参与和投入村庄公共事务。

五　小结

新时代的基层协商民主在政治权威的推动下，由自发探索转向系统建设阶段。各地在推动基层协商民主实践时普遍采用党政权威的"高位推动"、设计规范的制度文件与考核奖惩等体制性方式，凸显制度推行时强大的政治势能和充足的资源配套。然而，这些外部供给是否是协商民

---

① 邓大才：《如何让民主运转起来：农村产权改革中的参与和协商——以山东省和湖北省4村为研究对象》，《社会科学战线》2021 年第 8 期。
② 姜亦炜：《桑梓荣誉、现实利益与权力规约——新乡贤组织慈善的历程与逻辑》，《浙江社会科学》2022 年第 10 期。
③ 杜姣：《乡村振兴背景下乡村留守精英及其组织化的公共参与路径》，《中国农村观察》2022 年第 5 期。

主在基层治理中扎根的充分条件,其本土化过程是否还受到其他影响因素的作用?为此,本节基于对 D 市各镇村推广基层协商议事会制度的案例研究发现:第一,协商民主运行,经由主体汇聚与理性协商两种机制有助于改善村庄原有割裂的横纵向权力结构;第二,各村协商民主运行的具体样态有所差别,分别表现为作为横纵权力互动平台的"倒 T 型"样态、作为横向权力辐射链条的"L 型"样态和作为纵向权力下沉轴线的"I 型"样态,其协商民主效能则依次递减;第三,同一制度设置下协商民主的样态与效能差异是由村庄治理场域中的社会资本、社会能人参与度与村干部能力三重因素共同形塑;第四,协商民主在乡村场域内的制度化运行,凸显出以能人聚合为导向的乡贤重组过程,将社会能人由原本离散或脱嵌状态转变为兼具公共性与聚合性的新乡贤群体。

由此可见,村庄治理场域与作为赋能制度的协商民主处于复杂的互构关系中。从治理的角度看,协商民主作为社区赋能的创新性资源,在基层治理实践中体现出其强大的适应性和独特的治理优势。但是从民主生长的视角看,协商民主是嵌入于基层常规治理之中,既有的村庄治理场域将对其落地和形塑产生结构性约束,同时也为其运行提供能动行动主体和可发挥的治理空间。

从发展全过程人民民主的角度来思考,在当前村治情境下的基层全过程人民民主呈现出圈层化的发展逻辑。区别于西方的选举民主,全过程人民民主更强调"民意连续性的表达与实现"[1],在基层实践中则表现为依托制度设计推动以农民为主体,在村级事务各个环节的自我管理[2]。D 市全面推行的协商民主制度便是探索基层全过程人民民主的形式之一。其制度化实践样态预示着基层乡村的全过程人民民主实践难以一蹴而就或全面普及,而是呈现从组织—网络—社区动员的圈层化发展逻辑。具体而言,协商民主的制度化实践率先激活处于乡土社会"圈子"核心的能人群体,推动社会能人朝向"新乡贤"的主体建构与组织聚合。依托乡贤治理所产生的正向效应,包括凝聚乡邻、以道义整合利益以及传播

---

[1] 刘建军、张远:《论全过程人民民主》,《社会政策研究》2021 年第 4 期。
[2] 桂华:《国家资源下乡与基层全过程民主治理——兼论乡村"治理有效"的实现路径》,《政治学研究》2022 年第 5 期。

公共精神等，民主参与积极性与公共精神可能会根据个人能力、公共性梯次以及关系亲疏，分圈层、分阶段地扩展至普通村民。基层全过程人民民主的根本目标在于塑造具有公共性的村庄共同体，而当"这些动力与行动逐渐变成村庄共识，形成集体情感，有人说话直，有人唱黑脸，村庄每个人都受制于村庄规范的约束，村庄也就有了公共性"①。

案例中协商民主动员所引发的社会结构再造，可视为在乡村底蕴与现实村治情境下德治与自治的结合形式，也可视为乡村社会内生力量的生长过程。为此，不要只是以理想化的民主理念否定实践，也不能满足于此而止步，需要看到多数普通村民无论出于自身意愿还是镇村干部有意安排，仍只是"做工作"的对象，入户协商与平等、开放的民主参与还有差距。

为了更好推动协商民主的本土化发展并发挥民主制度的赋能作用，地方政府在注入体制性资源与支持的同时，还需要有针对性地开发村庄治理场域内的支持性资源。第一是引导村干部转变观念，善于运用协商民主方式制定决策。推动他们形成"有事多协商、遇事多协商、做事多协商"的治理作风；第二是继续扩展协商平台的开放性与持续性，充分发挥新乡贤的道德引领作用，培养普通村民民主参与的积极性与协商能力，"建立一套村民认可并参与的新式乡村行为规范体系"②；第三是推动乡村社会组织的建设，通过组织平台加强村庄的凝聚力与信任感，为协商民主发展积累更为丰裕的社会资本。

本节在典型村庄的案例选择上尽可能提供更具普遍性的村庄结构场景，但很难去除区域性的文化特征。案例所在的D市拥有"崇尚乡贤"的文化底蕴和庞大的华侨、企业家群体。这为当地乡村治理提供了雄厚的社会基础和良好的文化氛围，也放大了民主动员时的乡贤重组特征。然而，新乡贤是一个内涵明确但外延宽泛的群体概念，可因地制宜设定。在此侧重于以"解剖麻雀"的案例剖析探索更具"一般意义的公共行为

---

① 贺雪峰：《乡村治理中的公共性与基层治理有效》，《武汉大学学报》（哲学社会科学版）2023年第1期。

② 胡鹏辉、高继波：《新乡贤：内涵、作用与偏误规避》，《南京农业大学学报》（社会科学版）2017年第1期。

范型"①，尝试挖掘当今村治结构、乡土治理和基层民主发展等方面更具普遍性和规律性的特征，当然所得出的结论也有待跨区域的多案例比较或覆盖面更广的数据收集进一步验证。

① 张静：《案例分析的目标：从故事到知识》，《中国社会科学》2018年第8期。

第四章

乡村赋能的实践类型：组织赋能及其运行样态

组织是实现特定目标的集体行动力量，它既是个体聚合为集体行动的制度化平台，又是具有稳定的结构形式的能动者。在乡村社会内部，除了农民自组织化形成的宗亲会、老人会，还有一些是基于政府倡导、服务于特定治理议题，经行政文件规范成立的政策性组织，例如乡贤议事会、老娘舅调解会、乡村振兴促进会等等。此外，在现代社会的发展和国家政策的倡导下，被誉为"第三部门"的外源型社会组织也开始参与到乡村建设中，成为"嵌入乡村社会治理结构中的一个新变量"[①]。乡村自发的内源型组织深受传统理念和文化惯习的约束，反倒是政策性组织和外源型社会组织在外部资源和现代理念的推动下，更可能成为乡村赋能的重要实践载体。本章以两村用水户协会运行与和合公益组织的乡村书院建设项目为例，分别观察政策性组织和外源型社会组织实践乡村赋能的差异化行动逻辑及其制度环境条件。

第一节　政策性组织与公共品"赋能式供给"

村庄公共品如何有效供给始终是乡村治理中的重要议题。鉴于政府财政包办与村庄自发合作两种模式的运行困境，当前的地方政策实践中出现了一种以"赋能"为导向的创新性供给思路。赋能式供给是由政府

[①] 李传喜、张红阳：《政府动员、乡贤返场与嵌入性治理：乡贤回归的行动逻辑——以 L 市 Y 镇乡贤会为例》，《党政研究》2018 年第 1 期。

主导，基于社区赋能的主体关系链条设计出内源型的组织化平台及其配套资源，以此培育村民协商合作与村庄自主供给的能力。为实践"赋能"理念，政府在组织设计上试图构建精准的集体消费单元、民主协商的行为规则、规范正式的组织载体以及助推性质的资源配置。然而，搭载着赋能理念的政策性组织实践效果如何，很大程度上取决于这一新构建的组织能否有效嵌入地方性场域。通过福建永春县 L 村与广西灵山县 D 村两村用水户协会的求同案例比较发现，由于在基层实践中忽略或无效处理"组织嵌入"问题，政策性组织很容易陷入组织替代或组织悬浮等困境，难以获取合法性和保有自主性。其中，政策性组织与场域内既存组织的权力关系、与地方性规则的融合状况以及与社区的资源依赖关系，都是影响组织嵌入的主要作用机制。

一 "赋能式供给"的组织形态：以用水户协会为例

何以应对村庄公共品供给在国家包办与自主合作之间的二元困境？近年来在特定地区或特定领域的政策实践中，出现一种以"社区赋能"为理念的创新性供给思路，在此称为"赋能式供给"。有些地方政府意识到自身无力包办或兜底所有村庄公共品，根本上还是要依靠村庄的自主供给，是集体职责。在此基础上，政府角色定位跳出"替代村庄"还是"放权村庄"的选择，而是利用政府权力设计组织、配套政策，以此培育村庄自主供给的能力。在现实操作方面，赋能式供给既不单纯依赖财政投入与科层组织，也不完全寄希望于村庄内生的组织和动员能力，它是通过设计规则、资源投入以助推村庄内部的赋能组织建设，引导利益相关的村民在组织中开展民主参与和互惠合作，由此塑造一套村庄公共品供给的新规则。

基于以上观察，本节尝试对村庄公共品的"赋能式供给"从组织设计到实践运行展开系统梳理与实证研究。用水户协会制度在中国运行时间长、覆盖面广，因此案例选择空间较大并且易于获取资料，有助于长时间跟踪观察制度运行状况并得出相对稳健的结论，于是将以用水户协会在两个村庄的实践运行作为案例，具体探讨如下问题：作为村庄公共品供给的新思路，政策设计者采用哪些策略手段来设计赋能式供给的组织载体形态？在组织运行过程中，这些策略组合是否实现预设的赋能目标，何为影响其组织效能的关键因素以及如何影响？

政策性组织是人为设计的产物，其包含的共同目标、理念价值的意义结构已经预设了角色定位、组织结构以及运行规则这些组织形态的基本策略。基于赋能式供给形成的组织构型大体遵循着相似的权力干预方式与赋能关系链条。目前收集到的相关案例，包括用水户协会、公共服务资金制度以及房东协会等，尽管它们所在地区与目标公共品不尽相同，但"社区赋能"的意义结构使得这些组织运行呈现出类似形态。在此将归纳"赋能式供给"所呈现的一般化组织形态，并结合用水户协会制度展开具体论述，也为两村案例分析提供制度背景。

鉴于灌溉农业对水利工程的依赖，水利治理自古便是中国农村最重要的公共品之一。分田到户后，国家逐步退出农田水利治理，农村税费改革则严重限制了村组两级的组织动员能力，这些使得水利使用与治理回归到个体化状态。于是，多数农村的末级渠系工程都处于"有人用、没人管"状态，工程老化破损严重，而农户微型水利的修挖则进一步破坏了水利设施配套。[1] 为应对小农经营与大中型水利的对接，中央将在国际上备受赞誉的用水户协会形式移植到国内并加以全面推广。该模式早在20世纪80年代起就在墨西哥、土耳其、菲律宾和印度等国被探索实践，并且成为农村社区提高水资源管理效率的有效措施。2005—2016年中央多次倡导建设农民用水户协会并出台完整的制度文件。[2] 该模式遵循典型的"赋能式供给"思路，政府旨在借助政策干预推动区域内的用水户联合组建互助合作组织，共同承担灌区内水利设施的建管职能，因此它也呈现出这类供给思路的典型组织形态。

其一是构建精准的集体消费单元。相较于那些成本标准化、普惠性质的公共品，村庄内部还有些公共设施基于空间或生产因素而使得村民

---

[1] 贺雪峰、郭亮：《农田水利的利益主体及其成本收益分析——以湖北省沙洋县农田水利调查为基础》，《管理世界》2010年第7期。

[2] 2005年国务院办公厅转发《关于建立农田水利建设新机制的意见》，指出要鼓励和扶持农民用水户协会的发展。同年，水利部、发改委、民政部联合下发《关于加强农民用水户协会建设的意见》，全面系统地阐述了加强用水户协会建设的发展目标。2016年7月1日出台的《农田水利条例》以法律形式明确农民用水户协会在参与农田水利工程的建设、运行和维护中的角色和功能。

们受益不均。这类公共品面临高昂的协调成本,很容易陷入严峻的"议程困境"①。在回答"由谁付费,有谁获益,有谁共享,怎么付费"这些核心问题时,赋能组织试图构建基于利益相关者形成的精准"集体消费单位"②。用水户协会的对象便是村庄内部对于生产灌溉有直接需求的用水户群体。设计者预设这些群体具有同质化的利益偏好,更有意愿采取合作策略。一旦形成精准的集体消费单元,基于"谁受益,谁投入"原则理论上能够达成内部共享与外部排他的效果。

其二是设定民主协商的行为规则。赋能式供给所囊括的需求表达、决策、筹资、执行等一系列自治行为,基本遵循民主协商原则。该原则的第一个要义是平等参与,形成集体消费单元的成员们无论身份、资产或学识,都能够参与到相关事宜的决策与行动中。第二个要义是理性讨论,成员们在决策过程中开展充分的信息交流与意见沟通,以理性说服与协调妥协来达成共识。第三个要义是合作供给,民主权利与行动义务是一体两面,达成共识意味着群体成员签订了合作的行动契约,成员就需依约参与到"出资出劳"的供给行动中。民主理论指出协商过程本身就是积累公共参与技能与培育政治效能感的个体赋能过程。③ 在传统邻里关系弱化的状况下,协商结果被寄予是构成以契约为纽带的新型社会联系。

其三是成立规范化的正式组织载体。政策设计中倾向于按照现代组织管理制度构建组织载体。从中央到地方出台的用水户协会建设指导意见中,对于组织身份、治理结构、组建程序以及日常管理(例如文书记录、财务管理与公示制度等)都有明确且严格的规定。组建这些协会、议事会旨在打造一个介于个人和国家之间、村民自我组织、自我规范的公共空间。提升这一公共空间的制度化程度,能够为组织规范运行和完

---

① 汪吉庶、张汉:《农村公共物品供给的议程困境及其应对——以浙江甬村为案例的小集体分成付费制度研究》,《公共管理学报》2014年第4期。

② Vincent Ostrom and Elinor Ostrom, "Public Goods and Public Choices", in Savas E. S., ed. *Alternatives for Delivering Public Services: Toward Improved Performance*. Boulder, CO: Westview Press, 1977, pp. 7–49.

③ [美]卡罗尔·佩特曼:《参与和民主理论》,陈尧译,上海人民出版社2006年版,第9页。

善发展提供保障。① 同时，这种高规格的规范化建设传递出政策执行中特有的"政治信号"，即该组织不仅是村庄内部的公共性自组织，还天然地具有与政府紧密联系的关系网络，方便引入政策资源。

其四是配置助推性质的政策资源。只进行规则设定而不配置资源激励难以实现制度目标。"一事一议"制度从"筹资筹劳"到"财政奖补"的政策效果对比，② 充分说明资源配置的重要性。各地在推广包括用水户协会的这类政策时，都会投入启动资金或进行项目配套。根据已有研究，由此产生的助推效果首先是对于村民合作供给的带动作用。通过降低村民合作的成本，吸引村庄中处于条件性合作状态的大多数村民的加入；③ 其次是对村干部积极作为的激励作用。通过村庄间的相对激励比较、声誉机制和所有权配置等机制激励村干部关注公共品供给，在政府与村民间扮演"积极协调者"角色。④ 然而，"助推"不等同于"包办"，目的是为营造和引导自主治理而非替代村庄行动。⑤

上述组织形态作为一套策略集合，是政策制定者主动采用"社区赋能"理念干预现实情境的理性设计。面对村庄自主供给中的集体行动困境，以利益相关为原则塑造更为精准的"集体消费单元"，重新定义村民在新单元中的组织身份、关系模式与行动方式，形成一套集体行动的新规则。这套策略集合的内容设计逻辑自洽，并且都源自科层组织的常规

---

① 阮云星、张婧：《村民自治的内源性组织资源何以可能？——浙东"刘老会"个案的政治人类学研究》，《社会学研究》2009年第3期。

② 截至2008年全国开展一事一议的村庄比例累计为14%。财政奖补制度自2008年试点、2011年全面实施，至2012年开展一事一议的村庄比例上升到累计37.3%。参见胡静林《深刻学习领会党的十八大精神 加快一事一议财政奖补政策转型升级》，《农村财政与财务》2013年第7期。

③ 条件合作者是指遵循互惠原则的人，当他们看到他人供给越多，或者从公共品中获得收益，他们就会产生道义上的责任和义务，也愿意供给越多的这种人。学者研究发现大部分自愿供给公共品的参与者都是这类群体。参见 Fischbacher Urs, Gächter Simon and Fehr Ernst, "Are People Conditionally Cooperative? Evidence from a Public Goods Experiment", Economics Letters, Vol. 71, No. 3, June 2001, pp. 397–404.

④ 刘燕、冷哲：《"一事一议"财政奖补对微观主体的激励效应研究——一个理论分析框架》，《财政研究》2016年第5期。

⑤ Benjamin Ewer, "Moving beyond the Obsession with Nudging Individual Behaviour: Towards a Broader Understanding of Behavioral Public Policy", Public Policy and Administration, Vol. 35, No. 3, November 2020, pp. 337–360.

方式，便于体制内的生产与扩散。

二 政策性组织的嵌入困境：组织替代与组织悬浮

在正式制度的推动下，用水户协会经历了从地方性试点、扩大试点到全面推广阶段，截至 2017 年年底，全国用水户协会的数量达到 8.3 万个。[①] 但经验证据也显示，部分用水户协会陷入"制度嵌入"困境。有些是在压力型体制下策略性响应执行的产物，仅停留于"挂牌"协会[②]或者以科层逻辑为主导，违背透明、参与和民主的组织运行规则[③]，有些则缺乏村民支持，运行低效、难以形成领导力，也缺乏分摊交易成本的机制、整合异见者与规制搭便车的强制力[④⑤]。既有先进理念引导，又有规范设计和资源配套的用水户协会，为何在实践运行中仍可能面临组织嵌入困境？这展现出政策性组织在嵌入过程中受到哪些地方性因素影响？

（一）研究方法与案例选择

为挖掘影响用水户协会组织嵌入的关键因素，本节采用最大差异求同法，选择福建永春县 L 村与广西灵县 D 村两个差异显著的村庄进行案例研究。该求同法有助于最大限度地控制住村庄差异化条件对研究结果的干扰，从而锚定影响组织效能的一般化的结构性要素及其运作机制。

从赋能式供给的组织嵌入标准上看，有效嵌入的用水户协会一方面要吸引和动员村民自愿加入、积极参与村内灌溉水利的管护；另一方面要作为用水户的代表，与基层政府、村两委以及其他村级自治组织沟通、合作。案例中两村用水户协会的运行样态虽然有所差异，但是都面临着组织嵌入困境。L 村协会的组织性质与组织职能都被强势的村两委所替

[①] 中华人民共和国水利部：《2017 年全国水利发展统计公报》2018 年 11 月 16 日，http://www.mwr.gov.cn/sj/tjgb/slfztjgb/201811/t20181116_1055056.html，2024 年 9 月 11 日。

[②] 王亚华：《中国用水户协会改革：政策执行视角的审视》，《管理世界》2013 年第 6 期。

[③] 秦海春、李放：《科层制嵌套结构：农田小水利制度层次关系解析——基于广西的案例》，《南京农业大学学报》（社会科学版）2014 年第 4 期。

[④] 王晓莉：《用水户协会为何水土不服？——基于社会生态系统分析框架的透视》，《中国行政管理》2018 年第 3 期。

[⑤] 蔡晶晶：《乡村水利合作困境的制度分析——以福建省吉龙村农民用水户协会为例》，《农业经济问题》2012 年第 12 期。

代，而 D 村协会则被悬置起来，村民们仍处于各家自扫门前雪、自行修建微型水利的状态。由于难以有效嵌入村庄原有的基本权力结构，也无法突破村庄的常规运行模式，两个协会与村庄场域始终处于脱轨状态，无法发挥组织的赋能功能。

之所以选择这两个案例，首先，L 村与 D 村分别位于东部沿海省份和西南欠发达地区，两村在城镇化阶段、自然条件、发展水平与村治状况等环境条件上都存在巨大差异（如表 4-1 所示），但是用水户协会却都面临嵌入困境，这符合双案例求同法原则；其次，两地县政府都曾因水利管理的突出表现而被授予"全国农田水利建设先进县"。两地政府对于该政策的重视程度与资源投入都高于全国平均水平，但用水户协会的组织嵌入困境在两地却普遍存在。这也有助于尽可能排除政府注意力分配差异造成的干扰而专注于组织与地方性场域间的互动关系。

表 4-1　　　　　　　　L 村与 D 村基本情况异同

		L 村	D 村	异同
地理分布	省域区位	东部沿海发达地区	西南发展中地区	异
	城乡距离	城郊接合部，距县城 3 千米	离县城 15 千米	
人口特征	人口总数	937 人	2450 人（常住人口 600 人）	异
	人口流动与劳动力结构	人口流出少，村民白天进城务工/经商，傍晚回村	青壮年多跨省外出打工，村内多为空巢老人和留守儿童	
村治情况	村财情况	厂房租金收入（约 12 万元/年），财政补助多	村里有果园但无人承包，无固定的集体收入；财政补助少	异
	村两委工作	村支书与村主任全职，其他村干部半全职；处理村内大小公共事务，供给公共品	村干部全部兼职；村两委主要负责承接上级工作与调解居民纠纷，基本不供给公共品	
土地情况	耕地面积	水田 485 亩	水田 860 亩	异
	耕作情况	基本无抛荒情况；正在推广集约化生产模式	抛荒情况逐年增加；维持传统耕作模式	

续表

		L村	D村	异同
灌溉需求	水利设施	总长5千米多的灌溉渠道、5座拦水坝、3座山地蓄水池和2座围塘	近6千米的灌溉渠道、4座拦水坝、4个泵站	同
	设施状况	修建时间长，损毁渗漏严重，无法满足灌溉需求	修建时间长，老化破损严重，无法满足灌溉需求	
供给现状	供给主体	村集体不定期疏通渠道，未投入硬件设施建设	村集体未组织管护活动，村民个体化灌溉	异

为尽可能全面、真实地掌握案例资料，研究团队曾于2017年2月和8月分别在两村开展实地调研并于2019年3月进行回访。其间对两县水利局、两村村干部、用水户协会负责人以及普通村民开展了半结构式访谈，并通过地方性政策文件的收集、年鉴整理进行资料补充。

(二) 永春L村用水户协会的组织替代及其原因

2015年年初，永春县落实中央试点要求，由水利局牵头开展以用水户协会为核心的水利设施管护机制创新，并组织镇村干部进行业务培训和任务部署。随后，L村两委便积极响应筹建农民用水户协会，明确它作为村内水利建管与维护的责任主体。实际上，用水户协会与村两委是"两个班子、一套人马"，协会执委会直接由村两委班子担任，会长由村书记兼任，被划归协会的水利管理事宜仍旧被纳入日常村务由村集体讨论决策。在这种运作模式下，协会多次申报"财政奖补"和"民办公助"项目，开展"三面光"等建设工程。在财政补贴的支持下，该村的水利设施日趋完备，灌溉面积基本覆盖本村所有农田，干渠和支渠的硬化比例接近100%，用水效率也由以往的30%—40%提高到70%以上。

从表面上看，L村在用水户协会成立后建立起有效的水网管护机制，解决了原本村里水利设施无人管护、灌溉绩效不高等问题。实际上，该协会自成立起就未按其组织原则独立行使过职能，而是被村两委的组织权威所吸纳和消解。普通村民并未就村内水利事务开展过自主协商或集体行动，反而更加疏离并依赖村集体供给。这种"组织替代"状态使得该村水利治理的权力秩序被锁定在村管水利的既有路径中，也使得用水户协会由于缺乏自主性而面临生存危机。在协会成立 4 年后的回访中，L 村村干部表示，协会每年都要填报大量材料，增加很多额外工作。目前村里水利设施硬化基本完成，所以他们准备向县里申请注销。

造成用水户协会"组织替代"困境的首要原因在于，协会与村两委的同质化功能定位构成了组织间的竞争关系。该村包括水利治理在内的多数公共品，一直以来都是由村集体直接供给或牵头组织，这也为村干部赢得了村民们的认可和支持，成为他们治村的合法性资源。由于担心被误解"撂挑子""不作为"，村两委在处理与协会关系时从一开始就很强势。他们并不遵循政策设计去发动和引导农民自主运作，直接将协会吸纳到村两委内部。

> 事实上，村里水利设施的管理和组织维护一直是我们村委在做，这些年来群众也评价我们做得挺好，上面让搞用水户协会其实也就是多块牌子的事……如果当时真的让群众自己负责灌排管理的话，他们还以为我们在撂挑子，肯定会骂我们工作不负责的。（访谈记录：B20190305——L 村书记）

其次，用水户协会所设定的运行规则挑战了村民们习以为常的水利治理经验。用水户协会所提供的"游戏规则"倡导利益相关者之间平等的横向合作。这套规则得以可行的前提是农民将水利治理视作"自己的事"，"必须履行缴纳公共品建设费用和参与实施公共品供给的义务"[①]。但是自农村取消"三提五统"以后，L 村就再没组织过筹劳筹资的大规模水利建设，而是由村集体出资将日常管护工作市场化外包，这些过往经验使得村民们更多将水利治理视为"村里的事""国家的事"，主张权利的行为日渐增多，义务观念和社群责任感却越发不足，也就很难形成公共利益层面的互惠共识。

> 现在的农民只想着享受我们提供的服务和监督我们做工作，自

---

① 李祖佩、钟涨宝：《分级处理与资源依赖——项目制基层实践中矛盾调处与秩序维持》，《中国农村观察》2015 年第 2 期。

己一点都不愿意承担什么义务。之前好几次，大雨过后有的渠道就被淤泥和杂草给堵住了，那都是在自己的田旁边，挥几锄头就能解决的事。他们非要跑到我们（村委）这里来，让我们叫人去处理。（访谈记录：C20170216——L村村主任）

其实也没什么区别啦，我们村一直都是村干部在管水，成立这个什么协会，应该就是上面想给他们多安排个名头，发点资金。那他们管得好好的，平常又不需要我们做什么……如果真的出现什么大的问题的话，那就再通知大家咯。（访谈记录：F20170216——L村村民）

在用水户协会成立后，村两委只能延续惯例继续外包，他们以协会的名义聘请3位村民小组长作为管护员负责日常巡视与定期清淤。水利局下发的经费用于支付3位管护员的工资，当设施出现小微损毁，修复费用则直接由村财垫付。

最后，用水户协会的政策资源配套难以形成足够的助推力量。永春县水利局对于辖区内用水户协会的资源配置是相对合理的，他们按照设施数量占比，持续给辖内每个用水户协会发放经费。所以，L村协会每年都能拿到2.5万元管护补助金。此外，村两委也会以协会的名义争取政府相关的项目资金。在政策运行前期，它构成了协会与村庄相对紧密且持续的资源依赖关系，使得村两委愿意承担额外的文书负担，维持协会的形式化运营。然而，除了项目资金外，县里并未为协会投入其他类型的政策资源，同时还推出"建管一体化"政策与之"唱对台戏"，鼓励土地流转中的承包大户自行承包范围内的水利设施建管。在上级冲突性的政策导向下，乡镇政府只是按规定下发通知、审批申请、发放配套资金，也未投入精力制定更有针对性的支持方案。

（三）灵山D村用水户协会的组织悬浮及其原因

灵山县于2005年起按照"民办公助"思路，创设"政府统筹、财政奖补、协会组织、主体突出"的小型农田水利工程实施模式。D村的用水户协会便是在这一时机成立的，原本归属村委的治水职责由此交付给协会。与L村不同，D村协会执委会和会长都是由普通村民担任，但不是用水户们民主选举产生，而是村两委基于私人关系指定的。用水户协会成立之初曾获得县水利局下拨的 8 万元项目补助，并利用这笔资金进行百余米的干渠硬化。此后，县里以财政紧张为由不再发放其他款项或项目。面对资金链断裂，协会曾两次召开用水户大会，商讨筹劳筹资以重启修缮工程，但是由于协会缺乏村两委的支持和村民们的认可，两次协商效果都不佳，此后就再未组织过任何水利建管活动。

D 村用水户协会始终悬浮于 D 村的治理结构之外，难以承担起组织水利建设和管护的主体角色。协会成立 10 年来，该村拦水坝、泵站等灌溉设施全部报废，干渠和支渠硬化比例只有 40%，而耕地有效灌溉面积只维持在 35% 左右的低水平。所以村民们只能重新回到个体化灌溉的道路上，用自行购买的微型抽水泵从水田旁的小河沟抽取灌溉水源，勉强维持作物的灌溉需求。在 2015 年县民政局对社会组织的年度管理考核中，D 村用水户协会因财务报告、会议记录等各项指标均不合格而被设定为"僵尸"组织注销。

村两委与协会介于竞争与合作之间的微妙关系从成立之初就给协会埋下组织悬浮的隐患。村两委在水利建设与管护方面长期失职，村民们也曾多次向村干部反映问题、表达不满。县政府成立用水户协会的号召，为村两委找到了从水利治理职责中"脱身"的合适契机，这也解释了为何村干部不愿兼任协会负责人。

> 水利我们集体是很多年都没管过了，那当时上面发的文件也说他们群众自己管理嘛，我们就找了几位比较靠谱的同志来负责。（访谈记录：W20170813——D 村书记）

但是，D 村村干部又担心用水户协会"坐大"会威胁到自身的合法性基础，因为用水户协会若在能人带动下将分散农民整合起来自主治理，会让村民丧失对村两委仅存的绩效期待，对村两委的组织权威构成挑战。所以，村两委在协助成立协会过程中，既没动员村民们的支持，也未邀请有威望的乡贤参与，而是私下沟通委任了协会负责人。

> 当时书记来找我说，上面希望村里组建一个协会，配合集体开展治水工作，让我出面担任协会执行理事。我想这也是好事啊，就

答应了。刚成立的时候开过两次会。第一次通知之后有五六个亲戚熟人来,他们都说"你这个什么都没有啊,就是个空架子""你们几个也都是平头百姓,又没有什么名望,怎么镇得住大家"之类的。到第二次开会直接就没人来了,之后就没有开过会……(访谈记录:R20170814——D村协会会长)

村民们面对没有村干部参与的用水户协会,并不信服协会的组织权威,也不接受协会主管水利的合法身份。由于难以获得用水户们的普遍认可,D村用水户协会难以真正运转起来。

其次,D村用水户协会的组织悬浮也与文化理念间的冲突有关。D村自农村税费改革以后便不再组织集体性的水利治理,镇里因财政紧张便取消基本的干渠修缮,而农户只关注自家"一亩三分地"。村民们也普遍反映"现在都是自己田相邻的水沟需要清一下会挖一下的样子,和自己没关系的一般也不会主动去帮忙",但这并不意味着村民们没有推动集体性水利治理的需求。

我们找过村里好几次,让他们带大家处理水利的事情。后来他们说现在这个事情不归他们管,说上面已经组织成立了专门的协会,让我们去找协会反映。(访谈记录:F20170812——D村村民)

基于权威的纵向动员机制在村庄里有着根深蒂固的基础,村民们习惯于在地方性权威的动员和引领下参与治理。用水户协会这种基于民主协商形成的横向合作,与权威动员的原生文化构成了冲突,村民们都拒绝承担彼此之间协商、协调所产生的交易成本。

说白了,用水户协会就是要让我们自己商量怎么解决嘛,到头来不是成了他说他的我说我的,谁都觉得自己讲得有道理、谁又都不服谁,最后又讨论不出个什么结果。我觉得呀,还是要有人来领导大家比较好一点,只要说话的人有威信、够公道,那大家都听他的,这样才有秩序有效率。(访谈记录:W20170812——D村村民)

此外，政府资源配置的不合理也是造成用水户协会嵌入受阻的原因。相较于永春县而言，灵山县水利局采取"重点打造"策略，将大部分补助资金投入到辖区内少数试点协会以打造示范项目。D村协会不是样板工程，所以只有在成立之初拿到水利局下拨的那8万元项目便不再获得其他资金支持。同时，灵山县水利局也只是程序性地执行文件内容，并未帮助开展政策宣传或组织培训，这也使得协会在村民中间的认知度较低。

> 当时就是上级通知我们说要建一个用水户协会，让我们填报申请材料传上去就行……有跟我们传达过工程管理规范的文件，跟村民宣传好像没有……（访谈记录：B20170216——L村村干部）

除水利局外，灵山县农业局也有针对农田基础设施的惠农支农政策，但是以扶贫项目形式将财政资助直接发放给农户。[①] 这些直补农户政策鼓励的是农户个体化的水利建管行为，与用水户协会所倡导的互助合作导向相背离，也弱化了村庄对于用水户协会的资源依赖。

三 政策性组织嵌入的影响机制分析

永春L村与灵山D村用水户协会的运行困境凸显出赋能式供给过程中由于忽视或无效处理组织嵌入因素而导致的赋能失灵。两村的村集体和村民们都未真正认可和接纳协会作为社区水利治理组织者的法定身份，只是在形式化应付或策略性利用该组织，于是政策性组织的整套赋能策略组合也难以发挥作用。

农村公共品的赋能式供给思路在政府政策生产与村社的自主供给之间存在"组织嵌入"这一逻辑阙如，它既反映赋能式供给所处的社会结构或结构性环境，也是政策性组织运行的社会化机制。在对两村用水户协会案例求同比较基础上，将从权力关系、地方性规则、资源依赖层面提炼地方性场域的三种影响机制，它们共同作用于政策性组织的嵌入过

---

① 据D村公告栏所示，贫困户产业开发扶贫项目对于作物种植类型的资金奖补标准为600—800元/亩，该村2017年作物种植类产业扶贫项目所获的奖补金额总计达到2万余元。

程，对赋能策略的实施效果产生关键作用（见图 4-1）。

（一）影响机制之一：与场域内权力主体的竞合关系

对于村庄场域而言，赋能式供给是外生的新型合作规则，且政策性组织缺乏扎实的合法性基础和乡土权威。此时与场域内权力主体所构成的竞争或合作关系，将直接影响到它能否快速融入地方性场域并分享其治理资源。

村两委是原生于村庄内部的核心权力主体，拥有较高的合法性基础和较强的基层动员能力。若能与村两委形成合作关系，新生组织既能借助其名誉和声望构筑自身权威，又能开发村两委的"社会关联"以获取信息和资源，迅速累积成员们对于该组织的认可与支持。朱志伟等观察到外来公益组织会主动寻找本地组织组建扶贫共同体，以获取当地资源的支持。[1]

场域内的公共空间大小和组织密度承载力会影响到组织的嵌入难度。村庄空间相对狭窄，组织承载能力是有限的，村两委作为核心权力主体，也是村庄基本公共责任的承担者。一旦外来组织提供同类产品或具有相似身份，就会与既有组织形成竞争关系，甚至威胁到其存续。[2] 用水户协会的出现分割了原本归属于村两委的治水职责，对村两委造成潜在的竞争威胁。L 村两委消解威胁的策略是将协会法定的组织权限与职责都强势收归村集体，仅维持其形式化运行。而 D 村虽然将治水职责让渡出来，但并未利用其治理资源为新生组织提供足够的支持。这些或明或暗的竞争关系阻碍了外生制度的嵌入，使得原本就缺乏社会基础的政策性组织被排除于村庄场域之外，加剧了它的生存难度。

（二）影响机制之二：与地方性规则的融合状况

地方性规则对村民行动意愿的影响，是在社会资本不足的村社赋能需要考量的重要因素。村庄是相对稳态的组织场域，村民们在长期重复实践中形成的互动模式会内化为群体普遍共享的认知框架和行为习惯，这是引导集体行动的重要力量。"当新的组织型构与先前存在的文化信

---

[1] 朱志伟、徐家良：《公益组织如何嵌入扶贫场域？——基于 S 基金会扶贫参与策略的案例研究》，《公共行政评论》2020 年第 3 期。

[2] Kathryn L. Heinze, Sara Soderstrom and Justin E. Heinze, "Translating Institutional Change to Local Communities: The Role of Linking Organizations", *Organization Studies*, Vol. 37, No. 8, February 2016, pp. 1141–1169.

仰、意义和组织群落的典型相契合时,新的组织构型最可能具有合法性。"① 换言之,外来组织或新生政策若能与这些地方性规则较好融合,就可利用其溢出效应帮助增加自身本土性,从而被村民接受为公共品的恰当生产方式。

地方性规则的影响方式之一是特定公共品的社区习惯记忆。多数村民的行为都受到重复实践的"社区习惯记忆"支配,温莹莹在福建 T 村观察到该村"农历八月十五修路"惯例促进了村民在修建道路时的捐资行动,他们不会多做理性计较而是追随以往惯例、积极配合。② 相比之下,L 村和 D 村村民自"三提五统"取消后就不再参与集体组织的水利管护供给,他们更多将水利治理视为"村里的事""国家的事"。用水户协会主张的合作生产,与村民们长期以来的"消费者"认知相背离。

其次,村庄共同体的原生文化是地方性规则的组成。农民既是理性的个体,也是社群的成员,需要遵循村庄共同体沉淀的生存伦理与组织化方式。两村宗族组织与乡贤能人长期保持较高威望,村民们也习惯于在地方性权威的纵向动员机制下参与治理。用水户协会的横向合作方式在村干部缺席的情况下很难迅速获得村民们的认可和接纳,将合作成本推到组织难以承担的程度。

(三) 影响机制之三:与社区资源依赖的疏密程度

与场域内的社会需求形成紧密且稳定的资源依赖关系,是新组织保有自主性的前提。③ 这种资源依赖关系来自两种渠道,其一是组织功能。之所以产生新的组织形态或行动规则,就是为了满足既有社群的治理需求或降低其交易成本。④ 组织功能的契合度与其生产效率构成第一重依赖

---

① [美] 马丁·鲁夫:《组织构型的呈现:一个群落生态学取向》,载李友梅、李路路、蔡禾、邱泽奇编《组织管理与组织创新:组织社会学实证研究文选》,格致出版社 2008 年版,第 338 页。

② 温莹莹:《非正式制度与村庄公共物品供给——T 村个案研究》,《社会学研究》2013 年第 1 期。

③ 刘耀东:《行政合法性抑或社会合法性:农村社区服务类社会组织发展模式选择》,《中国行政管理》2017 年第 4 期。

④ W. Richard Scott, "The Organization of Environments: Network, Culture, and Historical Elements", in John W. Meyer and W. Richard Scott, *Organizational Environments: Ritual and Rationality*, Beverly Hills: Sage, 1983, p. 139.

关系。从这个角度看，用水户协会组织村庄供水灌溉的效率与效果难以满足社区的治水需求。

组织资源是构成与社区资源依赖关系的另一来源。社区赋能的层次关系中强调，组织网络及其资源引入对社区可持续发展有着重要作用。作为政府创设的组织形式，它会携带政治关联、信息资源以及合法性共识等有形或无形资源。而组织平台与这些附属资源的结合程度——集中还是均衡、紧密还是松散、一次性还是持续性——对集体行动能否构成有效激励至关重要。

从专项经费的配置策略来看，永春县水利局均等且持续性地分配相较于灵山县的"重点打造"更有助于提升用水户协会在村社场域中的组织黏性。但从政策组合的视角看，两个县都存在水利相关政策之间的治理逻辑冲突。永春县水利局同时推出的"建管一体化"政策和灵山县农业局的惠农支农补助政策，都在鼓励水利治理的个体化行为，由此形成的分散化导向，弱化了农民对于集体行动的组织依赖。

赋能式供给的组织载体相较于一般的民间组织而言，是镶嵌于与政府的"纵向联结"中。[①] 这种半官方的结构特征更有能力为组织嵌入的不同阶段提供相应的资源支持。例如在组织嵌入初期，政府宣传有助于增加居民对制度概念的认知，而官员的"到场"或"视察"则表示对协会的鼓励和保护；在组织运行过程中，维持政策性组织与政府的持续反馈互动，对于维持组织的专业能力同样重要。但是，两县水利局很少持续性跟进协会状况或投入资源支持，使得用水户协会难以与村庄建立紧密的资源依赖关系。

基于上述分析，赋能式供给逻辑下的政策性组织在现实运行中应尽可能遵从如下原则，有助于组织的有效嵌入，为赋能活动提供良好的环境保障。首先是构建与村庄权力主体的合作共生关系，分享其治理资源并借助其威望推动新生组织快速扎根；其次是应当寻求与地方性传统、共识性规范与村庄共同利益的融合。其中，吸纳兼具财富、权威和公共

---

① Yao Lu and Ran Tao, "Organizational Structure and Collective Action: Lineage Networks, Semiautonomous Civic Associations, and Collective Resistance in Rural China", *American Journal of Sociology*, Vol. 122, No. 6, May 2017, pp. 1726–1774.

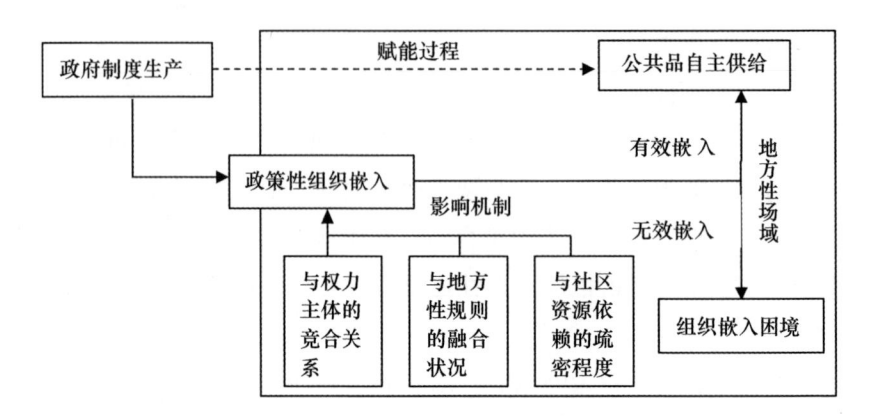

图 4-1 政策性组织嵌入的影响机制图
（虚线为政策设计逻辑，实线为组织运行过程）

身份的体制内外能人，将对于本土化的规则整合产生实质性作用；最后是要增加组织运行红利，持续为村庄提供定制化的资源支持。加强赋能平台的公共品供给能力、扩展组织承载的资源类型并畅通政社之间的沟通渠道，有助于构建组织与社区之间紧密的资源依赖关系。

四 小结

面对村庄公共品供给的二元悖论，部分地方或特定政策领域出现以赋能为导向的创新性供给类型。它以"社区赋能"理念为基础，试图在"政府包办"与"自主合作"之外创新公共权力的作用方式，通过制度干预培育村庄自主合作的能力。本节对于农村公共品赋能式供给思路下的政策性组织从设计形态到实践过程进行了系统梳理和观察。研究发现：首先，为实现社区赋能从个体、组织到社区的多层次赋能链条，精准消费单元、民主运行规则、规范化组织以及助推性资源等策略组合，构成赋能式供给特定的组织形态；其次，赋能目标与策略组合的实施效能很大程度上取决于政策性组织运行时嵌入地方性场域的状况，有效的组织嵌入需要同时获取合法性并保有自主性；最后，在地方性场域中，与权力主体的竞合关系、与地方性规则的融合状况以及与社区资源依赖的疏密程度会对政策性组织的嵌入状况和赋能效果产生关键性影响。

制度、组织与场域间的依存互构关系一直为制度移植、组织变迁研究所关注。既有共识是任一外来组织或新生制度都要嵌入特定的社会结构和文化中，遭遇到现存社会结构的"排斥反应"将难以实现其目标，而在嵌入性构建方面则更侧重于观察自主性较强的组织及其行动策略。本节以村庄公共品赋能式供给的政策性组织为研究对象，关注更具普适性与规范性的组织及其运行逻辑，并且试图在具体的案例情境中推进对于"组织嵌入"的理解。首先是指出新生组织在与地方性场域互构中需要微妙地把握嵌入程度。嵌入程度不足就可能像 D 村用水户协会因为缺失合法性基础而沦为"不在场者"，L 村协会则在村两委与文化惯例的强势整合下完全丧失组织自主性，只是村庄获取资源的平台。

其次指出公共权力的干预方式对组织嵌入程度有差别化要求。相较于外部施加的强制性干预，赋能式供给中的公权力不再扮演场外的裁判而试图进入场域内部，对民众达成特定选择、助推集体行动提供策略性的积极干预。有效干预的前提是政策性组织能够有效嵌入地方性场域，才能不依靠明令禁止或仅凭经济刺激进行赋能。

最后还尝试梳理嵌入性的构建机制。村庄社会既是特定的文化结构，也是政治化空间。本节在既有主流的文化视角基础上加入权力关系和资源依赖等现实政治因素，共同构建影响赋能式供给"组织嵌入"的三重影响机制。

而从现实层面看，之所以关注政策性组织嵌入，是因为地方政府在推动村社治理任务时越来越多地采用基于赋能的组织设计，除了水利治理，还包括乡村公共设施筹资、集体产权改革决策、社区公共服务供给以及外来人口管理等等。政府有意将这些治理事务的决策权和行动权交还给社区，为其搭设平台、设置规范并匹配资金，以此培育社区内生的组织与合作能力。中央的战略引导催生这种赋能类型的组织形态。党的十九大提出乡村振兴战略以来明确"推动乡村治理重心下移，尽可能把资源、服务、管理下放到基层"，为确保基层有能力承接这些公共资源和管理任务就需要"形成与完善乡村治理的制度框架"并"大力培育服务性、公益性、互助性农村社会组织"。从这个视角看，赋能组织为社区治理所面临的"国家介入"悖论提供了可供开发的解决方案。然而，在政策实践层面，政府下放权力到社区并不是"一放就灵"[1]，尽管基层治理的制度创新与组织建设在不断翻新变化，但更多是在低效运转、徒耗资源，不规范的放权操作甚至可能恶化基层治理困境而居民合作基础依旧薄弱。[2] 究其根源，政府从外部向社区强制供给赋能组织时并未意识到"组织嵌入"是影响赋能效能的关键环节。倘若外生组织缺乏适应地方环境与整合内外资源的过程，很容易陷入与场域权力生态脱轨的嵌入困境中，非但不能完成肩负的赋能任务，连维系自身的存续都困难重重。因此，在未来政策性组织的赋能设计与操作中要更加重视组织嵌入环节，例如尽可能利用既存组织资源、契合原生文化情理培育新组织，通过定制化、持续性的公共资源与公共权威输入，为新组织嵌入建立有效的资源依赖关系和激励机制。

第二节 外源型社会组织：乡村建设的赋能经纪

植根于乡土网络和共同的生产生活需求，乡村社会中会自发形成一些内源型社会组织，例如宗亲会、老人会。其本质是农民的自组织化状态，承载着丰富的地方性知识和交叠性的权威资源。[3] 与此同时，中国的乡村从来就不是封闭的治理场域，怀抱着现代理念的外源型组织化力量一直在关注并参与到乡村现代化改造中。民国初年梁漱溟、晏阳初等知识分子发动乡建运动、共产党从革命到社会主义建设时期的乡村动员与重组，而今还有公益社会组织或社会企业参与扶贫开发。这些外来主体的参加会给乡土社会带来何种变化？其改造理念能否实现？……这些问题值得我们持续关注。

相较于内源型的乡村组织，以公益性、非营利性等为特征，被誉为

---

[1] 周晨虹：《英国城市复兴中社区赋权的"政策悖论"及其借鉴》，《城市发展研究》2014年第10期。

[2] 王亚华、高瑞、孟庆国：《中国农村公共事务治理的危机与响应》，《清华大学学报》（哲学社会科学版）2016年第2期。

[3] 侯麟科、刘明兴、陶郁：《双重约束视角下的基层治理结构与效能：经验与反思》，《管理世界》2020年第5期。

"第三部门"的社会组织在此称为"外源型社会组织"。在中国,这类社会组织大多生长于城市、服务于城市社区,在农村地区较为鲜见。这是由于新世纪以来,城市政府基于职能转变和社会治理转型,积极推出赋能社会组织的购买服务与孵化培育等制度举措。[1] 而今随着乡村振兴战略的推进,这些社会组织也陆续参与到乡村服务、产业培育和社区营造,成为乡村建设的一股新生力量。它们以其志愿理念和专业技术被寄予很高的社会期待,国家也在持续释放政策信号、积极引导社会组织参与[2]。城乡社区的治理场景、城乡政社互动方式上都差别迥异,基于城市空间的社会组织研究文献难以充分阐释这类组织参与乡村建设所面临的诸多理论问题,包括如何获得社会合法性、如何寻求与乡村建设的对接点等,"这意味着我们需要在新的经验起点上形成更贴近当前社会组织发展现状的新型理论框架以研判社会组织高质量发展问题"[3]。

为此,本节试图立足中观的角色功能层面而非微观的行动策略层面,观察外源型社会组织参与乡村建设时的结构性困境以及为适应环境而采取的组织调适和角色重构。基于和合公益组织推动乡村书院建设项目的案例,展现出外源型社会组织在参与乡村建设中未被充分挖掘的"资源链接"功能。具体而言,在乡村治理外部赋能与项目制逻辑下地方政府治理需求的双重作用下,社会组织可以利用其专业知识以及资源动员、整合和转换能力,在乡村内外、政社之间扮演"赋能经纪"角色,以此汇聚和盘活多方资源共同推进村庄共同体的再生产与基层治理能力的提升。

一 从愿景到现实:外源型社会组织参与乡村建设

外源型社会组织是指拥有法定身份、具备专业知识与规范管理的社会组织,同时兼具自治性、非营利性、非政府性、志愿性和公益性等基

---

[1] 敬乂嘉:《控制与赋权:中国政府的社会组织发展策略》,《学海》2016年第1期。
[2] 2018年《中共中央 国务院关于实施乡村振兴战略的意见》中明确提出"大力培育服务性、公益性、互助性农村社会组织,积极发展农村社会工作和志愿服务"。2022年5月,国家乡村振兴局、民政部发布《社会组织助力乡村振兴专项行动方案》,进一步明确社会组织参与的重点任务与政策保障。
[3] 嵇欣、黄晓春、许亚敏:《中国社会组织研究的视角转换与新启示》,《学术月刊》2022年第6期。

本特征。它们以专业人才集聚、机制灵活、更具回应性的服务以及关注社会正义的理念价值等[1][2]，被视为弥补和匡正"市场失灵"与"政府失灵"的重要手段。[3] 新公共管理运动积极倡导创新公共产品和服务的供给方式，"更多依靠市场和民间组织，更少依赖政府来满足公众的需求"[4]，其主要的制度设计之一就是以"契约式购买服务"与社会组织构建公私伙伴关系。

基于重视民生保障或社会治理创新需求，有些理念开放、经济发达的县域政府会复制城市政府购买服务的形式引导外源型社会组织"服务下乡"，由此形成的运行逻辑如图4-2所示。在政府购买服务的制度安排下，外源型社会组织处于农村公共服务生产的双链式结构中。在资源链条上，作为项目承接方的社会组织需要基层政府与村两委共同为其提供资源保障，前者提供的是政策支持和资金保障，而包括村两委在内的村庄内生组织则需要空间让渡与协作共享。同时，社会组织则通过生产和传递服务，回应和满足社区民众诉求或帮扶特定人群，与农村社区、普通村民构成供需关系的服务链条。

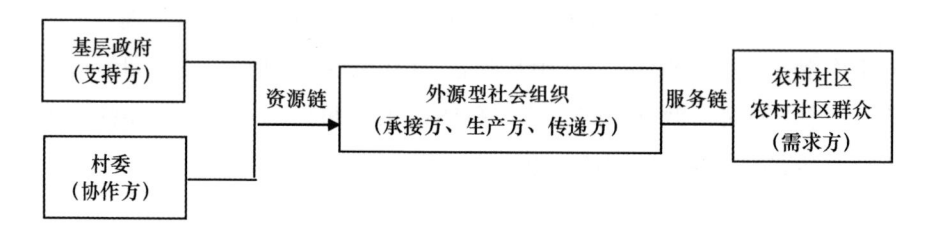

图4-2 农村外源型社会组织的实践理路[5]

---

[1] 汪锦军：《政府购买公共服务与非营利组织的角色——基于北京、浙江两地的问卷调查数据分析》，《中共浙江省委党校学报》2012年第3期。

[2] 郑苏晋：《政府购买公共服务：以公益性非营利组织为重要合作伙伴》，《中国行政管理》2009年第6期。

[3] 王名：《非营利组织的社会功能及其分类》，《学术月刊》2006年第9期。

[4] 陈荣卓、申鲁菁：《我国城市社区公共服务创新：地方经验与发展趋势》，《当代世界社会主义问题》2016年第1期。

[5] 易艳阳：《统合附属与悬浮内卷：农村外源型社会组织的实践检视》，《农林经济管理学报》2022年第3期。

然而，既有研究和基层实践都表明，外源型社会组织复制城市"政府购买服务"路径参与乡村建设，其"进场"并不必然一帆风顺，也不一定能够实现预期的治理目标。从理论层面，外生且具有公益性和专业化优势，有助于社会组织赋能乡村发展。但实际情况是，作为外来者的社会组织需要同时处理面向村庄的"嵌入性"问题和面向政府的"自主性"问题。倘若不能有效处理上述两个棘手且微妙的问题，社会组织就很可能会悬浮于乡村社会之外而难以发挥其功能。

（一）面向村庄的嵌入性

村庄是个熟人社会，长期以来沉淀下了盘根错节的亲缘关系和普遍共享的社会价值体系，所以有学者提及"村庄中不可能存在两套或多套对抗性的价值体系。人们只有达到了某套价值体系的标准，才能在村庄中获得面子、荣耀和承认"[1]。所以相较于由原子化、陌生人组成的城市空间而言，乡土社会对于差异化理念和外来群体的包容和接受程度都更低，这给外源型社会组织的"嵌入"造成了巨大挑战。

"嵌入"是指社会组织自身及其活动内容为乡村社会和村民们普遍认可和支持，从而获得在具体服务空间内的"情境合法性"。社会组织虽然是"社会"的组成，但并不能与"社会"画等号，它与"由普通民众、基层精英以及由内生性组织所组成的'社会'"[2] 还是有所差别的，特别是对于相对封闭且内聚力强的乡村社会而言。外源型社会组织普遍怀有"在地方社会中行动，以求改造地方社会"的使命。组织使命能否实现以及服务供给质量高低都有赖于社会组织的"嵌入"过程，需要微妙地把握本土化的方式、程度与限度。

具体而言，首先是外来者在本土化过程中的权力融入。乡村社会是以乡贤能人和当地权威为核心的圈层结构，嵌入乡村的第一步就是要获得基层权力网络的信任，不被视为具有入侵意味的外来者。一旦其活动范围和组织影响力让这些能人权威感受到威胁，无论是权力遭到挑战或者利益受损，都可能引发该群体的强烈排斥或反对。这对于外源型社会

---

[1] 杨华、杨姿：《村庄里的分化：熟人社会、富人在村与阶层怨恨——对东部地区农村阶层分化的若干理解》，《中国农村观察》2017年第4期。

[2] 邓燕华：《社会建设视角下社会组织的情境合法性》，《中国社会科学》2019年第6期。

组织的在地化服务和活动极其不利。即使是在城市社区，社会组织也非常注重破解与居委会的"关系坚冰"，积极通过创造感情链接、主动提供协助以求融入居委会并成为其代言人。[1] 而在农村，有些社会组织会以聘用"当地社工"等方式试图加强与基层治理体系的联系。[2]

其次表现为社会组织在本土化嵌入与改造意向之间的平衡。外源型社会组织通常都怀有现代性的社会改造理念和专业化的社区工作知识。社会声誉良好的社会组织往往自主意识和"改造落后观念"的价值倡导使命更为强烈。他们在项目实施中坚持以专业眼光审视农村或沿用城市社区服务的模式，很难将自身专长与服务对象的需求精准对接，呈现为"由于缺乏多样性无法对接大众群体需求，又由于缺乏专业性无法对接小众群体需求"[3]。社会工作领域称其为"文化识盲"，指社会服务项目实施者丧失其"文化敏感性"，而陷入专业知识的陷阱中。[4]

最后涉及项目设计在定制性与覆盖面之间的张力。即使是风俗文化相近的同一镇域内，每个村庄仍有其情境差异性，包括历史演进、权力关系以及联盟结构等，这使得每个项目都具有高度不确定的干预过程和模糊化的在地目标。"在地目标的模糊性是指社会组织的宏观构想和目标大致清晰，但因为乡村的情况和需求各异，乡村内部不同利益群体的目标偏好也各有不同，因此某个乡村具体的应然发展目标是模糊的。"[5] 倘若要精准把握嵌入村庄的切入点和服务对象的真实需求，理想状况是要深入全面地收集村庄现状、因地制宜地制定行动方案并且驻扎专人推进项目进展。很多外源型社会组织很难满足上述要求，主要是受到资源有限、项目考核、政府偏好等客观约束。所以很多社会组织将工

---

[1] 许文文、唐钟昕、张牧辛：《社区空间的螺旋式生产：社会组织何以提升社区治理效能？——一项案例追踪研究》，《学习与实践》2024年第5期。

[2] 易艳阳：《统合附属与悬浮内卷：农村外源型社会组织的实践检视》，《农林经济管理学报》2022年第3期。

[3] 耿羽：《内生型社区社会组织的公共服务能力研究》，《云南行政学院学报》2017年第2期。

[4] 古学斌、张和清、杨锡聪：《专业限制与文化识盲：农村社会工作实践中的文化问题》，《社会学研究》2007年第6期。

[5] 郑观蕾、蓝煜昕：《渐进式嵌入：不确定性视角下社会组织介入乡村振兴的策略选择——以S基金会为例》，《公共管理学报》2021年第1期。

作重心放在例如"乡村春晚"等文体娱乐活动和公共服务下乡，因为这些活动容易在短期内形成较大的社会影响力，同时引发上级政府与舆论媒体的普遍关注。然而，在即时性、嘉年华式的"参与表象"背后很难真正积累村民们对于社会组织的认同或是对于公共参与的积极性。

（二）面向政府的自主性

从城市社区到乡村社会，从脱贫攻坚到乡村振兴，地方政府逐渐接受多元共治的治理理念，也尝试借购买服务制度将部分农村公共服务交由专业社会组织生产。而就城市政府的实践经验显示，政府购买服务制度带来了复杂的政社互动效应。一方面，它为社会组织提供了制度化的活动空间与公平竞争的发展机会，"这是政府购买服务中看得见的手，这只手是透明的和显而易见的，代表一种国家与社会关系的新的可能性和趋势"[1]；另一方面，由此形成的政社资源依赖则会对社会组织发挥作用造成约束，凸显为政府强势作用下的社会组织"自主性"问题。

一是政府治理理念、制度环境对社会组织发展的约束。有研究提到地方政府越来越倾向把"购买"社会组织服务作为重塑自身灵活性与弹性的策略。[2] 基层政府会"借道"社会组织来应对治理问题或规避治理风险[3]，这种短期、工具主义的措施手段实际上弱化了社会组织的"社会"属性。也有研究关注到政府条块结构的碎片化所带来的制度离散。例如条、块和党群三类发包方对于社会组织的认知及监管力度大相径庭，彼此之间又缺乏协调和对接，就构成一种非协同治理的制度环境。[4] 此外，基层的政社合作还经常缺乏制度化保证，基层官员的口头承诺或签订的合同因为人事变动就得不到下任官员的承认，导致社会组织和基层政权

---

[1] 管兵：《竞争性与反向嵌入性：政府购买服务与社会组织发展》，《公共管理学报》2015年第3期。

[2] 黄晓春、周黎安：《政府治理机制转型与社会组织发展》，《中国社会科学》2017年第11期。

[3] 盛智明：《地方政府部门如何规避风险？——以A市社区物业管理新政为例》，《社会学研究》2017年第5期。

[4] 黄晓春、周黎安：《"结对竞赛"：城市基层治理创新的一种新机制》，《社会》2019年第5期。

的合作关系往往是"临时的、多变的,具有很大的不确定性"①。面对诸多的环境不确定性,社会组织往往以主动寻求政府庇护或"广撒网"接项目作为应对策略。这会导致社会组织牺牲其独立性或陷入事务性的申报琐事,因为这是以损害社会组织的能力养成为代价,被称为"无质变的增长"②。

二是体现为政府购买服务的制度逻辑对社会组织行为的异化,特别是设定期限、合同管理和指标考评为特征的项目化管理。首先是成为行政指标的被动执行者,优先识别政府指标而非民众需求,频繁应付高密度的会议、检查、定期汇报和考评等;③ 其次是短期的服务时限和巨大的竞争压力导致其与服务对象疏离,很难潜心嵌入村庄更枉谈赢得信任和支持。"不管已经承接的项目的效益如何,社会组织长期处于续约、扩大或争取新项目的压力之下……服务的承接者(社会组织)经常面临停工或缩减组织的威胁。"④ 所以,社会组织只能将有限的资源聚集在项目书的关键指标,或制造一些"亮点工程"迎合政府的政绩需求,"至于能否真正发挥补充村级治理短板、提高服务村民的能力的作用,往往并不在社会组织的考虑范畴内"⑤。

外源型社会组织尽管具有现代理念和组织优势,但是在"政府购买服务"的链式结构中面临着面向村庄与面向政府的双重严峻挑战。社会组织的能动性除了表现为适应环境、遵循制度规则,还具有反思性与创造性,在既有的结构限制下重塑组织角色与功能。接下来将呈现和合公益组织推动乡村书院建设的案例,探索外源型社会组织在参与乡村建设中可能的新角色与新功能。

---

① 郑观蕾、蓝煜昕:《渐进式嵌入:不确定性视角下社会组织介入乡村振兴的策略选择——以S基金会为例》,《公共管理学报》2021年第1期。

② 林顺浩、李朔严:《低稳定预期与服务类社会组织专业化水平》,《中国行政管理》2022年第2期。

③ 王清:《项目制与社会组织服务供给困境:对政府购买服务项目化运作的分析》,《中国行政管理》2017年第4期。

④ Alexander Cooley and James Ron, "The NGO Scramble: Organizational Insecurity and the Political Economy of Transnational Action", *International Security*, Vol. 27, No. 1, August 2002, pp. 5 – 39.

⑤ 钱坤:《从"悬浮"到"嵌入":外生型社会组织参与乡村治理的困境与出路》,《云南行政学院学报》2020年第1期。

二 案例介绍：和合公益组织与"好厝边计划"项目

和合公益组织是由 L 先生发起并成立的法人社会组织。L 先生曾在北京从事十余年的公益活动，拥有丰富的社会工作经验，他在机缘之下于 2015 年返回家乡参与乡村建设，并在周边乡村推广"好厝边计划"项目。这是以乡村书院建设为主要内容的乡村营造类项目，致力于撬动村民们的公共参与热情，提升乡村社区的凝聚力与自治能力。该项目经历了近十年探索取得了实质性的治理成效和巨大的社会反响。已经建成的 4 个乡村书院仍处于持续且有序的自运行状态，许多官方主流媒体对该项目进行了报道，L 先生则入选 2019 年度共青团中央"全国向上向善好青年"。

然而，"好厝边计划"项目的成功实属不易，其实施过程一波三折，在点上的深化和在面上的扩展时陆续遭遇当地村民们的信任危机、外源组织介入的持续性以及项目模式的可复制性等挑战。更重要的是，该项目是由社会组织自发发起，缺乏稳定的资金支持渠道。也正是在应对这些挑战的过程中，他们摸索出外源型社会组织参与乡村建设更具优势的角色定位和更显成效的作用路径。为了收集项目进展的一手资料，研究团队从 2018 年至 2022 年连续四年跟踪该社会组织的活动历程，多次前往其项目地 Y 县和 N 县实地调研。一方面围绕社会组织介入历程和村庄变化等与 L 先生、村社区两委、乡贤志愿者以及普通村民等进行了深度访谈。另一方面结合各村好厝边项目的组织微信群信息、新闻媒体采访等二手资料进行补充和三角互证。

（一）乡村书院建设的探索期：禅淑书院

A 村位于东南沿海地区，但居于山间、交通不便，其村庄现状是许多正在走向衰败的农村缩影。首先是中青年劳动力大量外流，是典型的空心村。当地户籍人口 740 余人，但是常住只有 231 人，其中老人居多（占 68%），以及部分妇女和儿童群体。村民以外出务工为主要收入来源，在村妇女除了照顾家庭外，也会在家接些企业的手工零活，照料少量青枣、枇杷等当地的季节性果树。其次是村两委治理能力薄弱，集体观念淡漠。村集体没有收入来源，公共项目开支只能依靠政府零敲碎打地拨款。和合公益组织介入时，在任两委班子不团结、对公共事务也不积极，导致村庄连日常维护都无法保障,垃圾成堆,进村道路狭窄。村民们也习惯于"自扫门前雪",作集体事务的"看客"。在多数村民看来,"关心公家的事是会被大家误解或笑话的"(访谈记录:B20171109 - A 村村民)。相较之下,传统的宗族观念和宗教信仰成为维系该村乡土联结的纽带。村内至今保留清乾隆初年建成的禅淑土楼和林氏祖厝,这是"林氏聚落"血缘纽带的现存标志。村里唯一的自治组织是老人协会,但是只负责宗族与宗教的相关事宜,例如祖先祭祀、祖厝翻建等。尽管青壮年都外出打工甚至外迁定居,但是老人协会成员的社会影响力和宗族事务的集体行动还得以存续。

L 先生原为 A 村村民,10 岁左右举家搬至县城周边定居,与村庄也鲜有联系。2013 年他受某基金会邀请担任理事,组织一次两岸青年的游学活动,他基于乡缘便将禅淑土楼确定为考察点之一。该土楼位于村庄中心,直径 46 米、有 30 个开间,鼎盛时期居住近 500 人,是当地保存相对完好的圆形土楼。而今土楼内仅有 14 户 37 人常住,部分房屋也因为长期无人居住而出现屋顶漏雨、梁柱和墙体倒塌等问题。那次活动让 L 先生萌生了以土楼修缮为切入点开展乡村营造的想法。

2015 年 6 月,L 先生以"闽南古厝与社区营造"为名,邀请北京 2 位建筑师义务设计方案,后因费用限制则以公开招募方式吸纳当地建筑系学生作为志愿者、协助规划和施工。在村庄动员方面,L 先生鉴于村两委的消极态度,只能将目标瞄准村中颇具权威的老人协会,逐一走访并动员这些老人牵头组织修缮。在征集土楼住户意见时,有些老年住户提出修缮费用过高、"都没人住,多此一举"等反对意见。为调动村民积极性,L 先生提出由和合公益组织负责筹措三分之二的修缮费用,并通过游说反对者的子女以取得村民们的共识。和合公益组织通过支付宝的乐捐平台和雷励中国公益组织筹得首期经费 10 万余元。同时雷励中国还组织青年远征队到现场实施土楼屋顶和外墙面修缮。

> 等我们把钱凑齐、把施工材料运进村里,村民的态度就有了转变。他们意识到你不是来拍拍照就走,而是动真格的。外地的志愿者大老远跑来,睡地板、干活、支教,对他们触动也很大。(媒体报道记录:L20161231——和合公益组织 L 先生)。

外部力量的加入推动了村庄内部村民间的组织化进程。经 L 先生的牵线搭桥，A 村两委、老人协会和土楼居民于 2015 年年底召开土楼住户大会，签订了《禅淑楼修缮公约》，明确了由村委会、老年协会、土楼居民以及志愿者共同参与修缮。村民们也开始组建微信群，参与到捐款和现场施工中。修缮期间有部分村民建议拓宽了进村道路的错车道，以改善村庄交通和方便材料进村。于是，L 先生与雷励中国协商在其捐款中拨出 1 万元，并动员村里 37 户有车家庭共筹集 2 万余元，顺利完成道路拓宽。禅淑楼于 2016 年 6 月基本完成修缮。2016 年 5 月，L 先生还引入澳门大学和上海纽约大学志愿者到 A 村参与土楼修缮并开展义教活动。义教活动也受到村民们的欢迎，有些母亲还主动报名，志愿承担后勤保障工作。

经过上述活动，L 先生在村中积攒下了信任和声望，但是他也意识到只依靠外来志愿者不能持久，要想真正撬动村庄变化必须培养"在地"的骨干力量。恰逢之前积极参与义教的 5 位妇女找到 L 先生，请求他帮助筹办村级幼儿园。A 村位置偏僻且人口外流，在合村并校的改革中只留下 1 所小学和 15 名在读小学生，村里还有一二十名学前儿童无处就学。L 先生鼓励 5 位妇女实践这一计划，并以"探索乡土特色学前教育"为名申请到基金会支持，为其提供教师工资并购买教材。这些妇女也向村委会寻求帮助，将村小学闲置的两间教室腾出作为场地。师资原定由一名拥有教学资质的妇女主教，后因其怀孕而调整为曾有教学经验的妇女骨干 S 作为主教，另一名骨干 C 担任助教。[①] 2017 年 2 月，幼儿园正式运营，同年 11 月 L 先生与台湾亲子国学团队合作，为 A 村幼儿园提供每月一次的亲子国学教育。

在幼儿园筹办期间，L 先生将他在北京的书院项目移植到禅淑楼。他与 3 名完成修缮的热心村民密切沟通，最终他们同意将土楼闲置房屋无偿作为书院场地。和合公益组织通过支付宝公益平台筹集 12 万元进行空间改造，设计出 1 间图书室、1 间教室和 2 间志愿者休息室。2017 年 5 月，禅淑书院修建完成，几间堆满各界捐赠书籍的图书室成为村中孩子们课余时间最受喜欢的空间。L 先生还通过公开招募义教的方式开设寒暑

---

① 两人在教学中不断自我提升、进修深造，最终也都考取了幼儿教师资格证。

假高校支教夏令营。家长们踊跃参与，不仅把孩子们从县城送回村里，还主动无偿地为志愿者提供后勤服务。

那5位妇女从家庭中走出来，积极经营幼儿园的同时，也在L先生的引导下带动村中留守妇女组建起妇女志愿队伍，人称"五朵金花"。L先生引导她们从村庄的公共卫生入手，开展家园清洁行动。A村由于缺乏经费支持，长期以来垃圾无人处理，垃圾随地可见，同时也造成溪流堵塞、空气恶臭。"每次上面要来检查的时候就请人进山清理一下，平时根本没人管"（访谈记录：C20171215——A村妇女骨干）。L先生从阿里巴巴公益基金会筹措资金，与志愿者们设立村庄垃圾投放点，联系垃圾公司定期回收并且带着小朋友清扫河道、山中的废弃垃圾。然而，这种筹资方式难以持续。他们跟村两委和老人协会提出向常住家庭收取每月10元的卫生费，并由4位妇女骨干[①]成立自治卫生小组管理账目。尽管村民代表大会通过这一方案，但是卫生费的收取仍旧艰难。有些村民不仅拒绝缴纳，还对妇女骨干冷嘲热讽。2017年下半年开始时仅有50多户村民配合缴纳，2018年上半年度仍有30多户未缴。然而，随着土楼修缮、禅淑学院成立与村庄环境改善，A村在L先生的宣传和外联下逐渐成为一个远近闻名的乡村营造明星村，市县各级领导以及各地学者、社会组织前来参观也让村民们对自己的村庄有了全新的认知（见表4-2）。2018年下半年的卫生费缴交，村书记与老人协会出面挨家挨户劝说，基本实现全员缴费。

表4-2　　"好厝边计划"开展后的部分参访人员列表

参访人员	参访时间	参访目的
北京多相建筑工作室及志愿者	2015.11.19	土楼修缮考察
雷励中国CEO	2015.12.14	修缮捐款与项目考察
澳门大学、上海纽约大学志愿者	2016.05.25	志愿参与修缮
台湾国学推广团队及农业专家	2017.11.02	国学推广，教学方法及生态农业管理经验分享

---

① 后续有一名妇女骨干举家迁至附近县城居住，不再参与村庄事务。

续表

参访人员	参访时间	参访目的
台湾国学团队及A县委	2018.01.09	考察交流
中国政法大学志愿者	2018.01.31	义教
A县委王书记	2018.02.01	乡村营造工作考察
北京同心童子军，新东方学生	2018.02.02	志愿服务
首届两岸文化寻根交流会相关人士	2018.02.04	探访交流
省人大常委会副主任兼省妇联主席	2018.03.10	探访妇女志愿队

和合公益组织并未在A村驻点或安排全职社工，但是禅淑书院和"好厝边"计划运营至今已经持续7年。幼儿园照常运行、每年寒暑假的高校夏令营如期举行，推动了乡村教育发展。越来越多外出的村民都愿意假期把孩子带回A村，也开始关注家乡建设和发展。4位妇女骨干已经成为村庄公共人物，接待来往访客、组织禅淑幼儿班与国学班、组织村中的腰鼓队和广场舞等等。其中1位还在换届期间当选村妇女主任。

最开始的时候，也没有想到会是现在这样，我以为志愿者就是出力，很简单的，就只管出力就好了，你叫我做什么我就去做，没有想到（最后都要我们管）。（访谈记录：F20201236——A村妇女骨干）

（二）购买服务模式的反思：从"好厝边"到"姐妹相伴"

A村"好厝边计划"的顺利推行，以及"修缮土楼""妇女志愿者""乡村营造"这些标签成功吸引了新闻媒体和社会各界的关注。Z市妇联和省会F市妇联都联系L先生，表示很认可他所探索的妇女志愿队撬动乡村营造这一模式，计划通过购买服务与和合公益组织合作加以推广。

第一个项目是与F市妇联、慈善基金会联合发起"巾帼新生—乡村妇女志愿组织支持计划"（即"姐妹相伴计划"）项目。该项目计划在省内培育有公心、有潜力、有本地支持的乡村妇女志愿组织，为其提供项目资金、游学培训、资源整合等多元化支持，让她们在服务村庄的同时实现自我成长。全省7支乡村妇女组织入选该项目，和合公益组织负责组织培训活动和进村跟踪指导。第二个项目是Z市妇联于2019年年初出台《关于开展Z市"好厝边"基层妇女组织助力乡村振兴计划的实施方案》并且配套制定了工作要点和管理办法。该方案要求每区县推选1—2个村申报并制定定制化的支持方案，以"妇联＋项目＋公益团队＋社会组织"方式运作。和合公益组织负责"把脉问诊"，以项目化方式协助40个试点村打造出"一村一品"的成效。

在政府部门的强力推动下，"好厝边计划"的覆盖面快速扩张，但是和合公益组织却陷入实践困境。在与各级政府的交往合作中，和合公益组织的角色从"合作者"逐渐转变为"协助者"，很难依据其自主意愿开展活动。而被指导的这些村庄更看重借由其打造一些短平快的项目，而不会认真对待其专业指导。更重要的是，这种大规模的项目运作决定了社会组织无法有效嵌入乡村、获取村民信任。这种悬浮状态严重阻碍了其功能发挥。基于上述困境，L先生决定放弃争取政府购买服务这种普遍的制度安排，探索更凸显其专业优势和组织自主性的发展方式。

> 人力、财力和物力不是我们的长处，我们更多是提供一种活动模式，利用我们的经验优势为村庄提供方法和策略上的指导。（访谈记录：L20201107——和合公益组织L先生）

（三）乡村书院建设的扩展期：县域范围的模式输出

在A村的案例干预过程中，L先生就在持续总结并初步形成"以书院建设为载体撬动乡村内生动力"的乡村营造思路，因而在经历上述两个政府购买服务项目后，和合公益组织将重心放在寻找下一个适合书院建设的阵地，在所在县域范围内输出可复制、可推广的乡村书院建设模式。目前，和合公益组织在Y县成功培育出中龙书院、华侨书院和聚心书院。

首先是积极向基层政府和村两委推介书院建设思路。L先生重点关注人口相对集聚、教育需求和重视程度较高的区域，利用各种渠道向当地政府或村两委推介乡村书院项目。

> A 村的项目之所以做了两三年，很重要的原因就是一开始没有政府和村两委支持。要想比较顺利地把项目推下去，最理想的是依托强有力的基层力量，他们有公信力也有资源，能够帮忙解决关键的硬件问题。（访谈记录：L20210110——和合公益组织 L 先生）

县域社会的乡缘网络为其搭建较为便利和畅通的进场渠道，这也是和合公益组织为何立足于 Y 县推广该项目。位于 A 村山下的 B 村是个拥有千余常住民的大村，适龄儿童就有上百名，而且村内也有类似禅淑楼的土楼建筑。B 村两委班子具有很强的发展意愿和治理能力，在了解 A 村建设的禅淑书院后就通过乡贤联系到 L 先生，积极邀请他到村中建设中龙书院。为此，B 村两委快速启动了"老大难"的土楼清理行动，拆除院内私搭猪圈，改造沼气池并整理出书院教室。华侨书院则位于 L 先生现居住地——县区附近某经济开发区内。由于辖区内教育资源相对优质，不少家长选择在此购房落户，该管区常住人口近 6000 人。L 先生曾于 2018 年拜访管区书记[①]并提及创办书院的想法，但因场地及其他顾虑未有实质性推进。2020 年 5 月，管区书记牵线，L 先生与开发区副书记交流书院建设方案，得到其大力支持，以当地华侨农场历史命名为"华侨书院"。开发区管委会还协调出管区安置楼一层的 2 间闲置店面无偿作为书院场地，后随着书院规模扩大扩展为 5 间。聚心书院位于县域中心镇区 C 村，交通便利，村庄周边坐落镇中心小学和中学。书院建设也是基于乡贤资源的推动。L 先生曾拜访一位出自该村的老将军，提及他正在开展的乡村书院项目，老将军出于乡情当即提出希望 L 先生也在他家乡修缮土楼、建设书院。在乡贤威望的加持下，和合公益组织的书院建设方案赢得村两委和其他在村社会能人的高度重视。

其次是积极开发乡村社会能人作为"在地"志愿者骨干。和合公益

---

① 开发区为县处级单位，内部划分为若干管区（科级单位），主要负责辖区社会治理和公共服务事宜。

组织缺乏稳定的经费支持,所以包括L先生只有2名固定的工作人员,长期以来都依靠招募公益志愿者充实力量。因此,他们更加重视对"在地"志愿者骨干的培养。书院建设筹备阶段,社会组织的主要精力都花在走访当地有威望、有影响力的乡贤和热心村民,从中挖掘有潜力的骨干人选并为书院建设提供专业建议。具体而言,一是组建由在地骨干组成的核心建设团队,由他们主导筹划包括场地物资、宣传发动、课程设计以及后勤保障等筹备和运行事宜。其中会安排专人负责管理捐资账目,并通过微信群实时公布、接龙,营造出公益助学的浓厚氛围。二是通过乡土关系网络发展退休教师、有技能的本村村民担任书院公益课程的教师。在聚心书院的筹备走访中,L先生发现当地村民有练习书法的传统,也有几位热心村民愿意义务教授书法,便以此契机创办书法班。华侨书院定期开设书法班、亲子班和国学班,师资力量也多为当地有特长、愿意无偿讲授的居民。三是发动热心村民,特别是重视子女教育的父母参与书院的志愿活动,维持书院的日常运行,包括捐款捐物、担任义工等。华侨书院经民主协商制定书院招生规则:学员的家长必须排班轮值,负责教学期间的后勤管理。而且在名额有限的情况下,家长的参与程度越高,下次书院招生时就能获取优先权。在这些热心人士的带动下,越来越多的村民参与到书院义工和环境整治中,还慢慢形成了一系列常态化的志愿者服务队。

> 看到他(L先生)发群里的志愿者就报名了,看到他为书院付出这么多,我们就在这里住着,付出一些也可以,比较方便。(访谈记录:P20220115——华侨书院志愿者)

最后是引入外部资源提升乡村书院品质,其中的固定内容就是寒暑假的高校支教营活动。L先生长期从事公益活动,与各高校的支教社团联系密切。于是在书院建设基本成型后,他便主动邀请包括清华大学、中国政法大学、北京航空航天大学以及福建农林大学等高校支教团队前来开展为期10天到两周的支教活动。支教内容由支教队员根据其专业和特长设置,一般以劳动实践课程、兴趣素质课程为主,帮助县乡的中小学生扩展知识面、提升综合素质。此外,L先生也在开发这些村庄外出求学的大学生资源,利用其寒暑假返乡之际吸纳到书院担任志愿者,或者组织他们开展一些短期活动。例如疫情期间,乡镇中学学生面临极大的心理压力,特别是面临中高考的学子。和合公益组织与Y县团县委合作,组织返乡大学生开展"疫情下助力乡村中学中高考"主题宣讲,帮助疏导这些初高中生巨大的学习压力并改善厌学、浮躁等心理状况。同时,他们也在对接周边的专业培训机构。华侨书院最初在设计书法课程时候发现志愿老师很难找,了解后才知道因为他们任教的培训机构担心书院开办后会影响招生。L先生主动前往协商,积极寻求双方的利益共融点。

> 书院开设义务培训是能够为那些机构扩大宣传和生源的。参加书院的书法课大多是零基础的,孩子学习到一定程度后,要想获得更好的培训,就会去找他们书法机构。(访谈记录:L20210129——和合公益组织L先生)

积极的志愿骨干、稳定的组织架构和公益的运营模式,为乡村书院建设和社区公共性的培养奠定了扎实基础。而今,和合公益组织只需要协助对接高校支教团队和一些外来的项目资源,这些乡村书院能够自主地维持有序运行,具有很强的内生动力。目前,书院所在地逐渐成为这些村庄聚集人气的公共空间。孩子们放学后或假期里都会到这里做作业、看书,而那些书院骨干成员和志愿者家长们也经常在此碰头、交流或自发聚集起来协助书院的后勤保障。同时,书院也作为社区组织化的载体,培养村庄具有公共精神的治理力量。乡村书院的功能在逐渐丰富,从最初的公益教育扩展到公共活动,例如春节联欢会、端午包粽子等重要节庆活动。这些在地志愿者也逐渐发展为拥有社群威望、号召力和引领性的社区骨干群体。

三 赋能经纪:社会组织参与乡村建设的角色定位与组织特征

虽然后期L先生与和合公益组织的活动重心发生转移,无法长期扎根于这些项目所在村庄,但是这些乡村书院并未出现城市社会工作项目常见的"人走茶凉"现象,而是在这些"在地"志愿者的组织下井井有条地运行着。这在一定程度上说明它起到较好的社区赋能效果,既实现了村庄公共物品的自主生产,又优化了村庄的治理结构。和合公益组织的乡村书院建设案例说明,外源型社会组织参与乡村建设除了政府购买服务渠道外,还有其他可能的实践路径和角色定位,即扮演乡村建设的"赋能经纪"。而且这一角色能够更为充分地开发社会组织的公益资源和专业知识,取得更为显著的乡村赋能效果。接下来将围绕"赋能经纪"的角色定位及其组织特征展开讨论。

(一)外源型社会组织的"赋能经纪"角色

而今的乡村建设面临着主体性悖论。从理想状态看,相较于政府主导和外力介入,"应该是以农民为主体参与新农村建设这种制度安排中最具有生命力的,因为这种发展的原动力和推动力都来自农民内部"[①]。然而,也有学者指出:"新农村建设的主体应是农民自身,而不是政府,但高度分散的小农户无法成为新农村建设的主体。"[②] 囿于传统产业、社会资源有限的原子化小农,难以自发形成突破发展困境的创新思路或者搭建组织化的行动框架。此时,在强化外力主导与遵从内生动力的两难之间,"赋能"理念为乡村建设提供了外部干预的新思路。诚然,外部主体的介入无法替代村庄自身的秩序生成能力,但是可以借由理念传播、权力导入、宣传动员或资源供给等培育村民的公共精神、组建具有行动能力的自组织。由此,资源动员的外部性和村民参与的被动性才能转化为村庄动员的内在性和主动性,增强村庄凝聚力并促进其系统化发展。和合公益组织的"好厝边计划"从名称上就带有浓厚的赋能导向,"厝"在闽南方言里是"家"的意思,"厝边"即左邻右舍之意,该计划希望以传统民居为载体,在乡土公共空间内探索人与人、人与自然之间的和谐共生关系。

不同的外部力量有其差异化的干预逻辑,其中居于主导位置的是现代国家权力的持续下乡。国家权力干预表现为科层组织与社会主义传统两种逻辑的统合。科层组织逻辑具有刚性和自我扩张性,但是乡村社会仍有大量治理事务无法被行政所吸纳。源自社会主义传统的运动式治理虽然能在一定程度上约束科层刚性,但却经常由于脱嵌于群众动员而偏

[①] 温铁军:《中国新农村建设报告》,福建人民出版社2010年版,第82页。
[②] 曹锦清:《新农村建设之困境与出路》,《社会观察》2006年第6期。

离村庄真实需求。① 相较于党政权力，外源型社会组织更具专业性和在地化的灵活性，在干预社区和改造社区方面拥有独特的组织优势。在组织优势到行动效能的转换中，社会组织仍需关注其干预形式，包括扮演适洽的角色、获得服务对象和地方权威的认可。在上述案例中，和合公益组织之所以避开了外源型社会组织普遍面临的嵌入性与自主性困境，正是因为它跳出政府购买服务制度的行动框架下，以联结资源、联通政社的"经纪"角色推行其社区赋能的组织目标。

"经纪"最初是经济学概念，原指为市场交易双方提供中介服务，从中收取佣金的个人或组织。有学者就围绕农产品流通市场展开农村经纪人群体研究，发现农村经济作物流通高度依赖该群体，他们能够充分利用村庄内生的人情、面子等关系资源，打通小生产者与商业资本之间的购销对接，实现熟人社会与地方市场的密切互动。②③ 杜赞奇则进行了概念漂移，将"经纪"这一概念由经济市场的"资源桥接"角色转化为基层治理中国家与乡村社会的"沟通中介"机制。同时，他又提出"保护型经纪"与"赢利型经纪"两套差异化机制，并以之更替展现晚清到民国时期的国家权力延伸对于乡村社会的压榨和损害。④ 自 20 世纪 80 年代以来，"乡政村治"成为国家与乡村社会的基本关系格局，同时扮演"代理人"与"当家人"双重角色的村干部成为核心的经纪主体。此外也有研究关注到由乡村内生的乡贤群体以及政府主导成立的枢纽型社会组织在扮演"新经纪"角色的具体表现。⑤⑥ 上述研究尽管针对的研究客体有所差异，对于基层治理的"经纪"角色/机制存在三点共识，一

---

① 杜鹏：《组织公共性与乡村社会治理共同体的再造》，《天津社会科学》2023 年第 6 期。
② 陈义媛：《"圈层型"流通：商业资本对接小生产者的逻辑与策略》，《中国农村观察》2023 年第 1 期。
③ 罗兴佐、刘天文：《熟人社会中的关系资源与地方市场》，《华南农业大学学报》（社会科学版）2022 年第 6 期。
④ [美]杜赞奇：《文化、权力与国家——1900—1942 年的华北农村》，王福明译，江苏人民出版社 2010 年版，第 45 页。
⑤ 原超：《新"经纪机制"：中国乡村治理结构的新变化——基于泉州市 A 村乡贤理事会的运作实践》，《公共管理学报》2019 年第 2 期。
⑥ 李妮：《"新经纪机制"：地方治理新策略及其逻辑分析——基于广东省 G 市 S 区的社会创新实践》，《公共管理学报》2016 年第 4 期。

是它位于国家与社会交汇的社会治理领域；二是凸显其"国家经纪"导向，是地方政府"简约治理"的载体，依靠"经纪"处理复杂或棘手的治理任务；三是经纪机制运行充斥着正式权力与非正式权力的交织及更替。

本节重于关注外源型、非政府派生的这类社会组织。上文提及在政府购买服务的制度背景下，参与乡村建设的社会组织普遍面临着"政府—乡村—社会组织"三角关系中的嵌入性与自主性困境。倘若要跳出这一循环困境，就需要重构乡村建设的权力结构和资源依赖关系。在此基于和合公益组织的乡村书院建设案例，提炼出外源型社会组织在参与乡村建设中可资开发的"赋能经纪"角色。该角色包括两层内涵，一是在理念上，以探索"专业社工技术赋能乡村共同体建设"方案作为参与乡村建设的行动导向，而不是以完成行政任务为目标；二是在结构中，不仅仅扮演回应政府意图的"国家经纪"而是作为"资源桥接者"，通过动员、联结和整合乡村内外、政社之间各类资源，以搭建互惠共利、资源融通且配合良好的乡村建设行动网络。

（二）赋能经纪的基本特征

基于外源型社会组织的使命特征、组织优势与其结构环境，社会组织需要能动地进行组织调适以及行动策略安排，以便更有效地扮演乡村建设的"赋能经纪"角色。结合和合公益组织的乡村书院建设案例，归纳出外源型社会组织在扮演"赋能经纪"时所呈现的基本特征，包括设计在地陪伴的赋能项目、构建融通的资源平台以及组建集约型的组织规模。

1. 在地陪伴的赋能项目

社会工作的"项目"与政府"项目"有着本质差异。前者是"为了能够保证具有类似精神气质的人不断被复制出来，亦即完成改造人的目的"[1]，强调干预方式的模式化和可复制。而政府运行的"项目制"则是基于技术理性的思维，通过周期、指标等的目标管理和一整套从立项到

---

[1] 孙飞宇、储卉娟、张闫龙：《生产"社会"，还是社会的自我生产？以一个 NGO 的扶贫困境为例》，《社会》2016 年第 1 期。

验收评估的过程控制，确保财政资金依法依规地实现预定目标。① 正是因为大量社会组织都申请了政府购买服务项目，故其运行多呈现出政府的项目制特征。② "社区赋能"是涉及人、组织以及社会网络等多层级的综合性乡村改造目标，再加上各村村情文化的差异，都在叠加赋能项目生成的难度。

赋能项目的第一个要求就是"寻求获得一致性认同的村落发展事务"③ 作为项目内容。在原子化倾向明显、组织结构涣散的乡村社会，依托乡土网络日常性地加强公共交往和积累普遍信任是相当困难的，需要特定"事件"来促发社会联结。特别是相似的社会需求，凭借一己之力又无法实现的事件，能够提供一种"聚合的机会……如没有聚合的机会，则只有各自在家发愁叹气。能够常常聚合，就可以渐到自觉里去，渐往大家齐心合作解决问题"④。和合公益组织之所以提出建设乡村书院并非理性设计的产物，而是在乡土实践中挖掘出来的。这一项目内容之所以具有较强的认同感，因为它既契合现代父母对于子女知识的重视，又贴近乡村尊师重教的传统精神。而且为了争取更高的参与度，L先生在选址上也有精心设计。他一方面选择在中小学校周边，以便吸引更多重视知识的中青年父母，另一方面偏好于选址土楼、祖厝等传统建筑来建设书院，因为这些是根植于血缘伦理以及家族传统的历史见证。他也希望借由这个特殊空间激发乡贤能人的参与热情，并强化该项目之于乡土社会的合法性。

赋能项目的第二个要求就是采取在地陪伴的运行方式。"社区赋能"理念重视对于当地村民观念认知的培养和对于村庄公共领域的构建。实现上述目标需要大量在地的"情境信息"以及应对差异化需求、"定制性"的干预方式。这都强化了项目运行的"在地陪伴"特征，一是在项目整体框架下，根据乡村实际需求及时调整既定方案，甚至要扩展到项目外的其他公共事务。例如和合公益组织是在修缮土楼的原定目标之外发现学龄前教

---

① 渠敬东：《项目制：一种新的国家治理体制》，《中国社会科学》2012年第5期。
② 何艳玲、王铮：《当代中国社会治理变迁逻辑分析》，《国家现代化建设研究》2022年第1期。
③ 方旭东：《"事件团结"：新媒介与新乡贤共同体——基于三起乡村事件的实证分析》，《学术界》2017年第11期。
④ 梁漱溟：《乡村建设理论》，上海人民出版社2011年版，第201页。

育问题，顺势筹划创办幼儿园和禅淑书院，而后又根据需求开展村庄环境整治行动。二是长期陪伴的目标不在于完成任务指标，而是立足于引导村民参与和重建村民主体性。"参与是一个过程，是一个居民能以主体的身份介入有关社区决策的过程。"① 和合公益组织在建设乡村书院的同时，也在有意识地将书院扩展为乡村治理中的公共空间，经书院运营、民俗或公益活动等社区议题培养村民的公共精神，增强社区的凝聚力。

2. 平台化的资源融通

有学者指出行业商会的功能"更像是位于不同形式网络交叠区域的'发动机'，它的使命……在于使经济、社会与行政力量发生源源不断的互动与转换，从而实现对于公共活动和社会空间的运营"②。在乡村建设中扮演"赋能经纪"角色的社会组织也是如此，其组织的活力在于对经济、行政以及社会网络各类资源的整合与联通。目前很多社会组织都被困于"在由行政主导的公共服务或社会管理框架内开展专业服务"③ 这种主流的运行模式。一旦跳出这种看似稳定的"非对称依赖"关系，社会组织反而可能拥有更为广阔的资源支持系统，囊括专业资源、乡土资源、社会公益资源以及公共资源等多种类型。

社会组织拥有特定领域或社会工作的专业知识，能够为问题化解或政策遵从提供更为专业的解决思路。与此同时，社会组织作为外来的第三方，虽然在社会嵌入方面不具有优势，但"身份的外来中立"却有助于打开治理僵局或探索创新思路。④ 它所承载的"平等、友爱、尊重和公平"等价值元素，能够较好地成为联通村民之间、村民与村庄之间的价值纽带，⑤ 激活和开发包括乡贤、宗族或家族等传统的乡土

---

① 杨敏：《作为国家治理单元的社区——对城市社区建设运动过程中居民社区参与和社区认知的个案研究》，《社会学研究》2007年第4期。

② 纪莺莺：《社会组织与地方社会的再生产：以一个行业协会为例》，《广东社会科学》2022年第4期。

③ 李南枢、何荣山：《社会组织嵌入韧性乡村建设的逻辑与路径》，《中国农村观察》2022年第2期。

④ 刘志鹏、康静、果佳：《社会组织：民众政策遵从的催化剂——以宁夏云雾山自然保护区为例》，《公共管理学报》2022年第2期。

⑤ 赵小平：《社会治理视阈下社会组织四类行为的特征、转化和政策建议》，《中国行政管理》2021年第2期。

资源。

与此同时，社会组织还能拓展和链接更为多元的外部资源。作为"赋能经纪"的社会组织并不排斥政府部门，反而会更主动地引导和更有效地整合行政资源。和合公益组织虽然没有以"乡村书院建设"为名申请购买服务项目，但是 L 先生经常主动拜访各级政府和相关职能部门，推介项目并创造上级调研、视察的契机。其次是社会性公益资金。近年来，我国公益慈善事业蓬勃发展，包括企业捐款、基金会以及众筹平台等公益筹资渠道更为多元，也在积极支持草根社会组织项目，成为政府项目之外可替代的资金来源。[①] 再则还有社会媒体、智力支持与其他社会组织。公益慈善领域本身是个规模较小、关系密切的专业性社会网络，也会依托一些大型公益组织举办的研讨会、公益日等定期开展行业内交流。同时，社会组织与社会媒体、高校之间也保持紧密联系，提供新闻素材或搭建校地合作平台。知识界、新闻界与社会组织都怀有强烈的社会使命感和人文情怀，拥有天然的亲和性和更多的合作空间。

> 我经常把一些人文社会的专家教授或支教团队带到书院来，也很欢迎媒体采访。我们很愿意跟大家分享，也更善于与他们沟通，甚至是进行一些更深层次的学理讨论。（访谈记录：L20180502——和合公益组织 L 先生）

基于这个庞大且多元的资源支持系统，社会组织可以通过公益捐赠、合作网络等多种形式将项目任务外移至关联组织或将资源导入村庄，形成以"社区赋能"为核心的乡村建设行动网络。

> 政府的项目最容易争取的就是基础设施建设，我们就去各个口争取项目把土楼前面的水池重建、书院阅览室完善。像幼儿园的运

---

① Shawn Shieh, "Same Bed, Different Dreams? The Divergent Pathways of Foundations and Grassroots NGOs in China", *International Journal of Voluntary and Nonprofit Organizations*, Vol. 28, No. 4, March 2017, pp. 1785 – 1811.

行费用，这些活动经费我们则是通过社会公益平台来筹集，他们资金使用比较灵活。乡贤捐赠也是肯定要争取的，捐钱捐物我们都欢迎，重点是要培养他们持续关注村庄、参与村庄的热情。（访谈记录：L20180502——和合公益组织 L 先生）

与此同时，这个平台也在持续满足这些参与主体的自身需求，利益共融状态有助于构建稳定的资源融通关系。例如政府的治理创新需求、高校的社会实践需求、媒体的新闻热点需求以及公益组织的实践需求等等，都在乡村书院建设这一项目中得以实现。"外在化作为现代组织结构的一种表现形式，不仅突出了组织的创新性特征，更将组织内部协调机制转化为外部激励机制，强调对其他组织能力专有性的获取。"[1] 当然，这对社会组织的专业能力、资源链接和整合能力都提出了更高的要求。

3. 集约型的组织规模

开放系统理论认为："组织理性将技术置于特定的时空中，并且通过投入和产出的活动使技术与更宽泛的环境相联系……组织理性导源于：（1）组织必须面对的限制条件；（2）组织必须应对的可能事件；（3）组织可以控制的变量。"[2] 能动性强的组织，将有意识地针对环境约束或任务事件而主动设定行动策略，或自我建构内部的组织形态。相较于科层制属性强的政府机关或公共组织，社会组织的组织形态更为灵活和个性化，也有更高的环境适应性。有研究提出社会组织在介入乡村振兴时所采用的"渐进式嵌入"行动策略。为应对项目落地过程中的一系列不确定性问题，例如合作伙伴不稳定、地方权力关系复杂以及在地目标模糊等，社会组织从嵌入国家话语、地方行政体系再到目标社区的渐次策略实现项目落地。[3] 相较于情景化的行动策略，和合公益组织则尝试

---

[1] 任彬彬、宋程成：《治理复杂性与社会组织形态分化：基于行政条块结构的视角》，《中国行政管理》2021 年第 5 期。

[2] [美] 詹姆斯·汤普森：《行动中的组织——行政理论的社会科学基础》，敬乂嘉译，上海人民出版社 2007 年版，第 29 页。

[3] 郑观蕾、蓝煜昕：《渐进式嵌入：不确定性视角下社会组织介入乡村振兴的策略选择——以 S 基金会为例》，《公共管理学报》2021 年第 1 期。

在政社结构的角色定位上有所突破,从购买服务方转变成赋能经纪。

集约型的组织规模是基于"赋能经纪"前两个特征的内在要求及相互张力所导致。城市社会组织多承担生活服务或文化活动的任务,只需要阶段性地进入社区并完成活动。但是,赋能项目以"改造村庄"为目标,本质上是"价值与情感驱动的合作行为"①。因此需要深度嵌入村庄内部,提供定制化的项目方案、本土化实践以及持续跟踪。这通常需要长期派驻社工人员,极大提高了社会组织的人力成本和投入精力。而组建资源融通平台虽然有助于扩展资源类型并提升筹措的灵活性,但是也给社会组织的生存带来了高度不确定性。多数社会组织还是偏好于争取政府购买项目,主要是因为这种资源获取方式相对稳定且制度化。"赋能经纪"角色意味着社会组织选择以独立性换取更大的组织自主性。囿于缺乏稳定的资金来源,它们只得尽可能压缩组织成本,维持集约化的组织规模。与此同时,为满足赋能项目的本土化需求,社会组织则着重将乡村留守能人培养为"既有能力又有情怀"的在地项目骨干,通过认知引导与资源整合替代常态化的人事需求。

> 对于这个乡村振兴啊,一方面需要外部的这种人才回来,我们称他叫外力,但只靠外力的村庄内部不动起来,他工作是做不好的啊。所以既要有外力,但是同时也要把村庄的内生动力激活。激活这个村庄的内生动力,最重要的就是要在村庄当中把这些志愿者培养起来。(视频资料:20200325——和合公益组织L先生)

在人口大幅外流的背景下,乡村仍有部分留守能人,主要是依托乡村经济机会获得收入的致富能手、夫妻分工基础上的留守妇女骨干,以及以安养属性为主的"五老"贤达②。这些乡村能人更有能力联结乡土社会网络,也更有可能撬动村两委、基层政府等体制性资源的支持。关键

---

① 赵小平:《社会治理视阈下社会组织四类行为的特征、转化和政策建议》,《中国行政管理》2021年第2期。

② "五老"包括老村干部、老村民小组长、老教师、老党员、老退伍军人。参见杜姣《乡村振兴背景下乡村治理主体的去精英化与村干部职业化》,《经济社会体制比较》2022年第2期。

在于将这些"关键少数"动员起来、组织起来，进而带动更多普通村民参与。因此，社会组织推行项目的首要任务就是精准筛选和培养本地项目骨干的后备人选。在上述 4 个乡村书院的建设案例中，和合公益组织对于该群体的瞄准和培养是根据所在村情特征与资源条件展开的。以禅淑书院为例，A 村是典型的空心村，青壮年男性多在外务工而时任村两委又无心乡村事务，反而是这些留守妇女有热情、有干劲、有志愿精神且关注子女教育，于是 L 先生重点培养村庄的妇女骨干，推动组建妇女志愿团队，还借由她们动员村中的"五老"贤达；相较之下，B 村两委拥有扎实的群众基础和积极的发展意愿，和合公益组织便依托村内既有的治理架构，协助他们梳理书院建设思路、引入外部资源；华侨书院与聚心书院均坐落于镇区附近的村庄，青壮年男性多就地就业生活，因此 L 先生则瞄准这支有资财、有实力的乡村中坚力量，通过书院建设将他们从家庭或家族等私人领域中拉出来，培育为有情怀、愿意奉献的公共群体。

此外，培养本地项目骨干还需要通过组织化来持续凝聚和开发乡村留守能人。"组织化是指借助一致性目标与共同利益诉求，将分散的个体整合起来形成一股凝聚力与组织力，并能产生一定社会效益的过程"[1]，是留守能人公共参与的有效途径。所以，和合公益组织在乡村书院的筹备和运行过程中，有意识地强化这些本地骨干的自主空间。例如，组建书院建设的自管组织，主导活动组织、财务管理；开发本地的师资资源，依托他们开展常态化的课程项目；在领导视察和邻村学习时将这些精英推到前台，提升他们的荣誉感和满足感。L 先生及其社工人员在筹办阶段主要起到发动倡议、协助搭建书院架构以及设计课程，后期则通过引入外部资源和定期回访来把握书院建设的整体方向并推动其可持续运行。

四 "赋能经纪"生成的治理结构基础

外源型社会组织的"赋能经纪"角色并非规范层面的应然推演，而是在与结构化的组织环境能动调适所形成的。吉登斯指出，结构同时具

---

[1] 杜姣：《乡村振兴背景下乡村留守精英及其组织化的公共参与路径》，《中国农村观察》2022 年第 5 期。

有制约性与使动性,它在为行动者构筑规则的同时,也在赋予其资源与空间。因而,"行动者在再生产结构性特征的同时,也再生产出促成这种行动的条件"①。乡村振兴背景下的政社结构,虽然处于党政逻辑的强势覆盖之下,但也保有变革动力与社会力量作为的可能性。特别是在社会治理领域,村庄内部的整合链条断裂,而国家建构力量对于乡村社会的联结通道又不畅通,这就为外源型社会组织的介入和行动提供了结构性空间。

(一) 乡村社会:公共性困境与外部赋能需求

在现代化的冲击下,乡村社会普遍面临着共同体式微的公共性困境,表现为公共精神、公共组织与公共基础的三重弱化。这首先源自市场经济对乡村社会的渗透,一方面导致大量青壮年外流,村庄缺失自治与发展的主导力量;另一方面则是市场逻辑和利益诉求对于村民价值认知的冲击,他们更加关注自身及核心家庭的利益得失,"乡村社会关联日益松散,人际关系日益理性化,乡村公共性日趋消弭"②。其次是维系传统治理的公共组织与运行机制失灵。如今,无论是传统的宗法权威,还是基层自治的公共权威,都不足以支撑乡村社会秩序。分田到户和农业税改革以后,乡村社会日益去组织化,村集体的资源整合能力和公共品供给能力持续弱化。与此同时,传统熟人社会内部的"说闲话"舆论压力和面子机制也逐渐失灵,导致乡村道德断裂、文化失序。

乡村振兴的前提是将农民组织起来,关键任务在于再造乡村公共性。从这一角度出发重新审查乡村社会,会发现它内部仍存留着重构乡村共同体的相关资源。首先是农民对于家乡仍有归属感。有研究指出现在的乡村呈现周期性的熟人社会特征,"夸富"或参与重大节庆活动的背后是渴望寻求乡里认同的心理。③ 这意味着除了少数跳龙门的"成功人士",多数农民都还是将家乡视为他们生命历程的归属和保障。其次是乡村能人资源和乡贤文化。中国的乡村社会多呈现为以亲缘关系联结、以少数

---

① [英]安东尼·吉登斯:《社会的构成》,李康、李猛译,生活·读书·新知三联书店1998年版,第91页。

② 杨华:《陌生的熟人:理解21世纪乡土中国》(序),广西师范大学出版社2021年版,第3页。

③ 吴重庆:《从熟人社会到"无主体熟人社会"》,《读书》2011年第1期。

能人为核心的"社会圈子","社群成员围绕某些能人构建各自不同的关系网络,根据与能人的亲疏远近,层层推开,形成不同的圈层"①。村民天然地更信任所在"圈子"的能人,也更倾向于配合他们。与此同时,中国自古有"荣归故里""反哺桑梓"的乡贤文化。"在村子里说得上话""子女在外有本事"这些事关"面子"和影响力的荣誉标准,更容易对这些乡村能人产生影响,促使他们在参与公共事务中获得心理满足、实现道德价值。再则是传统宗族、宗教的组织化遗产与非正式规则。这些传统观念和组织形态虽然与现代性存在价值差距和功能错位,但是在正式组织功能缺失时还是能够作为村治替代性的组织化选择。②而今,部分地区也在积极倡导组建老人协会、乡贤参事会或红白理事会等,开发这些传统组织权威和资源连带能力来实现社区互助养老、移风易俗等治理目标。③

现有的资源存量难以自发实现农民的组织化和社区公共性再生产。即使在经济领域,小农户在面临着对接大市场的市场困境时也很难有效组织,④更何况基于公益性质的乡村治理。村庄现有的民间组织普遍存在偏向老龄化、规模小、缺乏制度化规章的现状,"发展程度偏低,基础薄弱使得农民无法团结起来深入协作,进一步制约了农民主体作用的发挥"⑤。再如,部分农村内部的农民想发展,村干部也想发展,但是在"如何发展"上都缺乏思路和视野,这些都亟待外部力量的介入和赋能。社会组织作为外来者,拥有与乡村社会差异化的资源支持,包括专业的社工知识、精准的政策把握与广泛的社会资源,这些都是当前乡村社会所亟须的。以"赋能经纪"的角色定位参与乡村建设,是将社会组织相

---

① 尉建文、陆凝峰、韩杨:《差序格局、圈子现象与社群社会资本》,《社会学研究》2021年第4期。

② 孙秀林:《华南的村治与宗族——一个功能主义的分析路径》,《社会学研究》2011年第1期。

③ 王辉:《村庄结构、赋权模式与老年组织连带福利比较研究》,《中国农村观察》2020年第4期。

④ 曹锦清:《黄河边的中国:一个学者对乡村社会的观察与思考》,上海文艺出版社2000年版,第764—765页。

⑤ 吴理财、魏久朋、徐琴:《经济、组织与文化:乡村振兴战略的社会基础研究》,《农林经济管理学报》2018年第4期。

对稳定地嵌入乡村治理网络，这一方面能够为项目推动和各方需求提供资源融通的平台，另一方面也能够为村民间、村民与村集体之间的联结空白初步搭建桥接方式。

（二）政社联结：项目运行与治理绩效需求

以农村税费改革为节点，国家对于乡村社会的定位发生了逆转，由保障城市化与工业化"优先发展"的资源汲取对象转变为发展目标本身。为此，大量的公共服务和财政资金也以项目制形式反哺到农村社会。资源输入的流向转变必然引发政社联结方面发生巨大转变，具体呈现为行政联结与项目联结的双轨形态。行政联结以镇村两级间的常态化联动为主，以日益强化的科层治理逻辑维持行政任务执行与基层秩序稳定。尽管乡镇资源高度稀缺、基础性权力虚弱，但是国家民事职能的乡村扩张、公共服务与项目资金的持续下乡，却给了基层急剧增加的治理任务、日趋规范化的制度规范以及高强度的治理压力。而今，行政联结这一轨道主要以自上而下且刚性化的"中心工作"为主，凸显连接国家与社会时的单向化趋势，也更依赖于外在压力的驱动。

政社联结的另一轨是项目联结。项目制是分税制改革以来国家财政资源配置的重要形式，"政府基本支出之外的一切财政资金的预算和支出都需要通过具体项目来进行"[1]。同时，这也是当前投入乡村发展的主要外部资源，因为各级政府都设置了一系列扶持农村建设和公共服务的项目及配套资金。就传统的行政联结这一轨而言，随着财权与事权上收，乡镇政府很难再为乡村建设提供资源支持。大多数情况下的村庄公共项目只能通过各家各户摊派来筹措经费，或囿于资金问题暂时舍弃建设计划。这迫使村庄也需要积极向上"跑项目"。在村干部看来，项目进村是村庄治理的"有力抓手"，没有项目，村级组织就缺乏有效的治理权威。而在村民眼里，"拥有争取项目的能力，能满足村庄社会的项目需求"[2]成为现今评价村干部能力的最主要标准。

项目制及其附带的可观资源，正在成为影响政府行为和村庄发展的主导逻辑，但也造成政社资源对接方面的一系列困境。首先，项目是由

---

[1] 焦长权：《从分税制到项目制：制度演进和组织机制》，《社会》2019年第6期。

[2] 李祖佩：《"新代理人"：项目进村中的村治主体研究》，《社会》2016年第3期。

条线上生成、依托条线发放，强调国家职能部门的控制权和发展意图。但是众多部门也导致了部门间的非协同性，基层很难及时、全面地了解到发布了的项目信息。更重要的是，很多村干部对于部门政策不了解或解读不透彻，也不擅长为上级营造投资愿景。其次，项目强调"一事一议"和"专款专用"的专项化原则和规范化程序，所以项目一般周期较短，并且包含着严格的、理性化的目标管理和过程监管，偏好于目标明确、流程清晰且可预期性强的项目计划。对于职能部门而言，相较于项目带来的村庄发展价值，他们更关注项目报送的规范性。相比于修桥、铺路、建公园这些基建项目，乡村治理、产业发展这些缺乏固定模式、存在风险和变数且需要长期投入的内容往往难以通过审批；最后，项目制的指标分配导致出现中心村与非中心村的分野。项目指标是稀缺的，难以普惠辖区所有村庄。除了项目的规范性外，职能部门也很关注项目的可执行性，因为它同时关涉政绩与问责风险。在访谈中，镇驻A村干部就提到：

> 乡里的意见是哪些项目花钱少收益快的，我们先办；剩下项目再找机会慢慢来。这样也好，免得很多政府项目都是下到村里后反而惹得民众不满意，完成不了。（访谈记录：W20180423——镇驻A村干部）

由此形成的"中心村"主要包括"示范村"和"薄弱村"两种村庄类型。前者基础好、有能力，能高质量完成任务。为了让薄弱村在短期内见效，也会考虑给其一些资金量不大的半竞争性项目。[1] 此外，那些处于中间样态、缺乏显著特征且未曾获得项目的村庄则被贴上"非中心村"的标签，很少有机会参与到这场高度内卷化的竞争中。这不仅导致项目制在村庄运行中存留下巨大的制度"缝隙"[2]，还可能导致财政资金的低

---

[1] 折晓叶、陈婴婴：《项目制的分级运作机制和治理逻辑——对"项目进村"案例的社会学分析》，《中国社会科学》2011年第4期。

[2] 肖龙、马超峰：《从项目嵌入到组织社会：村级集体经济发展的新趋势及其类型学研究》，《求实》2020年第3期。

效使用,因为项目支持对于那些示范村而言更多起到"锦上添花"的作用。

从项目联结的运行逻辑看,其实项目发包方与承接方之间存在着严重的信息不对称,包括对项目信息的不知晓、对项目包装逻辑的不了解以及对项目实施能力的没把握。这些困境严重阻碍更多的村庄分享项目资源,也影响地方政府打造更多新的政绩亮点。在绩效模糊的社会治理领域,"创造亮点吸引注意"就是政绩呈现的重要策略。[1] 外源型社会组织的介入有助于弥合政社项目运行的信息不对称程度。首先,他们能借助专业知识为乡村建设建造亮点,协助村庄突破知识壁垒,打造出具有创新性和引领性的理念和项目设计;其次,社会组织具有较为广阔的社会资源,或尝试与专家学者、政府部门紧密联系,或积极参与各类研讨、政策咨询等,因此更加理解各部门偏好,也擅长游走于不同部门之间。所以 B 村书记在访谈中多次提到"我们一直特别希望 L 先生来帮我们的忙,帮我们规划一下,推动一下"。(访谈记录:M20171006——B 村书记)

(三)社会组织:自主意愿与政策倡导需求

第三部门理论对于社会组织的特征归纳和功能评价是建立在社会组织自主性得以保障的基础上。社会组织的自主性体现为组织可以自行设定组织目标与社会产品,并且可以自行做出其运作决策,较少受到外部干预或操控。有学者指出社会组织的独立性与自主性并不能画等号。尽管很多社会组织的生存、发展需要依靠外部资源,但它们仍然有能力能动回应复杂的制度环境,呈现为"依附式自主"状态。[2] 虽然少数社会组织会主动开发其发展空间,例如分层嵌入跨层级发包的控制体系[3]或跨界发展以构建"多边依赖"[4],更多则是陷入非对称资源依赖所引发的自主性危机。"组织对于任务环境的依赖不仅带来了约束,还带来了偶然性事

---

[1] 黄晓春、周黎安:《"结对竞赛":城市基层治理创新的一种新机制》,《社会》2019 年第 5 期。

[2] 王诗宗、宋程成:《独立抑或自主:中国社会组织特征问题重思》,《中国社会科学》2013 年第 5 期。

[3] 徐盈艳、黎熙元:《浮动控制与分层嵌入——服务外包下的政社关系调整机制分析》,《社会学研究》2018 年第 2 期。

[4] 黄晓春、嵇欣:《非协同治理与策略性应对——社会组织自主性研究的一个理论框架》,《社会学研究》2014 年第 6 期。

件。这两种情况都会妨碍组织理性的实现……服从理性准则的组织会试图管理其依赖性。"[①] "赋能经纪"角色就是社会组织在当前制度环境下管理其依赖性的理性选择,即由"承接服务方"转变为"项目倡导者"。

首先,这能够最大程度地保有社会组织生产社会产品的自主空间。案例中,以乡村书院建设为载体的乡村赋能项目是和合公益组织在与服务对象互动过程中逐渐探索出来的,并经由多地实践和总结而逐渐成形。这种探索性项目既需要合适场景和充裕时间完成实践转换,更需要充足的容错空间以应对创新风险或非预期结果。而这些条件都是政府购买服务制度无法提供的,因为按照服务外包逻辑,购买方在合同订立之初就要对服务内容、形式以及频次进行明确设定,便于后期考核验收。而作为项目倡导者,社会组织是凭借其组织绩效获取外部认可与接受,自下而上地进入政府视野。这要求他们将更多精力放在理念方案设计以及典型试验,客观上也为其提供了宽裕的行动空间。

其次,这有助于社会组织更有效嵌入乡土社会以实现赋能理念。尽管与政府合作能够提升社会组织进场的正当性,但也很容易被贴上"政府派来的监督者"这类标签,引发村民们对于政治资源的期待或对于行政命令的抵制。相反,还原社会组织的志愿逻辑和专业优势更容易嵌入乡土社会,激发乡村能人的慈善精神和普通村民们的参与意愿。很多志愿者最初之所以参与书院活动,除了子女受益这层利益关系外,也是受到L先生与支教团队的公益精神感召。与此同时,社会组织着力培养本地项目骨干以及组织化管理团队,这两者为书院可持续运行和扩展乡村治理议题奠定了坚实基础。更重要的是,由于尚未形成与当地政府稳定的资源依赖,反而促使和合公益组织拓展其跨界的资源汲取能力。政界、学界、公益领域与媒体都有相应的资源与需求,社会组织通过扮演"赋能经纪"角色识别协作契机,为项目实施桥接更多元的资源类型、扩展更丰富的议题内容。例如,志愿团体参与乡村治理,为媒体报道提供了素材;各级媒体舆论的报道扩大了社会组织及其项目的影响力;而乡村书院、女性志愿服务队等政绩亮点与媒体报道又吸引了包括妇联、

---

① [美]詹姆斯·汤普森:《行动中的组织——行政理论的社会科学基础》,敬乂嘉译,上海人民出版社2007年版,第37页。

文旅等各级部门和官员实地参观，相应的包括条线上和属地的项目与资金就纷至沓来……由此可见，这个资源链接平台在满足各方需求的同时，也利用不同领域间的"套叠性"①形成了围绕赋能项目的连锁扩张效应。

最后，这也是社会组织突破现有制度桎梏的能动尝试。对于外源型社会组织而言，获得政府支持是事关其生存状况的基本问题。但是很多政府机构不愿意轻易提供支持，一是源自信息不对称及由此衍生出"多一事不如少一事"心态，"因为政府机构一旦成为其支持者，就意味着它要为这些组织的行为承担一定的连带责任"②。即使他们有购买服务的需求时，也倾向于寻找自己熟悉或是有稳定联系的社会组织来承接，被称为"圈内化购买"。③ 二是由于政府对于公共服务项目的评估是"总结式"导向，通过"对项目的成效进行总结评价，用于决定是否继续或扩大一个较为成熟的项目"④。所以，以创新服务形式或改善服务质量为导向的探索性项目较难获得政府立项和财政支持。面对上述制度桎梏，社会组织除了自我调适以适应规则、"满足需求"外，另一种思路就是作为项目倡导者来"创造需求"。政府行政体系对于社会组织的功能界定并非一成不变，而是会根据自身遭遇的治理挑战或政绩需求来灵活定义，这为社会组织的项目倡导提供了制度空间。但是相较于前者，"创造需求"是一条相对高阶的行动思路，不仅需要它所倡导的项目内容高度契合政府需求，还要求社会组织本身具备足以赢得政府信任的实力和经验。为此，社会组织就需要积极营造其"声誉"，而它所孵化的典型案例、媒体宣传和业界反映都在为其积累组织声誉和能力证明。

---

① 任敏、徐琳航：《多重身份政策企业家如何推动政策创新？——以G市环境社会治理创新为例》，《公共行政评论》2023年第6期。

② 黄晓春、嵇欣：《非协同治理与策略性应对——社会组织自主性研究的一个理论框架》，《社会学研究》2014年第6期。

③ 黄晓春：《中国社会组织成长条件的再思考——一个总体性理论视角》，《社会学研究》2017年第1期。

④ 杨丽：《公共服务项目制背景下的社会组织系统自我再生产》，《中国行政管理》2024年第3期。

五 小结

乡村秩序的生成通常经由二元路径,一是行政嵌入,二是村庄内生。[①] 本节则尝试跳出这二元路径,关注外源型社会组织在推动乡村建设时的可能路径与结构环境。被视为"第三部门"的社会组织遵循着区别于行政逻辑与乡土逻辑的志愿逻辑,也拥有专业性强、组织灵活等优势。然而,被寄予厚望的外源型社会组织在经由政府购买服务制度参与乡村建设过程中却普遍难以实现其预期目标,为此首先系统梳理了外源型社会组织在"政府—社会组织—乡村"这一行动链条中所面临的诸多运行困境,整体上可归结为面向村庄的嵌入性难题和面向政府的自主性危机。

其次借由和合公益组织推行乡村书院建设这一项目案例,展示外源型社会组织为摆脱既有结构性困境而能动探索的"赋能经纪"这一创新性的乡村建设角色。该角色在理念上以探索专业社会技能赋能乡村共同体建设方案,在政社结构中致力于作为"资源桥接者"搭建联结乡村内外、政社之间各类资源的合作网络。这一角色定位在乡村建设行动中表现为创设在地陪伴的赋能项目、构建融通的资源平台以及形成集约型的组织规模等具体特征。

再次分析外源型社会组织之所以生成"赋能经纪"这一角色的结构化基础。村庄内部的整合链条断裂、项目制逻辑下的政社联结错位,为外源型社会组织的介入和赋能行动提供了可能。从乡村自治层面看,社会组织带来了切中需求的赋能项目、持续的专业引导和多元化的资源投入,构成对于乡村社会具有强刺激的外部推动力。更重要的是,本土化的志愿骨干培养、分工明确的组织化结构搭建以及对于村民公共参与的持续训练等这些赋能措施,有效激活了既有的乡土治理资源,完成了从外源干预到内源生长的转变。而就政社联结角度而言,扮演"赋能经纪"的外源型社会组织不仅弥合了项目制逻辑下政府政绩需求与村庄发展需求之间的联结错位,还为乡村建设汇聚了更为多元的资源类型和跨专业力量的合作网络。

---

① 贺雪峰、仝志辉:《论村庄社会关联——兼论村庄秩序的社会基础》,《中国社会科学》2002年第3期。

最后,"赋能经纪"角色其实也是社会组织在既有制度环境下保有自主性生产空间的尝试。这意味着它只能放弃参与政府购买服务这种相对稳定的资源获取方式,而选择扎根乡村、打造样本进而开展项目倡导,自下而上地进入政府视野、创造政社合作的可能性。然而,这种合作模式带有很强的不确定性,关涉领导者偏好、地方性治理需求以及合作过程中的各方关系。

乡村振兴背景下的乡村建设不是简单的城市反哺农村,而是城乡资源要素融合基础上的共同发展,它也不仅仅是基础设施的投入,涉及治理环境和发展环境的营造。这些复杂任务很难指望逐渐衰败化的乡村内生完成,也无法单纯依靠财政投入和行政强制加以推行,需要构建更为多元的合作网络。"合作一方面被视为在日益不确定的治理环境中缺乏关键能力的客观结果;另一方面也被视为提高成功解决复杂性社会问题的必要机制。"① 由外源型社会组织主导、以赋能乡村为理念的合作网络,一方面能够为乡村整合和内生发展带来创新思路和本土方案,另一方面又能对乡村内外资源进行创造性整合,发挥公益乡建的集合式影响力。

政府购买服务是培育和支持社会组织成长的制度基础,但其推行过程却"把体制和结构层次的问题化约为行政技术的问题"②,一事一议的技术治理难以有效回应乡村在地化的需求,也缺乏与既有治理结构的对接。社会组织参与乡村建设的项目更多是形成式的,即使有相对成熟的项目方案,也需要结合乡村系统不断调整和嬗变。未来在引导外源型社会组织参与乡村振兴的过程中,地方政府亟须突破技术治理的桎梏,为探索性的乡村赋能项目提供更充裕的发展空间。

---

① 汪锦军、李悟:《政府战略性支持、跨场景合作与"弹性治理"机制的生成——基于浙江22个救灾类社会组织的分析》,《中国行政管理》2022年第6期。
② 黄晓春:《中国社会组织成长条件的再思考——一个总体性理论视角》,《社会学研究》2017年第1期。

第五章

乡村赋能的运行逻辑与基层治理模式变革

乡村功利化、传统互助机制解体以及矛盾冲突泛化、激化等一系列基层治理困境，都充分说明当前乡村社会难以维系内生的、稳定的运行秩序，需要外部力量的正向引导和秩序干预。与此同时，乡村振兴战略的提出为乡村全面发展带来了新的机遇，但也使得乡村面临更为复杂、多样的发展任务与公共品需求，由此将村庄自主治理的能力提到更为核心的地位。乡村赋能思路与此高度契合，有望在未来获得更为广阔的探索空间。然而，从外部干预到内源生长的过程，很难通过一统化的制度设计或特定的技术手段"一赋就能"。本章将首先总结乡村赋能的运行逻辑，基于上述分析总结出乡村赋能实践的基本特征和影响乡村赋能效能的关键要素。其次以地方政府在政策执行中创新的"放权社区"治理结构为例，说明政府在推行乡村赋能时需要转变科层化执行或动员式发包等治理方式，以定制化、持续性的行政引导与资源支持推动社区赋能的全过程。

第一节 从外部干预到内源生长：乡村赋能的运行逻辑

乡村赋能的运行逻辑不同于既有的权力干预方式，其干预的目标不是加强对乡村的控制和管理，而是意在激活村庄的内生动力以重塑乡村共同体。"乡村共同体"的本质意涵，除了是生产的组织化单位和行政任务的执行机构，更是社会生活层面和文化精神层面上的守望相助、共生共荣的"精神共同体"。乡村共同体是建立在高存量的社会资本基础之上。在分化、离散乃至冲突激烈的乡村社会中，这些信任与合作资源需要经由外力干预才得以生长和改进，形成"蕴含着基于共同的历史、传统、信仰、风俗及信任而形成的一种亲密无间、相互信任、守望相助的人际关系"[①]。这就是乡村赋能的运行逻辑，与基础设施、人居环境、公共服务等物质性建设内容具有差异化特征。

一 乡村赋能实践的基本特征

乡村赋能实践是在寻求通向"乡村共同体"的具体路径和操作形式。作为一套新的发展理念，乡村赋能仍然在探索将其操作化的具体干预方式。通过社区赋能理论的阐释以及对上述制度赋能、组织赋能的类型化案例剖析发现，乡村赋能实践具有以下具体特征。

（一）多层次的主体性培育

无论是何种赋能形式，都需要同时覆盖个体、组织和社区三个赋能层面，涉及公共精神、组织化团结以及有序联结等面向。乡村赋能的根本出发点是"以农民为本"，这里不仅是指要以农民需求作为出发点，更强调要将农民视为乡村发展的治理主体。

个体赋能重点在于挖掘乡村能人与普通村民的主体性。打造公共空间、策划公共事件，从结构导向上看是为了满足村民们在经济利益、意见表达、公共服务等方面的集体生产和社会需求。然而，村民在参与过程中会培养出相互信任和合作的精神，逐渐形成"作为集体成员"的身份认同感与集体归属感。

"在我国已进入新时代的背景下，乡村振兴并非缺乏资金、技术、劳动力等要素性资源，而是缺乏最为关键的组织。"[②] 组织赋能意在将村民组织起来，为乡村治理及发展的差异化需求搭建组织载体。在乡村社会

---

① ［德］斐迪南·滕尼斯：《共同体与社会：纯粹社会学的基本概念》，林荣远译，商务印书馆1999年版，第52页。
② 闫彩霞：《后乡土社会背景下乡村振兴的策略与路径——基于内生发展的分析视角》，《兰州学刊》2019年第4期。

中，有效的组织赋能需要充分发挥两类组织的主体性，分别为村民委员会与内源型乡村组织。首先是强化村民委员会"当家人"的角色认同。他们是法定的基层群众性自治组织，也是国家与乡村联通的重要桥梁。构建村民委员会在乡村治理中的主体意识和主体地位，才能为乡村共同体提供主导力量。其次是激活和鼓励传统的、发展中的组织化资源，例如宗族、民间信仰等民间组织或者合作社、互助协会等新发育的功能性组织。赋予这些组织参与村庄治理的主体身份与活动平台，有助于调动能人资源和增进乡村社群团结。

无论个体赋能还是组织赋能，都是在村庄这个社区空间中展开，也都指向乡村共同体这个精神灯塔。为此，社区层面还需要搭建分工协调机制、信息沟通机制以及民主决策机制，以赋能社区结构的有序运转。同时，以"村庄"为单元明确发展思路、打造村庄品牌，通过村庄主体性进一步赋能村民个体与组织的发展。

（二）长时段的结构性调整

赋能过程是对既有乡村结构的挑战和突破。实践调研发现，这些低水平治理的村庄基本上都面临着同样的问题：村民缺乏公共精神、不愿参加生产公共品的集体行动；村干部的"当家人"意识薄弱，不作为或更偏于扮演政府"执行者"角色；村庄社会能人组织化程度不高，有些甚至形成对抗性力量耗散村庄的凝聚力……这些失能表现是这些村庄从个人、组织到文化环境等要素层面相互作用而产生的消极反馈循环，是在长期演化中沉淀出的"低水平均衡"治理状态。①

打破这种低水平均衡的治理死循环，既要颠覆支撑既有治理结构的信仰体系、关系网络和文化制度，又要构建一套可良性循环的治理结构。这种从破到立的结构性调整无法顶层设计或一蹴而就，否则将遭遇到既得利益组织或乡土惯性的多重阻碍。由此决定了社区赋能只能立足既有状况进行长期且渐进的结构性调整。其中的关键在于寻求到有效的赋能方式。有效的赋能方式如同植入原有治理结构的"制度

---

① David Stark, "Path Dependence and Privatization Strategies in East Central Europe", *East European Politics and Societies*, Vol. 6, No. 1, December 1991, pp. 17–54.

装置"①，经由其刺激和强化在治理结构中形成变革的连锁反应，进而顺势打破结构内部路径依赖的惯性阻力。同时，还需要持续关注干预手段在赋能过程中的适时调整，因为"发展干预过程并非独立运行的真空实验，而是在内外部因素共同影响的非线性过程"②。

（三）宏观引导与微观干预的结合

乡村赋能是从个体、组织到环境的综合性任务，也需要根据村庄特定情景，"依托长期积累起来的组织和制度资源，通过有序的边际组织创新的方式来稳步推进组织和制度的变迁与创新"③。这就对赋能干预提出很高的定制性需求和本地信息要求。

有效的乡村赋能需要有效结合宏观政策引导与微观干预，具体包括资源配置、民主参与和挖掘地方性知识等等。资源投入是政府乃至社会组织赋能干预的常见手段，但是需要仔细斟酌项目谋划和资源流向，应该"让处境不利的人或群体获得更多的赖以生存和发展的资源，不让资源和权力在处境优渥的人或群体中积聚"④。换言之，资源投入的目标是促进分配平衡，而不是引发群体分化或资源争夺。从信息分布状况看，对于赋能干预至关重要的基础信息分散在各个村庄，这些本地信息很难通过标准化采集完全转化为可测量的指标，也很难由一统性的政策方案完全涵盖。此时，动员村民参与既是个体赋能的目标之一，也是形成定制性方案的重要手段。赋能者一般具有超前理念、专业知识或超越性权力，这些是乡村赋能所不可或缺的要素。但这也是不足的，因为赋能过程还需要高度重视并且有效整合地方性知识。地方性知识是这个村庄既

---

① 借鉴了戴维斯和诺斯的"制度装置"概念，他们指出"行动团体所利用的文件和手段，当这些装置被应用于新的安排结构时，行动团体就利用它们来获取外在于现有安排结构的收入"。参见［美］R. 科斯、A. 阿尔钦、D. 诺斯等《财产权利与制度变迁——产权学派与新制度学派译文集》，上海三联书店、上海人民出版社 1994 年版，第 190 页；陈天祥、张华、吴月：《地方政府行政审批制度创新行为及其限度》，《中国人民大学学报》2012 年第 5 期。

② 王伊欢、叶敬忠：《农村发展干预的非线性过程》，《农业经济问题》2005 年第 7 期。

③ 李汉林、渠敬东、夏传玲、陈华珊：《组织和制度变迁的社会过程——一种拟议的综合分析》，《中国社会科学》2005 年第 1 期。

④ 钱宁、王肖静：《主体性赋权策略下的少数民族地区妇女扶贫研究——以云南省三个苗族村寨为例》，《社会工作》2020 年第 2 期。

有生活经验的总结呈现，更成为村民们普遍认同的共享价值。结合地方性知识运行项目或政策，就地取材地挖掘本土资源，能够让外源性的现代理念更好地为乡村能人与村民们所接受，更好地植根于村庄日常生活。

（四）避免赋能干预的"依赖陷阱"

赋能干预需要微妙地处理外部性协助与自主性改变之间的关系。正如方劲对西南贫困村庄CDF项目的观察："在实践中，一些村民确实开始主动思考自身的发展问题，并取得了不错的发展成效。不过许多村民依然离不开项目组的推力，当项目组撤出田村后，一些村民又放弃了之前的发展计划，返回到靠天吃饭的老路上。"[1] 这正是许多赋能项目在执行中都普遍面临着的"依赖陷阱"。所以帕帕特指出"产生太多依赖性的赋能模式本身存在问题，至少在行动方式和方法上存在很大的缺陷。依赖性并不是赋能的必然产物，而是赋能过程中的陷阱，是因外来者与主体之间关系处理不当，导致发展主体性缺失所产生的幻象"[2]。

造成赋能干预中"依赖陷阱"的原因是多样的。首先，能力建设是一个漫长的过程。一开始，村民个人或组织的认知改变依赖于干预者的指示和引导，需要持续地引导帮助他们固化这种观点并建立基于此的行动模式。但是，通常项目或政策运行有其特定的时间域。一旦干预力量消失，强大的路径依赖又会将乡村拉回至原有状态；其次是对于干预资源的依赖。多数赋能项目都需要通过资源配套或利益诱导调动村民和乡村组织的参与积极性。有些村民是为了项目资源主动迎合赋能者的偏好和要求，并非真正实现了观念转变或能力培养。如何改变这种状况，基于上述案例剖析发现，循序渐进地运营一些村民需要参与和投入的项目，通过培育本地项目骨干和构建自治组织，能够逐步改变村民"等靠要"的心理。所以对于赋能方式和干预时间的选择，要服务于外来者作为"撬动者"与"协助者"的功能定位。

---

[1] 方劲：《乡村发展干预中的内源性能力建设——一项西南贫困村庄的行动研究》，《中国农村观察》2013年第4期。

[2] ［加］帕帕特：《后现代主义、性别、发展》，载许宝强、汪晖选编《发展的幻象》，中央编译出版社2003年版，第340—355页。

二　影响乡村赋能效果的关键因素

无论是集体产权制度改革、基层协商民主等制度赋能，还是政策性组织、外源型社会组织参与的组织赋能，都在关注如何培养和强化乡村治理能力。乡村赋能研究不仅要关注对于治理主体的干预方式和内容（例如授予权利、制度支持），也要评估干预后治理主体的权能变化和效能感知。具体而言，就是要立足于农民与农村的主体需求开展赋能效果及其影响因素研究。

第三、四章的案例研究除了基于制度设计理性推演制度或组织赋能链条、厘清多重改革目标间潜在的关系脉络外，还在基层情境中展现乡村赋能的实施效果，与理论预期进行比照。由此可见，乡村赋能不能简单套用"制度或组织目标是否被完全执行"作为标准来评判赋能的有效性。因为除了干预形式、流程设计的科学性外，乡村赋能的实施还依赖于一系列情境性因素的共时性支持，特别是与在地条件的融合程度。这一关键影响因素就制度赋能类型而言表现为制度再生产过程，而在组织赋能类型中则凸显实践中的组织嵌入环节。

（一）制度赋能类型的制度再生产过程

无论是聚焦于集体产权改革，还是从基层民主治理入手，其制度设计部分都包含着一整套的赋能策略。这些策略组合是否可行，能否实现既定的赋能目标？为了回答这些制度效能层面的问题，就需要从理性设计视角转向过程视角，关注与结构环境互动的制度运行。

Bowe等人指出"政策（制度）是实验性的干预，但是它们也受到物质条件的约束，并具有实施的可能性。对这些实验的反应将产生'真实的'影响，这些影响主要发生于政策所规范的实践领域。在这一实践领域中，有关的社会主体并不是单纯接受和执行政策，相反，他们会对政策进行解释，并对政策进行再创造"[1]。由此可见，制度定型化过程除了在理性设计的制度生产阶段，还会延续到制度传递与实施的后向环节。无论是设计者有意造成的制度模糊，还是利益相关者自发的互动谈判，

---

[1] Richard Bowe, Stephen J. Ball and Anne Gold, *Reforming Education and Changing Schools: Case Studies in Policy Sociology*, London: Routledge, 1992, p. 19.

都会造成制度再生产。而从作为制度所要解决的问题内容，到与之密切相关联的规则、程序和结构，都会在这些后向环节中重新规划[1]，从而定型为真正的制度形态。

在中国乡村情境下的赋能制度表现出更强的再生产特性。首先，从赋能特性出发，其权力干预的分享特性与在地化能力的培育目标，使之必然高度受到社会性环境影响。赋能制度其实是嵌入制度环境之中，试图修正和调整既有的环境规则。所以，赋能制度再生产既是提升其环境适应性的过程，更关系到制度的赋能干预效果。其次，中国的制度运行具有"再生产"的传统。广大的地理幅员和复杂的本土情境，决定了中国的制度设计需要通过政策细化或再规划的过程，才能落实到具体的地方场域。[2] 而在因地制宜的再规划过程中，制度就获得了广阔的再生产空间，在与场域内多主体的互动中定型。赋能制度的再生产过程将涉及诸多行动主体，其中在制度运行中担任主要行动者，并且能够对制度内容产生实质性影响的，被称为"关键行动者"。根据赋能制度的基本特征，关键行动者主要是地方官员与乡村能人两类群体。

首先是地方官员。地方官员通常扮演着制度设计者、推动者以及统筹方等角色。但是，地方政府并非"铁板一块"，而是处于中央以下的若干行政层级所构成的条块关系中。[3] 各层级政府、不同职能部门的结构位置、组织特征以及在赋能制度推行中的权责角色都各不相同，会将其自身特征烙印到制度定型化过程中。例如，县级以上官员更多基于对治理现状的整体把握和理性推演设计赋能形式，而镇街层级的基层官员则是在政策执行中影响制度实施效果。再如，条、块和党群部门对于公共服务型社会组织的认知取向以及组织监管方式就存在差异[4]。

其次是乡村能人，包括村干部与社会贤达。以制度形式开展乡村赋

---

[1] Richard F. Elmore, "Backward Mapping: Implementation Research and Policy Decisions", Political Science Quarterly, Vol. 94, No. 4, winter 1979, pp. 601 – 616.

[2] 贺东航、孔繁斌：《公共政策执行的中国经验》，《中国社会科学》2011年第5期。

[3] Kenneth Lieberthal and Michel Oksenberg, Policy Making in China: Leaders, Structures, and Processes, Princeton: Princeton University Press, 1988, pp. 137 – 142.

[4] 黄晓春、嵇欣：《非协同治理与策略性应对——社会组织自主性研究的一个理论框架》，《社会学研究》2014年第6期。

能，其本质是为乡村运行重构新的行为准则和运行规范。这些赋能制度都将普通村民参与视为重要内容和评价标准，但这可能是一个以乡村能人为核心的圈层式扩散。经由集体产权改革和基层协商民主这两个案例可见，制度的外部赋能很难在短时间内有效培育出广大村民的现代产权观念或民主参与理念。在没有体制内外乡村能人引导的情况下，村民们对于制度的再生产更多表现为传统文化观念对赋能制度的系统性排异。由此可见，在赋能制度的实施过程中，乡村能人群体在沟通"政府—村两委—普通村民"三方之间发挥着重要的联结和协调功能。更重要的是，该群体的主观能动性，包括集体发展规划、村治的自我角色设定以及资源精力投入程度，都将直接影响制度运行状况并对村民认知转型产生塑造作用。

赋能制度的再生产过程就是在这些关键行动者的主导以及与他者的互动间完成，所以他们的群体特征、理性偏好和行动规范会极大地塑造制度内涵，进而决定制度的实际运作和后续演化。这些行动者的能动作用并非随机或是主观无序，而是基本遵循符合其群体特征和现有制度安排、相对稳定且重复出现的思维方式和行为模式，称其为"行动逻辑"[①]。在观察和分析制度再生产的过程与走向时，需要深入把握这些关键群体的行动逻辑。例如村干部在政府"执行者"与村庄"当家人"之间的角色偏好，影响到村庄的集体产权改革各有侧重，或聚焦在农民个体的民主权利，或更关注集体经济的发展空间。此外，意在扩大普通村民民主参与的基层协商制度在推行过程中产生了非预期结果，那就是实现了对体制外乡贤的动员和重组，其背后也符合该群体的行动逻辑，包括拓展资源的现实理性和反哺乡梓的道德情感。

（二）组织赋能类型的组织嵌入环节

多数组织赋能的制定者，特别是政府主导的组织赋能，习惯于以文件形式发起倡议、设置详尽的规则程序，并借助行政命令和经济杠杆推广执行。在他们看来，当基层各村社成立赋能组织后，这些组织就能自主调节行动者意愿，发挥赋能功能。在这一过程中，政策制定很容易忽

[①] 周雪光、艾云：《多重逻辑下的制度变迁：一个分析框架》，《中国社会科学》2010 年第 4 期。

视对于"组织嵌入"及其策略保障的考量。相比之下,专业社会组织主导的乡村赋能更为重视在地的情境合法性,但是这与它们作为"外来者"在面向村庄时严峻的嵌入性困境息息相关。由此说明,无论是政策性组织还是外源型社会组织,影响组织赋能的关键因素就在于组织嵌入环节。

这里的"嵌入"(Embedded)概念延续着波兰尼、格兰诺维特等学者的"嵌入性"理论研究,都关注特定社会结构与环境对人类行为的影响作用,[①][②] 但是在具体的研究对象上有些许差别。波兰尼是在宏观层面,对于经济与社会系统之间"谁主导、谁从属"这一关系进行解释,格兰诺维特则讨论主体行为与人际网络间的链接。与之前均不同,本书讨论的是组织与所在情境结构间的互动关系,这是一种结构、文化植入并融贯于另一种结构、文化的过程。[③]

该过程对于外来或新生组织能否发挥预期功能至关重要,从单一组织形式到国家官僚体系都是如此。有研究指出,政府下派的"工作队"为完成基层治理任务,就需要经由刚性的制度建设与柔性的利益、价值重构完成"结构嵌入"与"关系嵌入"。[④] 埃文斯则指出"嵌入性自主",指出官僚机构仅凭"干预"很难获得真正的自主性,必须适当嵌入市场、社区并与之建立合作互惠关系,才能在构建新治理规则中获得主导性。[⑤] 维斯和霍布森甚至将嵌入性作为评价国家强弱的指标。[⑥]

乡村赋能对于"组织嵌入"效果提出了更高的要求。首先是由于村庄的特有环境。组织嵌入环节受到多重因素影响,包括在认知上受原有思想意识的限制程度、在文化上对于集体规范的共享理解、在结构上的

[①] [英]卡尔·波兰尼:《大转型:我们时代的政治与经济起源》,冯钢、刘阳译,浙江人民出版社2007年版,第50页。

[②] [美]马克·格兰诺维特:《镶嵌:社会网与经济行动》,罗家德等译,社会科学文献出版社2015年版,第1—27页。

[③] M. Tina Dacin, Brent D Beal and Marc J Ventresca, "The Embeddedness of Organizations: Dialogue & Directions", *Journal of Management*, Vol. 25, No. 3, June 1999, pp. 317–356.

[④] 朱新武、谭枫、秦海波:《驻村工作队如何嵌入基层治理?——基于"访民情、惠民生、聚民心"案例的分析》,《公共行政评论》2020年第3期。

[⑤] Peter B. Evans, *Embedded Autonomy: States and Industrial Transformation*, Princeton: Princeton University Press, 1995, pp. 11–81.

[⑥] [澳]琳达·维斯、约翰·M. 霍布森:《国家与经济发展:一个比较及历史性的分析》,黄兆辉、廖志强译,吉林出版集团有限责任公司2009年版,第9页。

物质交换关系状况以及在政治上的权力斗争状况等方面。① 村庄自古就是相对封闭、稳固的结构场域，这意味着外来组织在获取支持、塑造合法性与控制冲突等方面将面临强大阻力，需要复杂、政治化的地方性调适。其次是基于"赋能"理念的权力逻辑和干预方式。在该理念中，作为外部干预的组织不是直接给予行动对象已生成的服务或公共品，而是要在具体时空情境下引导其价值观念与行为方式转变。这种特征决定了组织不能"悬浮"而必须"嵌入"地方性场域，才有可能施加上述策略组合的赋能影响。换言之，组织活动的嵌入程度会直接影响到赋能策略设计能否达到预期效果。

有效的"组织嵌入"要同时具备两个标准。其一是获取合法性。迈耶和斯科特指出："组织的合法性是指一个组织能够得到文化支持的程度——已经确定的文化说明系统为组织的存在提供的解释程度。"② 获得合法性意味着新生或外来组织得到场域内行动者的认可、接纳和信任，这不仅有助于组织在场域内的存续，也为其动员所需资源奠定基础。其二是保有自主性，这一标准考察的是组织在融入场域时的目标履行状况与规则运行状态，特别是对于那些出于政策强制或为获取项目资源而参与的组织。面对强大的政府压力，组织自主性经常被牺牲。朱健刚等描绘了某专业社会组织以弱化自主性为代价换取合法性资源，在街区政府的强势约束下组织形态变得科层化、专业权力式微的过程。③ 而迈耶和罗恩在讨论"制度同形"现象时就指出，有些组织在追求合法性的同时又要避免对绩效逻辑的冲击，便将所采纳的制度做仪式化或象征性的"脱耦"处理。④ 所以，有效"组织嵌入"需要同时获得合法性与保有自主

---

① Sharon Zukin and Paul Dimaggio, *Structures of Capital: The Social Organization of the Economy*, Cambridge: Cambridge University Press, 1990, pp. 1 – 36.

② John W. Meyer, "Centralization and the Legitimacy Problems of Local Government", in John W. Meyer and W. Richard Scott, eds., *Organizational Environments: Ritual and Rationality*, Beverly Hills: Sage Publications, 1983, p. 201.

③ 朱健刚、陈安娜：《嵌入中的专业社会工作与街区权力关系——对一个政府购买服务项目的个案分析》，《社会学研究》2013年第1期。

④ [美] 约翰·迈耶、布莱恩·罗恩：《制度化的组织：作为神话与仪式的正式结构》，载[美] 沃尔特·W. 鲍威尔，保罗·J. 迪马吉奥《组织分析的新制度主义》，姚伟译，上海人民出版社2008年版，第45—67页。

性，两者缺一不可，这说明新生或外来组织在与地方性场域互构中需要微妙地把握嵌入程度。以用水户协会制度为例，嵌入程度不足就可能像 D 村用水户协会因为缺失合法性基础而沦为"不在场者"，L 村协会则是在村两委与文化惯例的强势整合下完全丧失组织自主性，只是村庄获取资源的平台。相较而言，和合公益组织跳出政府购买服务而扮演乡村建设的"赋能经纪"角色，以此尽可能保有组织自主性。与此同时，契合本地需求的项目内容、培养本地骨干以及引入和整合政社资源等，都为乡村书院建设和运行奠定了深厚的社会基础。

第二节　从压力型体制到放权社区：基层治理模式变革

乡村振兴战略将乡村发展与乡村治理提到前所未有的高度，国家也将投入更多注意力与资源用于乡村复兴。"从城乡一体化的农村社区建设、实现共同富裕的脱贫攻坚战，到留住乡愁的美丽乡村建设以及各种乡村振兴规划，都以不同的方式体现了这一点。一如国家用战略规划的方式来发展城市和工业，现在国家以同样的方式来发展乡村地区。"[①] 乡村赋能尝试搭建外部干预与内源生长之间的内在关联，在"替代"与"放任"之间为政府权力干预乡村发展寻找到了第三条道路。鉴于乡村赋能理念遵循特定的运行逻辑，科层运行与政治动员更替的常规基层治理模式并不与之适配。这就意味着地方政府的基层治理亟须一场模式变革，应根据治理任务或政策的属性特征尝试探索给予村庄更大自主性、政社互动更有效的新型治理模式。

一　党政体制下常规的基层治理模式

地方政府，特别是基于乡土社会的县域政府"处在承上启下的关键环节，是发展经济、保障民生、维持稳定、促进国家长治久安的重要基

[①] 景跃进：《中国农村基层治理的逻辑转换——国家与乡村社会关系的再思考》，《治理研究》2018 年第 1 期。

础"①。县域治理的独特性除了反映在结构性位置及其承担的角色功能上，更凸显在它的党政体制以及由此形成的基层治理模式上。县域党政体制的组织架构，一方面是按照科层制原则组织运行的县级职能部门，其负责大部分分工明确的日常性治理事务；另一方面则是具有更高权威的党委系统，它除了发挥对政府及其职能部门的领导功能，还以政治动员方式直接介入治理事务。② 由此形成了县级政府在基层治理中科层与动员更替的常规模式。

（一）科层运行与政治动员的更替

科层模式的制度化形式基本遵循韦伯式的理性官僚制特征，依托于专业化、等级制与非人格化的政府组织结构。③ 职能部门在任务执行过程中高度重视理性化、规则化和技术化。上级部门会制定下发业务任务，并且详细规定内容、手段、程序以及适用范围等，以此明确执行者"可以做什么""应该怎么做"，同时也会设置明确的指标体系和阶段性评估对执行状况开展全过程监督，以确保任务按时、按量和按标准完成。"科层体制只在乎行使职权过程是否合法而对行政效果监控不严，更不会追求短时期治理效果的改善，对职权行使之后的社会变化不敏感。"④ 所以，这些职能部门会理性地强化规则的作用，甚至出现"规则至上"的目标倒置。⑤ 科层制运行像开启一座复杂的大机器，以有秩序的局部配合应对复杂多变的环境，保持和推动了县域经济社会的正常运转。

然而，科层模式有其局限和反功能，如难以有效处理跨部门协调、缺乏向基层延伸的载体以及"多一事不如少一事"的组织惰性等。此时就需要启动党政体制下基层治理的另一个面向——政治动员模式。常见的政治动员形式包括各种专项治理、集中整治、重点任务等，其具体过程则由三种机制构成，分别是分解目标任务和传递政治压力的压力机制、

---

① 《习近平谈治国理政》第二卷，外文出版社 2017 年版，第 140 页。
② 杨华：《县域治理中的党政体制：结构与功能》，《政治学研究》2018 年第 5 期。
③ ［德］马克斯·韦伯：《经济与社会》（下），林荣远译，商务印书馆 1997 年版，第 736—757 页。
④ 杨华：《县域治理中的党政体制：结构与功能》，《政治学研究》2018 年第 5 期。
⑤ ［美］罗伯特·K. 默顿：《社会理论和社会结构》，唐少杰、齐心等译，译林出版社 2008 年版，第 253 页。

成立领导小组或指挥部统一指挥调度的动员机制以及将中心工作的权责包干给下级的行政包干机制。① 作为党委领导下的运行机制，它能够"打破按部就班的常规科层制治理模式，将行政问题转化为政治问题"②，从而在短时间内完成资源集聚、结构整合、思想统一与集体行动。刘骥以计生政策为例，就指出运动式治理将常态治理时的"条条求着块块做"转变为"块块带着条条做"。③

科层模式与政治动员模式并非替代关系，而是在不同任务间转换和更替。从任务自身特征看，一般常规的、专业性的简单任务会采用科层运行，而涉及利益博弈的复杂任务或紧迫重大的中心任务，则更容易启动政治动员的机制。④ "政治势能"是识别任务特征的重要信号或表征，"很快为身处其中的地方官员所察觉和识别"⑤。与此同时，资源配置状态也是确定模式选择的重要考量。科层模式一般是为执行者匹配了相应的职权与行动资源，因而更强调对职权行使和资源使用的监管，而动员模式的行动资源一般需要执行者自行开拓或探索，因而就需要下达任务和指标进行数量化分解，以结果为导向开展考核和奖惩。然而，随着中央自上而下地规范基层治理体系，而今的县域基层治理则呈现出科层模式与动员模式的整合。一方面基层治理的规范化程度提升，包括目标设定的清晰化与具体化、监督问责的细化与过程化；另一方面则启动了更为强烈的政治动员，包括中心工作的扩大化、各类指标排名、监督问责等。"从基层政府的角度，这意味着基层的自主性被大幅度压缩，但所处的治理压力结构却被强化了。"⑥

---

① 欧阳静：《政治统合制及其运行基础——以县域治理为视角》，《开放时代》2019 年第 2 期。
② 徐岩、范娜娜、陈那波：《合法性承载：对运动式治理及其转变的新解释——以 A 市 18 年创卫历程为例》，《公共行政评论》2015 年第 2 期。
③ 刘骥、熊彩：《解释政策变通：运动式治理中的条块关系》，《公共行政评论》2015 年第 6 期。
④ 林雪霏：《双重"委托—代理"逻辑下基层政府的结构困境与能动性应对——兼论基层政府应然规范的转变》，《马克思主义与现实》2017 年第 2 期。
⑤ 贺东航、孔繁斌：《中国公共政策执行中的政治势能——基于近 20 年农村林改政策的分析》，《中国社会科学》2019 年第 4 期。
⑥ 仇叶：《行政权集中化配置与基层治理转型困境——以县域"多中心工作"模式为分析基础》，《政治学研究》2021 年第 1 期。

（二）治理适应性需求与授权地方

党政体制下的基层治理模式借助科层与动员的更替相互补充、弥补了单一机制运行的困境，但是两者都是依托既有的党政组织结构自上而下完成预设目标，仍有其治理局限性。例如，有研究发现在启动动员机制后，合法性承载会在政府层级传递过程中被常规的官僚机制吸纳、变通或弱化，于是这些运动式治理越到基层就越变得常规化或形式化。[1] 更重要的是，基层治理对适应性提出了更高的要求。庞大且差异化的物理空间和人口规模会催生出多样化的治理情境。而国家趋于扩张的公共责任和管理内容也在催生出大量的复杂政策，如政策对象需求多元、治理目标综合或者对政策产品有差异性和定制化要求等。

具有上述特征的任务在基层治理中频繁出现。在常规治理模式下，基层政府只能依靠灵活执行策略来应对治理的适应性需求。[2] 如"变通""软硬兼施"等非正式执行就是以地方性、社会性机制替代正式机制完成上级政府规定的政策目标。[3][4] 共谋行为则是基层政府在直接上级的庇护下，针对当地情况的适应策略，一定程度上校正或化解了集权决策可能产生的困境弊端。[5] 这些通过非正式执行策略而获得的自由裁量权，尽管在客观上提升政策适应性，但是以弱化或抵制科层体制的正式制度作为代价，同时这种灵活性还可能导致执行严重偏离政策目标的主线。

为将基层策略性的变通转变为正式制度中的自主性，上级有意构建"授权地方"的治理结构安排，在将部分决策权转移给地方政府的同时，也将政策制定过程延续至行政环节[6]。如政策试验，决策层级通过"试

---

[1] 倪星、原超：《地方政府的运动式治理是如何走向"常规化"的？——基于 S 市市监局"清无"专项行动的分析》，《公共行政评论》2014 年第 2 期。

[2] 周雪光：《权威体制与有效治理：当代中国国家治理的制度逻辑》，《开放时代》2011 年第 10 期。

[3] 王汉生、刘世定、孙立平：《作为制度运作和制度变迁方式的变通》，《中国社会科学季刊》1997 年第 21 期。

[4] 孙立平、郭于华：《"软硬兼施"：正式权力非正式运作的过程分析——华北 B 镇收粮的个案研究》，《清华社会学评论》（特辑）2000 年第 1 期。

[5] 周雪光：《基层政府间的"共谋现象"——一个政府行为的制度逻辑》，《社会学研究》2008 年第 6 期。

[6] ［英］米切尔·黑尧：《现代国家的政策过程》，赵成根译，中国青年出版社 2004 年版，第 117—118 页。

点"形式给予地方政府自主空间去创新备选方案或检验政策工具可行性,① 从而在政策制定阶段就尽可能识别与应对地方性情境的挑战。有学者提出中国的公共政策过程在巨大的时间约束下会呈现出"决策删简—执行协商"的制度安排,政策制定环节被有意删简以求快速回应公众与上级政府的关注,执行阶段就成为多元利益协商与政策方案利弊权衡的过程,后者为地方差异化、适应性的执行释放出政策空间。② 另有研究则针对政策领域自身特征,提出在复杂政策领域中为提高治理的有效性,政策运行呈现出"顶层设计—地方转译"的治理结构,地方政府在其中获取到因地制宜"转译"政策的自由裁量权。③ 由此可见,决策层级已经意识到地方多元情景与差异化需求对于政策质量的挑战,也试图通过恰当的治理结构安排制度化地缩短信息生产的链条、弥补一统性政策与多样化情景之间的张力。

然而,现有围绕基层治理模式的探索主要是在政府内部上下级之间展开,较少关注基层治理在国家与社会之间可能构建的治理结构与联动机制。无论是出台赋能制度还是引导组织赋能,这些赋能式政策都指向对于集体与私人领域的引导或规制,如移风易俗、精准扶贫、低端产业整治等。同时,公权力不再扮演场外的裁判从外部施加强制性干预,而是试图进入场域内部,对民众进行策略性的积极干预。这一切都涉及复杂的地方情景和政社间的频繁互动,需要探索提升政策适应性、适配赋能式政策的基层治理新模式。下文试图通过 J 市(县级市)政府推动农村集体产权改革的过程,展现社区主导与政府助推组合而成的"放权社区"基层治理创新模式,并且探索地方政府在探索赋能式政策时的现实建构逻辑。

---

① 赵慧:《政策试点的试验机制:情境与策略》,《中国行政管理》2019 年第 1 期。
② 薛澜、赵静:《转型期公共政策过程的适应性改革及局限》,《中国社会科学》2017 年第 9 期。
③ 吕方、梅琳:《"复杂政策"与国家治理——基于国家连片开发扶贫项目的讨论》,《社会学研究》2017 年第 3 期。

二 放权社区：适配乡村赋能的基层治理新模式

赋能式政策意味着政府机构在权力观念与干预方式的转变。[1] 既有的基层治理模式和授权地方两种路径都难以有效满足其运行需求，需要探索更有助于政社间有效互动的创新模式。基层治理模式是指参与基层治理中相关主体之间所形成、相对稳定的权责配置和互动方式，由此生成政策执行或公共品生产的不同形式。这里的治理模式既包括政府内部的不同层级之间，也涉及政府与市场、社会其他主体类型之间的互动关系。西方新制度学派对于治理模式的研究主要围绕生产效率展开，他们曾系统讨论科层制与市场交易这两种治理模式的产出与成本，特别考虑到不完全契约下的代理人监督问题。[2][3] 在此关注的是治理模式所引发的政策产品质量问题，即不同的治理模式会如何影响政策的情景适应性和赋能效果。

（一）"放权社区"的基层治理模式

赋能式政策是以培育村庄共同体意识和自主供给公共品能力作为目标。集体产权制度改革是经济领域内典型的赋能制度，具有从个体、组织到社区的一系列内在的赋能链条。在乡村层面，集体产权制度改革的实践深受在地情境的环境制约，特别是作为乡土共识的群体产权认知与关键行动者的能动性选择。本书第三章第一节呈现了J市两个村庄在改革中差别化的赋能样态。本节则从政府层面观察J市对于赋能式政策的执行情况。对于J市政府而言，全面推动这一改革是上级交付的、以乡村赋能为导向的政策过程。为了高质量地执行这个赋能式政策，他们探索了"社区决策—政府助推"的基层执行模式。

J市庞大的农村体量和低水平开发现状是该市发展的结构性短板，也

---

[1] Dave Adamson and Richard Bromiley, "Community Empowerment: Learning From Practice in Community Regeneration", *International Journal of Public Sector Management*, Vol. 26, No. 3, March 2013, pp. 190 – 202.

[2] Armen A. Alchian and Harold Demsetz, "Production, Information Costs, and Economic Organization", *The American Economic Review*, Vol. 62, No. 5, December 1972, pp. 777 – 795.

[3] Sanford J. Grossman and Oliver D. Hart, "The Costs and Benefits of Ownership: A Theory of Vertical and Lateral Integration", *Journal of Political Economy*, Vol. 94, No. 4, August 1986, pp. 691 – 719.

是可深入挖掘的开发空间。主管部门农业局①意识到理顺集体三资的产权关系对盘活集体经济与乡村振兴的基础性作用，于 2017 年 6 月主动争取到省级改革试点，随后成为国家级试点。J 市迅速成立起市委书记挂帅的改革领导小组，农业农村局牵头，主导了从核心村探索、两批多类型村庄试点到全面推广的整个政策过程。截至 2018 年 10 月底，拥有经营性资产的 197 个村社全部实现经联社挂牌，而没有经营性资产的也完成了成员界定工作。研究团队在 2018—2019 年多次赴当地开展实地调研并选取 4 个不同类型的典型村庄进行跟踪观察（详见表 5 - 1），对主导改革的市农业局、各镇街主管领导以及 4 个村的村干部及部分村民进行了深度访谈。

表 5 - 1　　　　　　　　　4 个典型村庄的基本村情

村庄	村庄特征	地理特征	集体经济情况
G 社区	原村域撤村建居	市中心商业圈	集体土地、资金入股酒店、百货等服务产业
R 村	分批征地上楼，多村合并改居	被纳入城市建设范围	征地款置换成商品房和店面
T 村	农村建制	近郊	集体土地建设厂房、仓库出租
K 村	农村建制	远郊	利用滨海区位和战地文化发展旅游业

注：其中 R 村和 K 村也是第三章第一节的案例村庄。

研究发现，J 市在推动集体产权制度改革时呈现出"社区决策—政府助推"这种放权社区的治理模式，具体表现为原本发生在政府内部的决策过程被转移至社区空间，由原本被视为政策对象的社群组织或群体主导权威性价值分配的决策过程，而掌握着公共权力的各层级政府则起到发起政策议程、规范政策过程以及营造政策环境等助推作用。

1. 社区空间内的决策过程

J 市政府所设定的政策原则是"一村一策"，为此它将股份化改革内

---

① 当时尚未进行机构改革，机构名称为 J 市农业局，鉴于对案例情况的真实还原，下文延续"农业局"称谓。

容的决策权都下放到村社层级,在成员确认、清产核资、股权设置以及股份制组织管理等涉及利益分配或权力运行的关键环节和改革方案,都需要经由村民代表大会(或村户代表大会)80% 以上表决通过方可实施。[①] 这实际上是经村庄法定的自治程序与非正式的社会性规则的共同作用而形成的最终决议。

社区决策过程的具体载体是建立在村级法定自治章程基础上的三级会议形式。第一级是由村两委组成的产权改革工作小组会议,主要负责拟定成员认定、股权分配等规则草案;第二级是村民小组会议,成员扩大至村民代表、老人会代表等,负责共同审议改革草案,讨论村民有异议或不满的具体议题;第三级是在草案酝酿成熟的基础上召开村民代表会议,投票决定产权改革方案能否最终生成,赞成票数未超过 80% 则要修订后重新提请表决。

所访谈的村干部都表示政府出台的实施方案对改革具体内容并无明确规定,最重要的还是村民们要达成共识,特别是身份界定、成员认定基准日、股权分配标准和比例……这些决议动辄涉及成百上千户农民的利益,又往往牵涉村干部或宗族之间的矛盾,需要在村民小组会议上审慎讨论和协商。与此同时,村民小组会议还需要回应村民们反馈的各种特殊情况、历史问题以及个体化诉求。

> 只要出现纠纷,就需要召开专门的村小组会议,一般由各小组长摸清自己小组的情况,有特殊情况统一上报,连同老人会、当事人一一进行研究协商。(访谈记录:L20181114——R 村村主任)

在这一协商过程中,村庄内部所共享的情理道义、社会关系纽带以及惯常的产权实践规则等社会性规范就在其间发挥主导作用。J 市自古以来宗祠文化盛行,老人会、宗亲会中聚集一群具有影响力、来自各姓氏或各房头的长者,该群体便是这些社会性规则的载体。村两委的改革草案首先需要获取这些"关键少数"的认同。

---

① 具体就是 5 份决议章程:改革工作计划和实施方案、资格认定方案、清产核资情况、股份改制方案以及股份经联社章程。出自内部文件《J 市农村集体产权制度改革试点实施方案》。

他们会代表自己小组或房头提出很多问题和意见，我们都要一个一个去回应和协商，也需要依靠他们的威望去做通村民们的思想工作。（访谈记录：C20181023——K村副书记）

2. 地方政府的助推作用

J市政府并非置身事外，而是通过调动现有的组织资源与政策工具来发挥助推作用，为村庄层面决策过程的顺利推行进行知识宣传、环境激励与规则保障，J市市、镇两级政府在政策过程中具体采取如下措施。

其一是设定规则。J市农业局在探索与试点阶段将政策重心置于技术层面的规则制定，特别是具体的操作流程。"为村社提供类似技术指南，让他们能够按照流程一步步来做"（访谈记录：Y20181030——J市农业局农村科科长）。与此同时，J市还通过试点总结和政府间学习，将易引发矛盾的关键节点纳入规则设置中。如集体股与成员股的设置，村干部偏好于增加集体股所占比重以强化村集体可支配收入、减轻其沉重的公共服务负担，而村民则偏好于尽可能扩大股权和收益比例。为平衡这两种利益，实施方案中明确规定在一般情况下，"集体股最高不超过30%，成员股最低不少于70%"[①]，用农业局局长的话说就是"切一刀，但不一刀切"。（访谈记录：L20180119）

其二是检查验收。为确保按时、全面完成所设定的政策目标（契约），市级政府以过程监督与结果验收来检查镇街、村社的履约情况。在访谈中得知，多数镇街在接到农业局下发的改革任务后并未进行内容调整或出台实施细则。它们只是根据所要求的完成期限组织分工、倒排工期，并对村社下达详细的改革时间表，同时交由市农业局备案。市农业局则以此为据定期催促提醒，要求镇街上报辖区的完成进度和遇到的重难点，以此督促镇街加快执行改革任务。而对村社股改结果的验收是由镇街与市局两级共同完成。村社需要将经民主通过的改制决议都交由镇街审核，随后提交给市农业局和市政府履行备案程序，完成对股改后经联社的组织登记，由此确保政策执行结果达到合规性要求。

其三是打造典型。从政策过程的功能上看，探索与两轮试点不仅是

---

① 出自内部材料《J市农村集体产权制度改革试点实施方案》。

提供原创数据的试验过程，更是打造"首创"和示范作用的典型。后者从试点对象选择和政策资源配置上可见一斑。作为探索对象的 G 社区，位于该市中心商圈，土地经营使其拥有全市体量最大且收益稳定的集体资产，同时第一轮试点的 7 个村社也都是基于"择优"标准选定：具有较强基础的集体资产、积极且有能力的村级主干、尽可能覆盖辖区不同的村庄形态。为打造这些典型，农业局主管领导与合作的律师团全程参与并多次为其遭遇的改制难点及制度瓶颈召开部门协调会。相应地，其他部门资源、银行授信贷款等也随之而来。原本就较为有利的村社治理条件，再加上试点身份所集聚的政府关注和政策支持，是推广阶段的村庄所不具有的有利环境。[1]

其四是制度衔接。针对集体经济组织的配套法律并不完善，导致作为改革产物的股份制经济联合社的适用法律、市场权能、税赋标准以及监管方式等都不明朗，[2] 所以许多村社干部都对改革保持观望态度。为此，J 市农业局利用书记工程的政治权威，与相关职能部门进行制度衔接。首先是提升经联社的组织合法性，中央一号文件规定经联社由县级农业主管部门登记，J 市经过与市场监管部门的协商，决定提格由市政府予以登记；其次是为集体资产的市场流通提供便利，例如，与当地农商银行达成协议，由村集体经济组织作为信用担保，组织成员的股权便可抵押贷款；与国土部门合作，以经联社为主体探索集体经营性建设用途免征上市交易。

（二）放权社区与既有治理模式的比较

如上文所示，现有的政策过程主要依托三种基层治理模式，第一种是科层制模式，它遵循理性官僚制的运行模式，上级政府指定明确的政策目标和统一的内容方案，地方政府的自主裁量空间很小，需要完整、精准地将公共资源或指令传达并面向政策对象执行。第二种是政治动员

---

[1] 徐湘林：《社会转型与国家治理——中国政治体制改革取向及其政策选择》，《政治学研究》2015 年第 1 期。

[2] 2017 年修订的民法总则中赋予农村经济联合社"特殊法人"身份，但是相关的物权法、工商、税务等市场监管部门还未推出相应的管理细则，因而对于农村经济联合社的市场活动如何管理仍不明确。参见方志权《农村集体经济组织特殊法人：理论研究和实践探索》，《科学发展》2018 年第 1 期。

模式，由党委将重要任务转化为中心工作，以任务包干、压力传导、科层资源整合和组织重构快速推动治理目标实现。第三种是授权地方模式，现有研究中的政策试验、顶层设计—地方转译或决策删简—地方协商等制度化安排都属于此类。上级政府提出政策倡议或设定纲领性、指导性意见，地方政府在执行中基于共识性默契或正式授权享有部分的决策权限。而J市在推动集体产权制度改革的政策过程中则呈现出不同于前三者的，以"社区决策—政府助推"为主要特征的治理结构，在此称其为"放权社区"的治理模式。接下来将从权力、机制与功能三个维度的比较展现4种治理模式之间的差别（参见表5-2）。

表5-2　　　　　　　　四种基层治理模式的比较

维度	层面	政策过程中的基层治理模式			
		科层制	政治动员	授权地方	放权社区
权力维度	上级政府	政策制定与监管	目标制定与监督	政策发起与监管	政策发起
	地方政府	政策执行	政策制定与执行	政策制定与执行	政策激励与保障
	社区	政策对象	政策对象	政策对象	政策制定与执行
机制维度	行政机制	主导	主导	主导	助推
	社群机制	休眠/抵制	休眠/抵制	休眠/抵制	主导
功能维度	政策适应性	低	低	中	高
	政策监督	易	易	中	难

1. 权力维度

从权力维度看，在科层制模式中，政策过程中的权力高度集中于上级政府，除了掌握完全的决策制定权，还保留对地方政府的执行过程进行监管与问责的权限。就政治动员模式而言，上级政府通过签订责任状等形式分解目标任务，并作为考核评价的重要依据。而政策过程的内容制定与执行权限则主要由地方政府掌握。相比之下，授权地方模式中的上级政府保留着指导性、原则化的政策发起权限，他们在将决策权限部分委托给地方政府的同时，并未放弃对代理方行为的监督管理。换言之，上级政府仍然控制着考核、奖惩下属表现的权力。

从科层制、动员制到授权地方的治理模式转换过程中，政策权力的调配发生在政府系统内的不同层级之间，社区始终作为政策对象，被动地接受政策结果。而在放权社区的治理模式中，社区组织与成员则拥有对政策产品设计与操作的实质性权限，地方政府在上级议程发起后负责激活社区主体们的参与意愿并且为有序的政策过程提供保障。集体产权制度的改革议程是由政府创设，J市多数村庄都处于观望状态，对其价值与做法都不甚了解。市农业局一方面通过打造成效显著的典型村庄形成政策目标预期，另一方面利用部门间的制度衔接为经联社发展创造有吸引力的制度环境，以此打消村干部的顾虑并激发他们的改革积极性。

与"授权"最大的差别是，"放权"意味着政府在向社区转移权力的同时，也解除了对社区改革行为所承担的责任。所以，前三类治理模式所采用的官僚体制内部控制策略，如晋升、问责和监督等，都难以直接适用于基于村民自治原则的村社组织。[①] J市政府主要通过设置明晰的规则流程、引入专业律师团队以提升村社改革程序的规范化程度，同时利用授予经联社合法身份的行政权力对政策产品进行结果验收，这些是对政策过程的外部保障。

2. 机制维度

治理模式在主体间的权责配置会直接影响到政策过程中不同治理机制的组合方式与作用范围，在此主要是依托等级规则与政治权威、以"命令与控制"为特征的行政机制，以及基于群体成员的共同价值与规则、以"信任与监督"为特征的社群机制。[②]

[①] 镇街对村两委会进行每年的任务考核并与村社评奖评优、年终奖金等挂钩，但是在访谈中发现，随着急、难、重的治理任务不断叠加，考核问责更多是发挥威慑作用，因为这种刚性的奖惩形式与基层组织共生逻辑是存在张力的。"我们农业口每年都有好几项重点任务需要村里支持，如果每项都要考核扣分，就会影响到村主干辛苦一年的奖金，这事影响他们的积极性。"（访谈记录：J20181030——Y镇分管农业工作的副书记）

[②] Julian Le Grand, *The Other Invisible Hand: Delivering Public Services through Choice and Competition*, Princeton: Princeton University Press, 2007, pp. 14 – 22.

在科层制、政治动员与地方放权三种治理模式中,行政机制始终主导着政策过程,利用政策工具配置社会资源、规制主体行为。社区组织与民众只能被动地回应政策干预。当群体利益与政策目标共容时,社群机制多数处于休眠状态,反之则可能被激活而形成抵制政策执行乃至"裹挟"基层政权的自主性力量。而在放权社区的治理结构中,基于人情链条、情理习俗以及互惠互信的社群机制[1]在关键性的决策、执行过程中发挥着主导作用。在 J 市案例中,各村社在重构产权时包括重新界定集体成员,重新配置集体资产等具体决策,基本上都遵循着社区长期共同生活中所内生的、普遍认可的产权实践规则。[2] 一些在学理上存在争议的改制方案,在各村社的实践情境中则形成差异化且获得高度共识的决议。如股权是否固化问题,主张固化者认为有助于明晰产权,[3] 反对者则指出它会破坏村社自主治理的能力。[4] R 村在分批拆迁中已经不复原有的地理群聚,现有村民在向城市居民的身份转变中为保障其自身的集体权益,一致同意以基准日为界实施集体成员的"生不增死不减";T 村和 K 村考虑到本村历史上每十年会对集体土地重新调整,于是村民们普遍要求仍沿袭传统,对集体成员的资格认定也采取动态调整。

行政机制在集体产权制度改革中发挥的是助推作用,不同政府层级都依托其行政职权形成引导而非强制村社行为的制度环境。市局的助推作用主要体现在制度层面,通过上述提及的设定规则、程序性验收以及制度对接来保障程序合法性与营造市场激励。而各镇街则着力于过程层面,他们既需要传达市级改革指示、组织相应指导培训,还要对村社改革进度进行督查、敦促。为推动政策进程,他们会利用行政机制的组织资源和威慑力去纠正社群机制的失灵。社群机制建立在紧密的社会网络之上。"都是同个房头或同个家族的,抬头不见低头见"(访谈记录:

---

[1] Philip Cooke and Kevin Morgan, *The Associational Economy: Firms, Regions, and Innovation*, Oxford: Oxford University Press, 1998, p. 23.

[2] 朱冬亮:《村庄社区产权实践与重构:关于集体林权纠纷的一个分析框架》,《中国社会科学》2013 年第 11 期。

[3] 李爱荣:《集体经济组织成员权中的身份问题探析》,《南京农业大学学报》(社会科学版)2016 年第 4 期。

[4] 温铁军、刘亚慧、唐溧、董筱丹:《农村集体产权制度改革股权固化需谨慎——基于 S 市 16 年的案例分析》,《国家行政学院学报》2018 年第 5 期。

H20181012——T 村书记），村干部在处理欠账时普遍充当"老好人"，造成集体资产流失。镇街层面为了突破人情网络的阻碍，或以宣讲、视察、评比形式加强行政干预，或结合扫黑除恶重点工作，联合纪委、派出所走访查处非法侵占问题并追究村干部责任。

3. 功能维度

从权力维度和机制维度可以看出，治理模式基本设定了政策主体的权责关系与政策过程的治理机制组合。在特定模式下形成的获取情境信息的充分程度及其与所拥有的决策权力之间的匹配程度，将会对政策适应性产生关键性的影响。

科层制、政治动员、授权地方与放权社区 4 种治理结构的政策适应性依次增强。科层制的政策决策权集中在上级政府，情景信息沉淀于社区层级，"尽管这对于分解任务和处理自上而下的指令来说也许是一种有效率的结构，但是在处理自下而上的信息传输时，却有可能造成大量的超载或阻塞问题"[①]；政治动员以压力传导和政治激励的形式，解决了地方政府的资源整合和注意力塑造问题，但是并未涉及社会信息阻滞问题；在授权地方模式中，决策权限被部分转移至地方政府层级，由此形成的信息生产链条更短，对差异化需求的回应性也会变强；相较之下，放权社区这种治理模式直接将决策过程置于社区情境之中，由此形成的政策产品具有高度定制性，与社区自身需求的契合度最高。J 市各村社的改制方案都是经高比例民主表决形成的，从政策产品的内容上看呈现出多元化的特征。部分村庄突破以行政村为单元的常规方案，沿袭原有"自然村"的生产经营模式而成立股份制"经济社区"。[②] 作为典型的侨乡，各村对于华侨群体的成员资格认定标准也有所差别，K 村以"侨民不属于村民"而排除其成员权，而 G 社区虽然也否认华侨属于经联社成员，但给予其每人 10 股的贡献股，希望"加强他们与村庄的联系，鼓励他

---

① 陈国富：《官僚制的困境与政府治理模式的创新》，《经济社会体制比较》2007 年第 1 期。

② 现有的行政村是在政府强力干预下多次"并村"形成的，仍有部分村庄保留以自然村或村民小组为单位来组织生产、管理集体资源的方式，出现"一村多队，明村暗队"现象。参见程宇《嵌入性政治下的地权配置——基于南县农地产权改革的观察》，《公共管理学报》2016 年第 1 期。

们更多为村庄事务出钱出力"。（访谈记录：W20180118——G 社区书记兼主任）

最后，决策主体的结构性下移会带来政策产品监管的难度增加，因为代理人所具有的信息优势越明显，发生潜在的道德风险的可能性越高，为此就需要投入更多的控制成本、设置更丰富的监测工具，下移到村社层面更是如此。为保障政策产品的适应性，J 市农业局放弃了高成本、多元化的"完善监管"方案，而选择"去复杂化"监管方案，将监管重点放在保障政策流程的规范性与督促政策目标的按时完成。为此，市农业局除了反复推敲和试点改革流程外，要求各镇街倒排工期、形成详细的改革时间表，并阶段性地要求镇街上报辖区的完成进度和执行难点。由此抓取镇街的注意力分配，通过行政机制自上而下地督促改革进度。这种"去复杂化"的监管形式与放权社区的治理理念是相吻合的，以明晰的责任控制促使在政策过程中最大限度地解除对社会主体决策权的控制。

就今年下半年，镇里农经办除了产权制度改革还有一堆"重点工作"，我们根本完不成，谁催得急就先办谁的。（访谈记录：N20181030——J 镇农经办主任）

以上将 J 市在推动农村集体产权制度改革的政策过程中所展现的治理模式进行了理论化的阐释，并在与科层制、政治动员、授权地方 3 种治理模式的对比中展现出它在权力、机制和功能三个维度的具体特征。从政策运行机制和政策结果来看，"放权社区"的治理模式给予作为改革主体的村社极大的自主空间，对环境变动的敏感性高，政策产品的"定制性"色彩浓厚。这些都是提升政策适应性的具体表征，有助于更好实现乡村赋能效果。在剖析了这种治理模式样态的同时，需要进一步追问的是，地方政府为何建构这种不同于常规政策过程的基层治理模式？除了探索乡村赋能的理念引导外，还有其他现实因素的考量吗？

三 "放权社区"治理模式的多重建构逻辑

农村集体产权制度改革是对集体资产再分配的规则生产，属于典型的集体事务，在实践中面临自愿合作的组织成本问题。多数村民的产权意识尚未形成,认为这一改革"是国家或村里干部操心的事情"。即使是部分集体经济较发达的村社,村民更关心的仍是原有福利是否会因此变化,而没有意愿去主动谋划或参与改革。理性小农这种天然存在的"搭便车"偏好,使得村社内生的改革动力难以形成,合作行动的协商成本和监督成本也很高,需要外在力量帮助打破固有的环境和规则,分担高额的组织成本。通常这个助推角色由政府来扮演。① 地方政府出于辖区发展规划与试点任务的压力,以公共政策的形式介入到规则生产中。此时,选用何种政策工具、如何界定政府介入的边界才能有效扮演乡村赋能的角色,这给政府的基层治理能力带来了巨大的挑战。J 市政府所建构的"放权社区"治理模式,正是应对上述困局的自发探索。除了政策主导者所具有的创新思维和民主理念外,这种模式的形成更是基层治理现实情境下合法性、风险防范和效率等多重理性逻辑重叠作用的结果。

(一) 合法性逻辑

集体产权制度改革属于社区的公共事务,原则上应该由社群成员经法定的自治平台和民主程序进行改革,国务院在《意见》中也明确将"农民主体地位"作为基本改革原则。② 此时,地方政府倘若在政策设计中就明确安排改革内容事项,从法理上看是侵占了村社自治的范畴,不具有法律层面的合法性。更重要的是,关系产权理论明确指出,集体产权的实践长期嵌入于高度情境化的村社网络中,是村社内部长期互动和协调的产物。③④ 各村社在实践中已形成包括资产入股、集体成员权利以及集体主义"劳动创造"等多重逻辑复合的集体资产运

---

① 朱乾宇、罗兴、马九杰:《组织成本、专有性资源与农村资金互助社发起人控制》,《中国农村经济》2015 年第 12 期。

② 在《中共中央 国务院关于稳步推进农村集体产权制度改革的意见》(2016 年 12 月 26 日)的基本原则中明确指出:"发挥农民主体作用,支持农民创新创造,把选择权交给农民,确保农民知情权、参与权、表达权、监督权,真正让农民成为改革的参与者和受益者。"《中共中央 国务院关于稳步推进农村集体产权制度改革的意见》,2016 年 12 月 26 日,https://www.rmzxb.com.cn/c/2016-12-29/1252939.shtml,2024 年 9 月 11 日。

③ 周雪光:《"关系产权":产权制度的一个社会学解释》,《社会学研究》2005 年第 2 期。

④ 申静、王汉生:《集体产权在中国乡村生活中的实践逻辑——社会学视角下的产权建构过程》,《社会学研究》2005 年第 1 期。

行状况。① 此时若强制要求"以制度设计来取代非正式的社会合约规则"②，反而会打破社区内生产权秩序的平衡，降低村民对产权界定的认同，也不具有社会合法性。所以，J 市政府主动将各村具体改制方案的设计权交给村社集体，利用政策设计的权威性与政策执行的体制内动员对集体规则生产进行激励与保障。

（二）风险防范逻辑

地方政府的公共物品供给本就容易引发来自民众的社会风险，特别是集体产权制度改革"动辄涉及成百上千户农民利益，又往往牵涉村干部或宗族之间的矛盾，易引发群体性纠纷"③。在高压的维稳体制下，对这些社会风险的高度敏感，迫使地方政府不得不事先为可能的纠纷冲突设计应急预案。这种"放权社区"的治理模式及其内含的合法性逻辑，为地方政府设置了一道风险防范的屏障。

首先，由于政策制定与执行的权限都被下放到村社层面，这些利益配置、矛盾纠纷都先经村社权威与乡土原则决策和消化，通过激活社群机制为社会矛盾的政治化提供了缓冲；其次，J 市改革在强调社区主体合法性的同时，也实现了责任主体的转移。集体规则的产生源自社群集体的共识而非对国家权力的遵从，一旦利益纠纷在社群内无法调解而诉诸司法渠道时，村集体和村经联社为主要应诉人。④ 虽然地方政府退出的可能性很低，但"此时政府是以监管者、协调者的身份出现，民众缺乏要

---

① 以 G 社区为例，20 世纪 90 年代当时的村组织将抛荒的责任田都收归集体，在村域被开发为商业区的过程中，村集体顺应趋势以土地入股方式参与到社区酒店、商场的开发中，被征用土地所在的生产小队则据此享受集体分红。与此同时，全村村民每年还享受村集体提供的幼儿园入学、代缴养老医疗保险以及节庆福利。由此可见，G 社区集体资产在动态演化中存在两种不同的分配机制，一种是基于土地资产入股的市场机制，另一种是基于传统村落共同体成员身份的社群机制，这两种机制在社区运行中被村民普遍认可。参见刘玉照、金文龙《集体资产分割中的多重逻辑——中国农村股份合作制改革与"村改居"实践》，《西北师大学报》（社会科学版）2013 年第 6 期。

② 折晓叶、陈婴婴：《产权怎样界定——一份集体产权私化的社会文本》，《社会学研究》2005 年第 4 期。

③ 吴泽勇：《群体性纠纷的构成与法院司法政策的选择》，《法律科学》（西北政法大学学报）2008 年第 5 期。

④ 赵新龙：《农村集体资产股份量化纠纷的司法实践研究——基于 681 份裁判文书的整理》，《农业经济问题》2019 年第 5 期。

求政府承担直接责任的合法性理论"①，政府从中调解和协商的空间也较为宽裕。

(三) 效率逻辑

地方政府在追求政策适应性方面最为现实的考量便是效率逻辑。周雪光曾指出，当中央将政策生产效率作为首要考量时倾向于向地方授权以调动其积极性，②这一思路扩展至放权社会的治理模式中也同样成立。首先，各村与集体资产相关的关键"情景信息"往往都掌握在村干部手上，地方政府在制定统一性政策时面临着高昂的信息搜寻成本，这种信息的非对称分布容易造成政策过程中"一刀切"的简单化风险，也难以对代理人潜在的"道德风险"实施有效监管。所以，"越是复杂和专业性强的公共产品，基于产品成本质量的考量，其设计权越应该更多地由掌握产品复杂性特征的一方拥有"③。

其次，这种决策权的配置形式有助于调动村集体的积极性。集体产权制度的股份化改革能够为集体经济的市场化发展奠定明晰的产权基础，在放权社会的治理模式中推行改革政策，意味着将产权改革的决策权与改革的收益权都统一在村集体。④⑤ 为更大范围地获取改革收益，村干部在改制过程中便会倾向于选择共识性较强、有利于集体经济发展的股权配置与运行方式。当然，这种制度安排的激励效果还受到村庄特征、产业基础、村干部的资源动员能力与主观意愿等因素影响。G 社区与 K 村都属于能人治村模式，两位长期"一肩挑"的社区带头人不仅积极推动试点，还主动与政府部门对接相关的利好政策。相比之下，T 村凭借其近郊的区位优势和原有厂房基础，仍旧沿用原有的经营思路，此次股改对

---

① 向静林、张翔：《创新型公共物品生产与组织形式选择——以温州民间借贷服务中心为例》，《社会学研究》2014 年第 5 期。

② 周雪光：《行政发包制与帝国逻辑 周黎安〈行政发包制〉读后感》，《社会》2014 年第 6 期。

③ 王春婷：《政府购买公共服务的风险识别与防范——基于剩余控制权合理配置的不完全合同理论》，《江海学刊》2019 年第 3 期。

④ Oliver Hart and John Moore, "Foundations of Incomplete Contracts", *The Review of Economic Studies*, Vol. 66, No. 1, January 1999, pp. 115–138.

⑤ Oliver Hart and John Moore, "On the Design of Hierarchies: Coordination versus Specialization", *Journal of Political Economy*, Vol. 113, No. 4, August 2005, pp. 675–702.

其并未造成明显冲击；而 R 村在多次土地征迁中已经名存实亡，其村两委在股改中将重点放在规范程序与协商利益，对现有集体资产的经营尚未有明确规划。

最后，这种建立在政策适应性上的政策生产效率要求予以村社自由裁量的时空条件，这与工具理性逻辑下的政策执行效率会有所冲突。试点完成的时间约束构成了对 J 市政府沉重的考核压力，为此市农业局以改革领导小组办公室身份频繁发文、实地督查并要求汇报进度，以此向镇街传导这种压力；而镇街则通过开会宣传、领导包村以及驻村干部协助等形式将压力再传导到村社身上。

> 省里对改革试点并没有明确的内容或标准要求，这些都必须靠我们自己摸索，但是它设定了时间限制，年底前必须全面完成改革。（访谈记录：L20180119——J 市农业局局长）

四　小结

J 市推动集体产权制度改革的政策过程展现"放权社区"这一基层治理模式。这一治理模式创设于地方政府介入乡村社会、探索乡村赋能实践中。其运行特征表现为社区主导与政府主推的互动配合，一方面将政策设计的决策权下放至社区层面，充分开发其在地信息优势和社群机制作用以形成定制化的政策产品，另一方面通过权威性的政策工具选择与体制内条块资源的动员整合，为改革设置规则、打造样板并创设激励，以此助推并保障政策进程。需要说明的是，"放权社区"作为一种基层治理模式，是在面对乡村赋能这一特定政策类型，基于决策权限下移而形成的治理主体间关联重构。它之所以形成，不仅是理想价值引导下的设计产物，更交织着地方政府在介入集体事务时的多重理性建构逻辑。

放权社区的基层治理模式产生于党的十八大以来倡导"简政放权、放管结合"理念的改革背景下，更重要的是回应了深化改革阶段国家在赋能乡村振兴中所表现出的复杂性、系统性与探索性。此时，统一的政策方案很难满足多维度的赋能目标、差异化的社会需求，更难以有效评估可能引发的系统风险，换言之，赋能所引发的权力干预方式变化对政策适应性提出了越来越高的要求。而"放权社区"治理模式的政策适应性一方面源自决策主体与情景信息的有效匹配,它能够缓解科层制结构在决策权安排与信息传递之间背离的问题;另一方面源自社群机制的引入和开发,不同机制的组合有助于激励地方政府或其他社会主体贡献其私有资源和治理智慧,通过基层创新与试验提高政策质量和治理效能。"放权社区"治理模式是基于赋能式政策案例的经验总结而非规范意义上的理念推演,也是地方政府面对合法性、风险性及效率等现实约束下的理性选择,具有较强的可实践性。然而,赋能类型、政策内容与现实治理需求总是处于动态变化中,这意味着在未来的地方实践中将可能探索出更多适配赋能式政策的基层治理模式。

当然,在提升政策适应性的同时也需要关注赋能效果的评估与监督问题。决策权的层级性分离后会造成代理链条的延长和代理群体的扩大,理论上就需要开发更为丰富的方式和更为多元的渠道,打造对执行主体全面、有力的监督网络。但是,J市政府的监管思路则给予提示:首先是关注政策内容的基本属性,以划定政策介入的合法性边界;其次是采取与赋能特征适配、合理的监督方式。赋能过程高度依赖于基层官员或乡村能人的能动性,所以无论是资金使用还是效果评价都应该更加侧重于结果考核与民意测评,而非过程性监督。

参考文献

中文著作

《习近平谈治国理政》第二卷，外文出版社2017年版。

曹锦清：《黄河边的中国：一个学者对乡村社会的观察与思考》，上海文艺出版社2000年版。

费孝通：《乡土中国》，北京出版社2011年版。

高王凌：《人民公社时期中国农民"反行为"调查》，中共党史出版社2006年版。

[美] 黄宗智：《长江三角洲小农家庭与乡村发展》，中华书局1992年版。

[美] 黄宗智：《清代的法律、社会与文化：民法的表达与实践》，上海书店出版社2007年版。

[美] 黄宗智：《中国农村的过密化与现代化：规范认识危机及出路》，上海社会科学院出版社1992年版。

梁漱溟：《梁漱溟全集》第5卷，山东人民出版社2005年版。

梁漱溟：《乡村建设理论》，上海人民出版社2011年版。

罗兴佐：《水利，农业的命脉：农田水利与乡村治理》，学林出版社2012年版。

吴重庆：《无主体熟人社会及社会重建》，社会科学文献出版社2014年版。

伍锐麟：《粤海虞衡卅一秋——伍锐麟调查报告集》，何国强编，国际炎黄文化出版社2005年版。

杨华：《陌生的熟人：理解21世纪乡土中国》，广西师范大学出版社2021年版。

张静:《基层政权:乡村制度诸问题》,社会科学文献出版社 2019 年版。
张乐天:《告别理想——人民公社制度研究》,东方出版中心 1998 年版。
周其仁:《产权与制度变迁:中国改革的经验研究》,北京大学出版社 2004 年版。
祝灵君:《授权与治理:乡(镇)政治过程与政治秩序》,中国社会科学出版社 2008 年版。

中译著作

[美] R. 科斯、A. 阿尔钦、D. 诺斯等编:《财产权利与制度变迁——产权学派与新制度学派译文集》,刘守英等译,上海人民出版社 1994 版。
[英] 安东尼·吉登斯:《社会的构成》,李康、李猛译,生活·读书·新知三联书店 1998 年版。
[美] 白德瑞:《爪牙:清代县衙的书吏与差役》,尤陈俊、赖骏楠译,广西师范大学出版社 2021 年版。
[美] 戴维·奥斯本、彼德·普拉斯特里克:《摒弃官僚制:政府再造的五项战略》,谭功荣、刘霞译,中国人民大学出版社 2002 年版。
[美] 道格拉斯·诺斯、罗伯特·托马斯:《西方世界的兴起》,厉以平、蔡磊译,华夏出版社 2014 年版。
[美] 杜赞奇:《文化、权力与国家:1900—1942 年的华北农村》,王福明译,江苏人民出版社 2010 年版。
[德] 斐迪南·滕尼斯:《共同体与社会:纯粹社会学的基本概念》,林荣远译,商务印书馆 1999 年版。
费孝通:《中国士绅:城乡关系论集》,赵旭东、秦志杰译,外语教学与研究出版社 2011 年版。
瞿同祖:《清代地方政府》,范忠信、晏锋译,法律出版社 2003 年版。
[英] 卡尔·波兰尼:《大转型:我们时代的政治与经济起源》,冯钢、刘阳译,浙江人民出版社 2007 年版。
[美] 卡罗尔·佩特曼:《参与和民主理论》,陈尧译,上海人民出版社 2006 年版。
[美] 理查德·H. 泰勒、卡斯·R. 桑斯坦:《助推:事关健康、财富与快乐的最佳选择》,刘宁译,中信出版社 2009 年版。

［澳］琳达·维斯、约翰·M. 霍布森：《国家与经济发展：一个比较及历史性的分析》，黄兆辉、廖志强译，吉林出版集团有限责任公司 2009 年版。

［美］罗伯特·D. 帕特南：《使民主运转起来：现代意大利的公民传统》，王列、赖海榕译，中国人民大学出版社 2015 年版。

［美］罗伯特·K. 默顿：《社会理论和社会结构》，唐少杰、齐心等译，译林出版社 2008 年版。

［美］罗伯特·帕特南：《我们的孩子：危机中的美国梦》，田雷、宋昕译，中国政法大学出版社 2017 年版。

［美］罗伯特·殷：《案例研究：设计与方法（第 2 版）》，周海涛等译，重庆大学出版社 2010 年版。

［美］马克·格兰诺维特：《镶嵌：社会网与经济行动》，罗家德等译，社会科学文献出版社 2015 年版。

［德］马克斯·韦伯：《经济与社会》（下卷），林荣远译，商务印书馆 1998 年版。

［美］曼瑟·奥尔森：《集体行动的逻辑：公共物品与集团悖论》，陈郁、郭宇峰、李崇新译，格致出版社 2018 年版。

［英］米切尔·黑尧：《现代国家的政策过程》，赵成根译，中国青年出版社 2004 年版。

［法］皮埃尔·布迪厄：《艺术的法则：文学场的生成和结构》，刘晖译，中央编译出版社 2001 年版。

［日］田原史起：《日本视野中的中国农村精英：关系、团结、三农政治》，山东人民出版社 2012 年版。

［美］沃尔特·W. 鲍威尔、保罗·J. 迪马吉奥：《组织分析的新制度主义》，姚伟译，上海人民出版社 2008 年版。

［澳］杨小凯、黄有光：《专业化与经济组织：一种新兴古典微观经济学框架》，张玉纲译，经济科学出版社 1999 年版。

［美］詹姆斯·C. 斯科特：《弱者的武器：农民反抗的日常形式》，郑广怀、张敏、何江穗译，译林出版社 2011 年版。

［美］詹姆斯·博曼：《公共协商：多元主义、复杂性与民主》，黄相怀译，中央编译出版社 2006 年版。

[美]詹姆斯·汤普森:《行动中的组织——行政理论的社会科学基础》,敬乂嘉译,上海人民出版社 2007 年版。

中文论文

Richard Sosis、张清津:《宗教能否促进信任?信息传递、声望和惩罚的作用》,《经济动态与评论》2016 年第 1 期。

蔡晶晶:《乡村水利合作困境的制度分析——以福建省吉龙村农民用水户协会为例》,《农业经济问题》2012 年第 12 期。

曹锦清:《新农村建设之困境与出路》,《社会观察》2006 年第 6 期。

陈珺、李庚、曾远清:《为何转移出去的职能会恢复?策略的迂回与职能的内嵌——基于 A 省行政审批改革个案的考察》,《中国行政管理》2020 年第 8 期。

陈锋:《分利秩序与基层治理内卷化 资源输入背景下的乡村治理逻辑》,《社会》2015 年第 3 期。

陈国富:《官僚制的困境与政府治理模式的创新》,《经济社会体制比较》2007 年第 1 期。

陈捷、呼和那日松、周艳辉:《非正式问责、社会嵌入式官员与中国农村的公共产品供给:宗族的作用》,《国外理论动态》2016 年第 2 期。

陈家刚:《协商民主:概念、要素与价值》,《中共天津市委党校学报》2005 年第 3 期。

陈靖、冯小:《农业转型的社区动力及村社治理机制——基于陕西 D 县河滩村冬枣产业规模化的考察》,《中国农村观察》2019 年第 1 期。

陈那波、余剑:《传统乡村社会是如何被组织起来的?——基于土地改革和合作化运动时期的南景村个案分析》,《公共管理与政策评论》2019 年第 5 期。

陈文琼:《富人治村与不完整乡镇政权的自我削弱?——项目进村背景下华北平原村级治理重构的经验启示》,《中国农村观察》2020 年第 1 期。

陈荣卓、申鲁菁:《我国城市社区公共服务创新:地方经验与发展趋势》,《当代世界社会主义问题》2016 年第 1 期。

陈潭、刘兴云:《锦标赛体制、晋升博弈与地方剧场政治》,《公共管理学报》2011 年第 2 期。

陈天祥、张华、吴月：《地方政府行政审批制度创新行为及其限度》，《中国人民大学学报》2012 年第 5 期。

陈为雷：《政府和非营利组织项目运作机制、策略和逻辑——对政府购买社会工作服务项目的社会学分析》，《公共管理学报》2014 年第 3 期。

陈义媛：《"圈层型"流通：商业资本对接小生产者的逻辑与策略》，《中国农村观察》2023 年第 1 期。

程士强：《制度移植何以失败？——以陆村小额信贷组织移植"格莱珉"模式为例》，《社会学研究》2018 年第 4 期。

程宇：《嵌入性政治下的地权配置——基于南县农地产权改革的观察》，《公共管理学报》2016 年第 1 期。

仇叶：《行政权集中化配置与基层治理转型困境——以县域"多中心工作"模式为分析基础》，《政治学研究》2021 年第 1 期。

邓大才：《如何让民主运转起来：农村产权改革中的参与和协商——以山东省和湖北省 4 村为研究对象》，《社会科学战线》2021 年第 8 期。

邓燕华：《社会建设视角下社会组织的情境合法性》，《中国社会科学》2019 年第 6 期。

董磊明：《农村公共品供给中的内生性机制分析》，《中国农业大学学报》（社会科学版）2015 年第 5 期。

董磊明、欧阳杜菲：《从简约治理走向科层治理：乡村治理形态的嬗变》，《政治学研究》2023 年第 1 期。

杜姣：《乡村振兴背景下乡村留守精英及其组织化的公共参与路径》，《中国农村观察》2022 年第 5 期。

杜姣：《乡村振兴背景下乡村治理主体的去精英化与村干部职业化》，《经济社会体制比较》2022 年第 2 期。

杜鹏：《村民自治的转型动力与治理机制——以成都"村民议事会"为例》，《中州学刊》2016 年第 2 期。

杜鹏：《组织公共性与乡村社会治理共同体的再造》，《天津社会科学》2023 年第 6 期。

樊红敏、刘晓凤：《共生理论与有机社区——城市有机共生式社区建设模式的提出与构建》，《马克思主义与现实》2017 年第 1 期。

樊红敏、刘晓凤：《模糊性治理：县域政府社会冲突治理运作逻辑》，《中国行政管理》2019 年第 10 期。

范斌：《弱势群体的增权及其模式选择》，《学术研究》2004 年第 12 期。

方劲：《乡村发展干预中的内源性能力建设——一项西南贫困村庄的行动研究》，《中国农村观察》2013 年第 4 期。

方亚琴、夏建中：《社区治理中的社会资本培育》，《中国社会科学》2019 年第 7 期。

方旭东：《"事件团结"：新媒介与新乡贤共同体——基于三起乡村事件的实证分析》，《学术界》2017 年第 11 期。

方志权：《农村集体经济组织特殊法人：理论研究和实践探索》，《科学发展》2018 年第 1 期。

奉海春、李放：《科层制嵌套结构：农田小水利制度层次关系解析——基于广西的案例》，《南京农业大学学报》（社会科学版）2014 年第 4 期。

傅衣凌：《中国传统社会：多元的结构》，《中国社会经济史研究》1988 年第 3 期。

耿羽：《内生型社区社会组织的公共服务能力研究》，《云南行政学院学报》2017 年第 2 期。

耿羽：《"输入式供给"：当前农村公共物品的运作模式》，《经济与管理研究》2011 年第 12 期。

关锐捷、师高康、张英洪、段书贵、朱长江：《农村集体经济体制演变特点及收益分配的实证研究——以北京市为例》，《毛泽东邓小平理论研究》2017 年第 1 期。

管兵：《竞争性与反向嵌入性：政府购买服务与社会组织发展》，《公共管理学报》2015 年第 3 期。

桂华：《产权秩序与农村基层治理：类型与比较——农村集体产权制度改革的政治分析》，《开放时代》2019 年第 2 期。

桂华：《国家资源下乡与基层全过程民主治理——兼论乡村"治理有效"的实现路径》，《政治学研究》2022 年第 5 期。

桂华：《项目制与农村公共品供给体制分析——以农地整治为例》，《政治学研究》2014 年第 4 期。

桂华：《组织与合作：论中国基层治理二难困境——从农田水利治理谈

起》,《社会科学》2010 年第 11 期。

郭金云:《乡村治理转型的微观基础与制度创新——以成都市农村土地产权制度改革为个案的研究》,《中国行政管理》2015 年第 5 期。

郭巍青、张文杰、陈晓运:《"复杂问题"与基层干部的"办法":以 N 区"外嫁女"问题为例》,《公共行政评论》2019 年第 3 期。

郭雨佳、张等文:《改革开放以来农村基层协商民主制度化:驱动因素、嬗变历程与基本经验》,《理论月刊》2020 年第 8 期。

郭占锋、李轶星、张森、黄民杰:《村庄市场共同体的形成与农村社区治理转型——基于陕西袁家村的考察》,《中国农村观察》2021 年第 1 期。

韩福国:《作为嵌入性治理资源的协商民主——现代城市治理中的政府与社会互动规则》,《复旦学报》(社会科学版)2013 年第 3 期。

何包钢、吴进进:《社会矛盾与中国城市协商民主制度化的兴起》,《开放时代》2017 年第 3 期。

何包钢:《协商民主和协商治理:建构一个理性且成熟的公民社会》,《开放时代》2012 年第 4 期。

何艳玲、王铮:《当代中国社会治理变迁逻辑分析》,《国家现代化建设研究》2022 年第 1 期。

贺东航、孔繁斌:《公共政策执行的中国经验》,《中国社会科学》2011 年第 5 期。

贺东航、孔繁斌:《中国公共政策执行中的政治势能——基于近 20 年农村林改政策的分析》,《中国社会科学》2019 年第 4 期。

贺雪峰、阿古智子:《村干部的动力机制与角色类型——兼谈乡村治理研究中的若干相关话题》,《学习与探索》2006 年第 3 期。

贺雪峰、郭亮:《农田水利的利益主体及其成本收益分析——以湖北省沙洋县农田水利调查为基础》,《管理世界》2010 年第 7 期。

贺雪峰:《论半熟人社会——理解村委会选举的一个视角》,《政治学研究》2000 年第 3 期。

贺雪峰:《论富人治村——以浙江奉化调查为讨论基础》,《社会科学研究》2011 年第 2 期。

贺雪峰:《论乡村治理内卷化——以河南省 K 镇调查为例》,《开放时代》

2011 年第 2 期。

贺雪峰：《"农民用水户协会"为何水土不服?》,《中国乡村发现》2010 年第 1 期。

贺雪峰、仝志辉：《论村庄社会关联——兼论村庄秩序的社会基础》,《中国社会科学》2002 年第 3 期。

贺雪峰：《乡村的去政治化及其后果——关于取消农业税后国家与农民关系的一个初步讨论》,《哈尔滨工业大学学报》（社会科学版）2012 年第 1 期。

贺雪峰：《乡村治理中的公共性与基层治理有效》,《武汉大学学报》（哲学社会科学版）2023 年第 1 期。

侯麟科、刘明兴、陶郁：《双重约束视角下的基层治理结构与效能：经验与反思》,《管理世界》2020 年第 5 期。

胡静林：《深刻学习领会党的十八大精神　加快一事一议财政奖补政策转型升级》,《农村财政与财务》2013 年第 7 期。

胡鹏辉、高继波：《新乡贤：内涵、作用与偏误规避》,《南京农业大学学报》（社会科学版）2017 年第 1 期。

胡象明：《协商治理：中国公共管理体制改革的目标模式》,《学术界》2013 年第 9 期。

黄鹏进：《农村土地产权认知的三重维度及其内在冲突——理解当前农村地权冲突的一个中层视角》,《中国农村观察》2014 年第 6 期。

黄韬、王双喜：《产权视角下乡村治理主体有效性的困境和出路》,《马克思主义与现实》2013 年第 2 期。

黄晓春、嵇欣：《非协同治理与策略性应对——社会组织自主性研究的一个理论框架》,《社会学研究》2014 年第 6 期。

黄晓春：《中国社会组织成长条件的再思考——一个总体性理论视角》,《社会学研究》2017 年第 1 期。

黄晓春、周黎安：《"结对竞赛"：城市基层治理创新的一种新机制》,《社会》2019 年第 5 期。

黄晓春、周黎安：《政府治理机制转型与社会组织发展》,《中国社会科学》2017 年第 11 期。

黄徐强、张勇杰：《技术治理驱动的社区协商：效果及其限度——以第一批"全国社区治理和服务创新实验区"为例》，《中国行政管理》2020年第 8 期。

黄延信、余葵、师高康等：《对农村集体产权制度改革若干问题的思考》，《农业经济问题》2014 年第 4 期。

黄宗智：《集权的简约治理——中国以准官员和纠纷解决为主的半正式基层行政》，《开放时代》2008 年第 2 期。

黄宗智：《重新思考"第三领域"：中国古今国家与社会的二元合一》，《开放时代》2019 年第 3 期。

嵇欣、黄晓春、许亚敏：《中国社会组织研究的视角转换与新启示》，《学术月刊》2022 年第 6 期。

纪莺莺：《社会组织与地方社会的再生产：以一个行业协会为例》，《广东社会科学》2022 年第 4 期。

姜亦炜：《桑梓荣誉、现实利益与权力规约——新乡贤组织慈善的历程与逻辑》，《浙江社会科学》2022 年第 10 期。

姜亦炜、吴坚、晏志鑫：《荣誉与尊严：乡村振兴中的基层荣誉体系建设——基于浙江省新乡贤组织的调研》，《浙江学刊》2019 年第 4 期。

蒋永甫、杨祖德、韦赟：《农地流转过程中村干部的行为逻辑与角色规范》，《华中农业大学学报》（社会科学版）2015 年第 1 期。

焦长权：《从分税制到项目制：制度演进和组织机制》，《社会》2019 年第 6 期。

焦长权、周飞舟：《"资本下乡"与村庄的再造》，《中国社会科学》2016 年第 1 期。

景跃进：《中国农村基层治理的逻辑转换——国家与乡村社会关系的再思考》，《治理研究》2018 年第 1 期。

敬乂嘉：《控制与赋权：中国政府的社会组织发展策略》，《学海》2016 年第 1 期。

郎友兴、葛俊良：《作为工具性机制的协商治理——基于不同环境协商类型的分析》，《浙江社会科学》2020 年第 1 期。

李爱荣：《集体经济组织成员权中的身份问题探析》，《南京农业大学学报》（社会科学版）2016 年第 4 期。

李传喜、张红阳：《政府动员、乡贤返场与嵌入性治理：乡贤回归的行动逻辑——以 L 市 Y 镇乡贤会为例》，《党政研究》2018 年第 1 期。

李春根、罗家为：《从动员到统合：中国共产党百年基层治理的回顾与前瞻》，《管理世界》2021 年第 10 期。

李敢：《"社区总体营造"：理论脉络与实践》，《中国行政管理》2018 年第 4 期。

李汉林、渠敬东、夏传玲、陈华珊：《组织和制度变迁的社会过程——一种拟议的综合分析》，《中国社会科学》2005 年第 1 期。

李建兴：《乡村变革与乡贤治理的回归》，《浙江社会科学》2015 年第 7 期。

李君如：《协商民主在中国——中国特色协商民主的理论思考》，《中共天津市委党校学报》2014 年第 4 期。

李南枢、何荣山：《社会组织嵌入韧性乡村建设的逻辑与路径》，《中国农村观察》2022 年第 2 期。

李妮：《"新经纪机制"：地方治理新策略及其逻辑分析——基于广东省 G 市 S 区的社会创新实践》，《公共管理学报》2016 年第 4 期。

李蓉蓉：《城市居民社区政治效能感与社区自治》，《中国行政管理》2013 年第 3 期。

李晓鹏：《论"村民自治"的转型和"乡—村"关系的重塑》，《社会主义研究》2016 年第 6 期。

李祖佩、杜姣：《分配型协商民主："项目进村"中村级民主的实践逻辑及其解释》，《中国行政管理》2018 年第 3 期。

李祖佩：《"新代理人"：项目进村中的村治主体研究》，《社会》2016 年第 3 期。

李祖佩、钟涨宝：《分级处理与资源依赖——项目制基层实践中矛盾调处与秩序维持》，《中国农村观察》2015 年第 2 期。

林顺浩、李朔严：《低稳定预期与服务类社会组织专业化水平》，《中国行政管理》2022 年第 2 期。

林雪霏：《当地方治理体制遇到协商民主——基于温岭"民主恳谈"制度的长时段演化研究》，《公共管理学报》2017 年第 1 期。

林雪霏、邵梓捷：《地方政府与基层实践——一个协商民主的理论分析框架》，《经济社会体制比较》2017 年第 2 期。

林雪霏:《双重"委托—代理"逻辑下基层政府的结构困境与能动性应对——兼论基层政府应然规范的转变》,《马克思主义与现实》2017年第2期。

林雪霏、周敏慧、傅佳莎:《官僚体制与协商民主建设——基于中国地方官员协商民主认知的实证研究》,《公共行政评论》2019年第1期。

刘成斌:《农民经商与市场分化——浙江义乌经验的表达》,《社会学研究》2011年第5期。

刘芳、孔祥成:《乡贤治村:生成逻辑、实践样态及其完善路径》,《江海学刊》2020年第6期。

刘骥、熊彩:《解释政策变通:运动式治理中的条块关系》,《公共行政评论》2015年第6期。

刘建军、张远:《论全过程人民民主》,《社会政策研究》2021年第4期。

刘军强、鲁宇、李振:《积极的惰性——基层政府产业结构调整的运作机制分析》,《社会学研究》2017年第5期。

刘燕、冷哲:《"一事一议"财政奖补对微观主体的激励效应研究——一个理论分析框架》,《财政研究》2016年第5期。

刘燕舞:《农地制度实践与农村公共品供给——基于三个地域个案的比较分析》,《上海行政学院学报》2011年第5期。

刘耀东:《行政合法性抑或社会合法性:农村社区服务类社会组织发展模式选择》,《中国行政管理》2017年第4期。

刘玉照、金文龙:《集体资产分割中的多重逻辑——中国农村股份合作制改革与"村改居"实践》,《西北师大学报》(社会科学版)2013年第6期。

刘志鹏、康静、果佳:《社会组织:民众政策遵从的催化剂——以宁夏云雾山自然保护区为例》,《公共管理学报》2022年第2期。

卢福营:《论能人治理型村庄的领导体制——以浙江省两个能人治理型村庄为例》,《学习与探索》2005年第4期。

卢福营:《治理村庄:农村新兴经济精英的社会责任——以浙江省永康市的私营企业主治村为例》,《社会科学》2008年第12期。

陆益龙:《乡村社会治理创新:现实基础、主要问题与实现路径》,《中共中央党校学报》2015年第5期。

吕方、梅琳：《"复杂政策"与国家治理——基于国家连片开发扶贫项目的讨论》，《社会学研究》2017年第3期。

吕霞、冀满红：《中国乡村治理中的乡贤文化作用分析：历史与现状》，《中国行政管理》2019年第6期。

侣传振：《回应性协商：中国农村基层协商有效运行的重要路径——基于三个农村土地综合整治案例的比较》，《湖南农业大学学报》（社会科学版）2021年第2期。

侣传振：《积极责任型代表、协商能力与乡村社会协商民主有效——以浙江龙村为个案》，《湖南农业大学学报》（社会科学版）2022年第4期。

罗兴佐、刘天文：《熟人社会中的关系资源与地方市场》，《华南农业大学学报》（社会科学版）2022年第6期。

罗仲伟、李先军、宋翔、李亚光：《从"赋权"到"赋能"的企业组织结构演进——基于韩都衣舍案例的研究》，《中国工业经济》2017年第9期。

骆正林：《中国古代乡村政治文化的特点——家族势力与国家势力的博弈与合流》，《重庆师范大学学报》（哲学社会科学版）2007年第4期。

马翠萍、郜亮亮：《农村集体经济组织成员资格认定的理论与实践——以全国首批29个农村集体资产股份权能改革试点为例》，《中国农村观察》2019年第3期。

马学广、王爱民：《珠三角转型社区物业依赖型经济的特征及其调控路径》，《经济地理》2011年第5期。

孟天广：《政府数字化转型的要素、机制与路径——兼论"技术赋能"与"技术赋权"的双向驱动》，《治理研究》2021年第1期。

闵学勤：《社区协商：让基层治理运转起来》，《南京社会科学》2015年第6期。

倪星、原超：《地方政府的运动式治理是如何走向"常规化"的？——基于S市市监局"清无"专项行动的分析》，《公共行政评论》2014年第2期。

"农村集体产权制度改革和政策问题研究"课题组：《农村集体产权制度改革中的股权设置与管理分析——基于北京、上海、广东的调研》，《农业经济问题》2014年第8期。

欧阳静：《富人治村与乡镇的治理逻辑》，《北京行政学院学报》2011年第3期。

欧阳静：《"维控型"政权　多重结构中的乡镇政权特性》，《社会》2011年第3期。

欧阳静：《政治统合制及其运行基础——以县域治理为视角》，《开放时代》2019年第2期。

齐惠：《中国社会主义协商民主的历史基因探析》，《科学社会主义》2015年第6期。

钱坤：《从"悬浮"到"嵌入"：外生型社会组织参与乡村治理的困境与出路》，《云南行政学院学报》2020年第1期。

钱宁、王肖静：《主体性赋权策略下的少数民族地区妇女扶贫研究——以云南省三个苗族村寨为例》，《社会工作》2020年第2期。

钱文荣、应一道：《农户参与农村公共基础设施供给的意愿及其影响因素分析》，《中国农村经济》2014年第11期。

［澳］乔纳森·安戈、陈佩华、钟谦、王可园、毛建平：《中国的基层协商民主：案例研究》，《国外理论动态》2015年第5期。

渠敬东：《项目制：一种新的国家治理体制》，《中国社会科学》2012年第5期。

任彬彬、宋程成：《治理复杂性与社会组织形态分化：基于行政条块结构的视角》，《中国行政管理》2021年第5期。

任敏、徐琳航：《多重身份政策企业家如何推动政策创新？——以G市环境社会治理创新为例》，《公共行政评论》2023年第6期。

阮云星、张婧：《村民自治的内源性组织资源何以可能？——浙东"刘老会"个案的政治人类学研究》，《社会学研究》2009年第3期。

闫彩霞：《后乡土社会背景下乡村振兴的策略与路径——基于内生发展的分析视角》，《兰州学刊》2019年第4期。

申端锋：《二十世纪中国乡村治理的逻辑：一个导论》，《华中科技大学学报》（社会科学版）2006年第4期。

申静、陈静：《村庄的"弱监护人"：对村干部角色的大众视角分析——以鲁南地区农村实地调查为例》，《中国农村观察》2001年第5期。

申静、王汉生：《集体产权在中国乡村生活中的实践逻辑——社会学视角下的产权建构过程》,《社会学研究》2005 年第 1 期。

沈成飞:《保甲制度与宗族势力的调适与冲突——以民国时期的广东地区为例》,《福建论坛》(人文社会科学版)2016 年第 5 期。

盛智明:《地方政府部门如何规避风险?——以 A 市社区物业管理新政为例》,《社会学研究》2017 年第 5 期。

石婷婷、张日波:《股份经济合作社助推城郊城市化——以宁波市江东区的"一化三改"为例》,《浙江社会科学》2014 年第 7 期。

宋惠芳:《社区增权:中国基层社会管理新视角》,《北京科技大学学报》(社会科学版)2017 年第 6 期。

宋雄伟:《政策执行"梗阻"问题与作为治理的协商民主——一个诊断框架》,《中国软科学》2016 年第 12 期。

苏鹏辉、谈火生:《论群体性事件治理中的协商民主取向》,《国外理论动态》2015 年第 6 期。

孙飞宇、储卉娟、张闫龙:《生产"社会",还是社会的自我生产?以一个 NGO 的扶贫困境为例》,《社会》2016 年第 1 期。

孙奎立:《"赋权"理论及其本土化社会工作实践制约因素分析》,《东岳论丛》2015 年第 8 期。

孙立平、郭于华:《"软硬兼施":正式权力非正式运作的过程分析——华北 B 镇收粮的个案研究》,《清华社会学评论》特辑 2000 年。

孙立平、王汉生、王思斌、林彬、杨善华:《改革以来中国社会结构的变迁》,《中国社会科学》1994 年第 2 期。

孙秀林:《华南的村治与宗族——一个功能主义的分析路径》,《社会学研究》2011 年第 1 期。

孙莹:《以"参与"促"善治"——治理视角下参与式乡村规划的影响效应研究》,《城市规划》2018 年第 2 期。

谭祖雪、张江龙:《赋权与增能:推进城市社区参与的重要路径——以成都市社区建设为例》,《西南民族大学学报》(人文社会科学版)2014 年第 6 期。

仝志辉、贺雪峰:《村庄权力结构的三层分析——兼论选举后村级权力的合法性》,《中国社会科学》2002 年第 1 期。

仝志辉、韦潇竹:《通过集体产权制度改革理解乡村治理:文献评述与研究建议》，《四川大学学报》（哲学社会科学版）2019 年第 1 期。

汪吉庶、张汉：《农村公共物品供给的议程困境及其应对——以浙江甬村为案例的小集体分成付费制度研究》，《公共管理学报》2014 年第 4 期。

汪锦军、李悟：《政府战略性支持、跨场景合作与"弹性治理"机制的生成——基于浙江 22 个救灾类社会组织的分析》，《中国行政管理》2022 年第 6 期。

汪锦军：《政府购买公共服务与非营利组织的角色——基于北京、浙江两地的问卷调查数据分析》，《中共浙江省委党校学报》2012 年第 3 期。

王宾、刘祥琪：《农村集体产权制度股份化改革的政策效果：北京证据》，《改革》2014 年第 6 期。

王春婷：《政府购买公共服务的风险识别与防范——基于剩余控制权合理配置的不完全合同理论》，《江海学刊》2019 年第 3 期。

王汉生、刘世定、孙立平：《作为制度运作和制度变迁方式的变通》，《中国社会科学季刊》1997 年第 3 期。

王亚华、高瑞、孟庆国：《中国农村公共事务治理的危机与响应》，《清华大学学报》（哲学社会科学版）2016 年第 2 期。

王亚华：《中国用水户协会改革：政策执行视角的审视》，《管理世界》2013 年第 6 期。

王辉：《村庄结构、赋权模式与老年组织连带福利比较研究》，《中国农村观察》2020 年第 4 期。

王名：《非营利组织的社会功能及其分类》，《学术月刊》2006 年第 9 期。

王清：《项目制与社会组织服务供给困境：对政府购买服务项目化运作的分析》，《中国行政管理》2017 年第 4 期。

王诗宗、宋程成：《独立抑或自主：中国社会组织特征问题重思》，《中国社会科学》2013 年第 5 期。

王晓莉：《用水户协会为何水土不服？——基于社会生态系统分析框架的透视》，《中国行政管理》2018 年第 3 期。

王晓毅：《乡村公共事务和乡村治理》，《江苏行政学院学报》2016 年第 5 期。

王伊欢、叶敬忠：《农村发展干预的非线性过程》，《农业经济问题》2005

年第 7 期。

王毅杰、王春:《制度理性设计与基层实践逻辑——基于苏北农民用水户协会的调查思考》,《南京农业大学学报》(社会科学版)2014 年第 4 期。

尉建文、陆凝峰、韩杨:《差序格局、圈子现象与社群社会资本》,《社会学研究》2021 年第 4 期。

温铁军、董筱丹:《村社理性:破解"三农"与"三治"困境的一个新视角》,《中共中央党校学报》2010 年第 4 期。

温铁军、刘亚慧、唐溧、董筱丹:《农村集体产权制度改革股权固化需谨慎——基于 S 市 16 年的案例分析》,《国家行政学院学报》2018 年第 5 期。

温莹莹:《非正式制度与村庄公共物品供给——T 村个案研究》,《社会学研究》2013 年第 1 期。

吴帆、吴佩伦:《社会工作中的"赋权陷阱":识别与行动策略》,《华东理工大学学报》(社会科学版)2018 年第 5 期。

吴理财、魏久朋、徐琴:《经济、组织与文化:乡村振兴战略的社会基础研究》,《农林经济管理学报》2018 年第 4 期。

吴晓林、张慧敏:《社区赋权引论》,《国外理论动态》2016 年第 9 期。

吴业苗:《转型期村庄精英权力结构的分化与互动》,《中共浙江省委党校学报》2004 年第 2 期。

吴毅:《农地征用中基层政府的角色》,《读书》2004 年第 7 期。

吴毅:《双重边缘化:村干部角色与行为的类型学分析》,《管理世界》2002 年第 11 期。

吴毅:《"双重角色"、"经纪模式"与"守夜人"和"撞钟者"——来自田野的学术札记》,《开放时代》2001 年第 12 期。

吴泽勇:《群体性纠纷的构成与法院司法政策的选择》,《法律科学》(西北政法大学学报)2008 年第 5 期。

吴重庆:《从熟人社会到"无主体熟人社会"》,《读书》2011 年第 1 期。

吴重庆、张慧鹏:《以农民组织化重建乡村主体性:新时代乡村振兴的基础》,《中国农业大学学报》(社会科学版)2018 年第 3 期。

夏英、张瑞涛:《农村集体产权制度改革:创新逻辑、行为特征及改革效能》,《经济纵横》2020 年第 7 期。

向静林、张翔：《创新型公共物品生产与组织形式选择——以温州民间借贷服务中心为例》,《社会学研究》2014 年第 5 期。

项继权：《乡村关系的调适与嬗变——河南南街、山东向高和甘肃方家泉村的考察分析》,《华中师范大学学报》（人文社会科学版）1998 年第 2 期。

肖龙、马超峰：《从项目嵌入到组织社会：村级集体经济发展的新趋势及其类型学研究》,《求实》2020 年第 3 期。

徐敏宁、陈安国、冯治：《走出利益博弈误区的基层协商民主》,《中共中央党校学报》2013 年第 4 期。

徐湘林：《社会转型与国家治理——中国政治体制改革取向及其政策选择》,《政治学研究》2015 年第 1 期。

徐湘林：《转型危机与国家治理：中国的经验》,《经济社会体制比较》2010 年第 5 期。

徐岩、范娜娜、陈那波：《合法性承载：对运动式治理及其转变的新解释——以 A 市 18 年创卫历程为例》,《公共行政评论》2015 年第 2 期。

徐琰超、尹恒：《村民自愿与财政补助：中国村庄公共物品配置的新模式》,《经济学动态》2017 年第 11 期。

徐盈艳、黎熙元：《浮动控制与分层嵌入——服务外包下的政社关系调整机制分析》,《社会学研究》2018 年第 2 期。

徐勇：《村干部的双重角色：代理人与当家人》,《二十一世纪》1997 年第 4 期。

徐勇：《村民自治的成长：行政放权与社会发育——1990 年代后期以来中国村民自治发展进程的反思》,《华中师范大学学报》（人文社会科学版）2005 年第 2 期。

徐勇：《村民自治、政府任务及税费改革——对村民自治外部行政环境的总体性思考》,《中国农村经济》2001 年第 11 期。

徐勇：《"政党下乡"：现代国家对乡土的整合》,《学术月刊》2007 年第 8 期。

许文文、唐钟昕、张牧辛：《社区空间的螺旋式生产：社会组织何以提升社区治理效能？——一项案例追踪研究》,《学习与实践》2024 年第

5 期。

薛澜、赵静：《转型期公共政策过程的适应性改革及局限》，《中国社会科学》2017 年第 9 期。

古学斌、张和清、杨锡聪：《专业限制与文化识盲：农村社会工作实践中的文化问题》，《社会学研究》2007 年第 6 期。

颜昌武、杨华杰：《以"迹"为"绩"：痕迹管理如何演化为痕迹主义》，《探索与争鸣》2019 年第 11 期。

燕继荣、李修科：《政策协商原则及实施保障》，《学海》2016 年第 2 期。

杨弘、郭雨佳：《农村基层协商民主制度化发展的困境与对策——以农村一事一议制度完善为视角》，《政治学研究》2015 年第 6 期。

杨华：《县域治理中的党政体制：结构与功能》，《政治学研究》2018 年第 5 期。

杨华、杨姿：《村庄里的分化：熟人社会、富人在村与阶层怨恨——对东部地区农村阶层分化的若干理解》，《中国农村观察》2017 年第 4 期。

杨丽：《公共服务项目制背景下的社会组织系统自我再生产》，《中国行政管理》2024 年第 3 期。

杨敏：《作为国家治理单元的社区——对城市社区建设运动过程中居民社区参与和社区认知的个案研究》，《社会学研究》2007 年第 4 期。

杨善华、孙飞宇：《"社会底蕴"：田野经验与思考》，《社会》2015 年第 1 期。

杨雪冬：《简论中国地方政府创新研究的十个问题》，《公共管理学报》2008 年第 1 期。

姚洋：《中国农地制度：一个分析框架》，《中国社会科学》2000 年第 2 期。

叶文辉：《农村公共产品供给制度变迁的分析》，《中国经济史研究》2005 年第 3 期。

叶娟丽：《协商民主在中国：从理论走向实践》，《武汉大学学报》（哲学社会科学版）2013 年第 2 期。

易承志、韦林沙：《城乡融合背景下新乡贤参与乡村公共治理的实现机制——基于制度与生活视角的个案考察》，《行政论坛》2022 年第 3 期。

易艳阳：《统合附属与悬浮内卷：农村外源型社会组织的实践检视》，《农林经济管理学报》2022年第3期。

尹浩：《城市社区微治理的多维赋权机制研究》，《社会主义研究》2016年第5期。

尹浩：《"无权"到"赋权"：城市基层社会治理的新机制——以H省城市社区公益创投活动为分析对象》，《南昌大学学报》（人文社会科学版）2016年第5期。

俞可平：《中国特色协商民主的几个问题》，《理论学习》2014年第2期。

袁方成、张翔：《使协商民主运转起来：技术如何可能——对"开放空间会议技术"及其实践的理解》，《甘肃行政学院学报》2015年第4期。

袁方成：《治理集体产权：农村社区建设中的政府与农民》，《华中师范大学学报》（人文社会科学版）2013年第2期。

原超：《新"经纪机制"：中国乡村治理结构的新变化——基于泉州市A村乡贤理事会的运作实践》，《公共管理学报》2019年第2期。

岳谦厚、贺蒲燕：《山西省稷山县农村公共卫生事业述评（1949—1984年）——以太阳村（公社）为重点考察对象》，《当代中国史研究》2007年第5期。

曾鹰、曾天雄：《"新乡贤"文化："后乡土"乡村治理的内生价值之维》，《城市发展研究》2019年第5期。

［美］詹姆斯·马奇、约翰·奥尔森、允和：《新制度主义详述》，《国外理论动态》2010年第7期。

张大维：《高质量协商如何达成：在要素—程序—规则中发展协商系统——兼对5个农村社区协商实验的评量》，《华中师范大学学报》（人文社会科学版）2021年第3期。

张红宇、胡振通、胡凌啸：《农村集体产权制度改革的实践探索：基于4省份24个村（社区）的调查》，《改革》2020年第8期。

张厚安：《乡政村治——中国特色的农村政治模式》，《政策》1996年第8期。

张静：《案例分析的目标：从故事到知识》，《中国社会科学》2018年第8期。

张静：《互不信任的群体何能产生合作 对XW案例的事件史分析》，《社会》2020 年第 5 期。

张静:《历史:地方权威授权来源的变化》,《开放时代》1999 年第 3 期。

张明军、易承志:《中国复合民主的价值及其优化逻辑》,《政治学研究》2017 年第 2 期。

张连刚、陈卓:《农民专业合作社提升了农户社会资本吗?——基于云南省 506 份农户调查数据的实证分析》,《中国农村观察》2021 年第 1 期。

张良:《"内生型"农民合作的有效因素分析——以鄂西南桔村修路为例》,《华中农业大学学报》(社会科学版) 2017 年第 2 期。

张茜:《"高水平集体化"方向的一种初步尝试——山东省东平县土地股份合作社探索》,《西北农林科技大学学报》(社会科学版) 2015 年第 5 期。

张艳双、张宇萌、张琳琳、王倩文、张雪:《英国"专家患者计划"及其对我国赋权慢性病患者的启示》,《中国医学伦理学》2021 年第 5 期。

张志原、刘贤春、王亚华:《富人治村、制度约束与公共物品供给——以农田水利灌溉为例》,《中国农村观察》2019 年第 1 期。

章立明:《温洛克 (Winrock) "妇女能力建设与农村发展项目"培训个案研究》,《妇女研究论丛》2003 年第 5 期。

赵慧:《政策试点的试验机制:情境与策略》,《中国行政管理》2019 年第 1 期。

赵家如:《集体资产股权的形成、内涵及产权建设——以北京市农村社区股份合作制改革为例》,《农业经济问题》2014 年第 4 期。

赵树凯:《家庭承包制政策过程再探讨》,《中国发展观察》2018 年第 16 期。

赵小平:《社会治理视阈下社会组织四类行为的特征、转化和政策建议》,《中国行政管理》2021 年第 2 期。

赵新龙:《农村集体资产股权量化纠纷的司法实践研究——基于 681 份裁判文书的整理》,《农业经济问题》2019 年第 5 期。

折晓叶、陈婴婴:《产权怎样界定——一份集体产权私化的社会文本》,《社会学研究》2005 年第 4 期。

折晓叶、陈婴婴:《项目制的分级运作机制和治理逻辑——对"项目进村"案例的社会学分析》,《中国社会科学》2011 年第 4 期。

郑风田、董筱丹、温铁军：《农村基础设施投资体制改革的"双重两难"》，《贵州社会科学》2010年第7期。

郑观蕾、蓝煜昕：《渐进式嵌入：不确定性视角下社会组织介入乡村振兴的策略选择——以S基金会为例》，《公共管理学报》2021年第1期。

郑苏晋：《政府购买公共服务：以公益性非营利组织为重要合作伙伴》，《中国行政管理》2009年第6期。

钟桂荔、夏英：《农村集体资产产权制度改革——以云南大理市8个试点村为例》，《西北农林科技大学学报》（社会科学版）2017年第6期。

周安平：《社会自治与国家公权》，《法学》2002年第10期。

周晨虹：《英国城市复兴中社区赋权的"政策悖论"及其借鉴》，《城市发展研究》2014年第10期。

周飞舟：《从"汲取型"政权到"悬浮型"政权——税费改革对国家与农民关系之影响》，《社会学研究》2006年第3期。

周飞舟、何奇峰：《行动伦理：论农业生产组织的社会基础》，《北京大学学报》（哲学社会科学版）2021年第6期。

周雪光、艾云：《多重逻辑下的制度变迁：一个分析框架》，《中国社会科学》2010年第4期。

周雪光、程宇：《通往集体债务之路：政府组织、社会制度与乡村中国的公共产品供给》，《公共行政评论》2012年第1期。

周雪光：《"关系产权"：产权制度的一个社会学解释》，《社会学研究》2005年第2期。

周雪光：《基层政府间的"共谋现象"——一个政府行为的制度逻辑》，《社会学研究》2008年第6期。

周雪光：《权威体制与有效治理：当代中国国家治理的制度逻辑》，《开放时代》2011年第10期。

周雪光：《行政发包制与帝国逻辑 周黎安〈行政发包制〉读后感》，《社会》2014年第6期。

朱冬亮：《村庄社区产权实践与重构：关于集体林权纠纷的一个分析框架》，《中国社会科学》2013年第11期。

朱健刚、陈安娜：《嵌入中的专业社会工作与街区权力关系——对一个政府购买服务项目的个案分析》，《社会学研究》2013年第1期。

朱乾宇、罗兴、马九杰：《组织成本、专有性资源与农村资金互助社发起人控制》，《中国农村经济》2015 年第 12 期。

朱新山：《试论传统乡村社会结构及其解体》，《上海大学学报》（社会科学版）2010 年第 5 期。

朱新武、谭枫、秦海波：《驻村工作队如何嵌入基层治理？——基于"访民情、惠民生、聚民心"案例的分析》，《公共行政评论》2020 年第 3 期。

朱志伟、徐家良：《公益组织如何嵌入扶贫场域？——基于 S 基金会扶贫参与策略的案例研究》，《公共行政评论》2020 年第 3 期。

左雯敏：《新乡贤与有效治理：中国士绅传统再反思》，《原生态民族文化学刊》2023 年第 2 期。

外文著作

Amy Gutmann and Dennis F. Thompson, eds., *Why Deliberative Democracy*? Princeton, NJ: Princeton University Press, 2004.

Archon Fung and Erik Olin Wright, eds., *Deepening Democracy: Institutional Innovations in Empowered Participatory Governance*, London: Verso Press, 2003.

Archon Fung, *Empowered Participation: Reinventing Urban Democracy*, Princeton, NJ: Princeton University Press, 2004.

C. K. Yang, *A Chinese Village in Early Communist Transition*, Cambridge: Technology Press, Massachusetts Institute of Technology, 1959.

Charles H. Kieffer, *The Emergence of Empowerment: The Development of Participatory Competence Among Individuals in Citizen Organizations*, Ann Arbor, MI: The University of Michigan Press, 1981.

Evert. A. Lindquist, Sam Vincent and John. Wanna, eds., *Putting Citizens First: Engagement in Policy and Service Delivery for the 21st Century*, Canberra: Australian National University Press, 2013.

Jean. C. Oi and Andrew G. Walter, *Property Rights and Economic Reform in China*, Stanford: Stanford University Press, 1999.

John W. Meyer and W. Richard Scott, eds., *Organizational Environments: Rit-*

ual and Rationality, Beverly Hills: Sage Publications, 1983.

Julian Le Grand, *The Other Invisible Hand: Delivering Public Services through Choice and Competition*, Princeton, NJ: Princeton University Press, 2007.

Julian Rappaport and Edward Seidman, *Handbook of Community Psychology*, Boston, MA: Springer, 2000.

Kenneth Lieberthal and Michel Oksenberg, *Policy Making in China: Leaders, Structures, and Processes*, Princeton, NJ: Princeton University Press, 1988.

Peter B. Evans, *Embedded Autonomy: States and Industrial Transformation*, Princeton, NJ: Princeton University Press, 1995.

Philip Cooke and Kevin Morgan, *The Associational Economy: Firms, Regions, and Innovation*, Oxford: Oxford University Press, 1998.

Richard Bowe, Stephen J. Ball and Anne Gold, *Reforming Education and Changing Schools: Case Studies in Policy Sociology*, London: Routledge, 1992.

Robert Adams, *Social Work and Empowerment*, UK: Palgrave Macmillan, 2003.

Robert D. Putnam, Robert Leonardi and Raffaella Y. Nanetti, *Making Democracy Work: Civic Traditions in Modern Italy*, Princeton, NJ: Princeton University Press, 1994.

Robert J. Sampson, *Great American City: Chicago and the Enduring Neighborhood Effect*, Chicago: University of Chicago Press, 2012.

Sharon Zukin and Paul Dimaggio, *Structures of Capital: The Social Organization of the Economy*, Cambridge: Cambridge University Press, 1990.

Vincent Ostrom and Elinor Ostrom, *Alternatives for Delivering Public Services: Toward Improved Performance*, Boulder, CO: Westview Press, 1977.

Vivienne Shue, *The Reach of the State: Sketches of the Chinese Body Politic*, Stanford: Stanford University Press, 1988.

Walter W. Powell and Paul J. DiMaggio, New Institutionalism in Organizational Analysis, Chicago: University of Chicago Press, 1991.

外文论文

A Sandy, Sriati, Azhar and A Siswanto, "Community Empowerment Model to

Flooding Risk Reduction in Palembang City (A Case Study of Gotong Royong Program)", *IOP Conference Series: Earth and Environmental Science*, Vol. 810, No. 1, IOP Publishing, 2021.

Agis D. Tsouros, "The WHO Healthy Cities Project: State of the Art and Future Plans", *Health Promotion International*, Vol. 10, No. 2, 1995.

Alexander Cooley and James Ron, "The NGO Scramble: Organizational Insecurity and the Political Economy of Transnational Action", *International Security*, Vol. 27, No. 1, 2002.

Anne Schneider and Helen Ingram. "Social Constructions of Target Populations: Implications for Politics and Policy", *American Political Science Review*, Vol. 87, No. 2, 1993.

Armen A. Alchian, and Harold Demsetz, "Production, Information Costs, and Economic Organization", *The American Economic Review*, Vol. 62, No. 5, 1972.

Arun Agrawal and Clark C Gibson, "Enchantment and Disenchantment: The Role of Community in Natural Resource Conservation", *World Development*, Vol. 27, No. 4, 1999.

Ayat Ullah, "Forest Landscape Restoration and Its Impact on Social Cohesion, Ecosystems, and Rural Livelihoods: Lessons Learned from Pakistan", *Regional Environmental Change*, Vol. 24, No. 1, 2024.

Barbara Bryant Solomon, "Black Empowerment: Social Working Oppressed Communities", *Social Work*, Vol. 22, No. 3, 1977.

Barbara Levy Simon, "Rethinking Empowerment", *Journal of Progressive Human Services*, Vol. 1, No. 1, 1990.

Benjamin Ewer, "Moving beyond the Obsession with Nudging Individual Behaviour: Towards a Broader Understanding of Behavioral Public Policy", *Public Policy and Administration*, Vol. 35, No3, 2020.

Bob Jessop, "Interpretive Sociology and the Dialectic of Structure and Agency", *Theory, Culture & Society*, Vol. 13, No. 1, 1996.

Brad McMillan, Paul Florin, John Stevenson, Ben Kerman and Roger E. Mitchell, "Empowerment Praxis in Community Coalitions", *American Journal of Community Psychology, Vol. 23, No. 5, 1995.

Daniel Mulugeta, "Dynamics ofState – society relations in Ethiopia: Paradoxes of Community Empowerment and Participation in Irrigation Management", Journal of Eastern African Studies, Vol. 13, No. 4, 2019.

Dave Adamson and Richard Bromiley, "Community Empowerment: Learning from Practice in Community Regeneration", International Journal of Public Sector Management, Vol. 26, No. 3, 2013.

Dave Adamson, "Community empowerment: learning from practice in community regeneration", International Journal of Public Sector Management, Vol. 26, No. 3, 2013.

Diane Pearce, "The Feminization of Poverty: Women, Work and Welfare", The Urban & Social Change Review, Vol. 11, No. 1, 1978.

Donald E. DeVore, "Water in Sacred Places: Rebuilding New Orleans Black Churches as Sites of Community Empowerment", The Journal of American History, Vol. 94, No. 3, 2007.

Erika Vora and Jay A. Vora, "Undoing Racism in America: Help from a Black Church", Journal of Black Studies, Vol. 32, No. 4, 2002.

Fischbacher Urs, Gächter Simon and Fehr Ernst, "Are People Conditionally Cooperative? Evidence from a Public Goods Experiment", Economics Letters, Vol. 71, No. 3, 2001.

Freya Higgins – Desbiolles, Regina A. Scheyvensand Bhanu Bhatia, "Decolonising Tourism and Development: From Orphanage Tourism to Community Empowerment in Cambodia", Journal of Sustainable Tourism, Vol. 31, No. 12, 2022.

Geoffroy de Laforcade and Devyn Springer, "The Red Barrial Afrodescendiente: A Cuban Experiment in Black Community Empowerment", Souls, Vol. 21, No. 4, 2019.

Inga Hajdarowicz, "Does Participation Empower? The Example of Women Involved in Participatory Budgeting in Medellin", Journal of Urban Affairs, Vol. 44, No. 1, 2018.

James P. Robson, "Indigenous Communities, Migrant Organizations, and the

Ephemeral Nature of Translocality", *Latin American Research Review*, Vol. 54, No. 1, 2019.

Jean. C. Oi, "Communism and Clientelism: Rural Politics in China", *World Politics*, Vol. 37, No. 2, 1985.

Kalpana Aryal, "Women's Empowerment in Building Disaster Resilient Communities", *Asian Journal of Women's Studies*, Vol. 20, No. 1, 2014.

Kashea Pegram, Rod K. Brunson and Anthony A. Braga, "The Doors of the Church are Now Open: Black Clergy, Collective Efficacy, and Neighborhood Violence", *City & Community*, Vol. 15, No. 3, 2016.

Kathryn L. Heinze, Sara Soderstrom and Justin E. Heinze, "Translating Institutional Change to Local Communities: The Role of Linking Organizations", *Organization Studies*, Vol. 37, No. 8, 2016.

Laura J. Moriarty, "Social Disorganization Theory, Community Empowerment, and Coalition Building: Exploring the Linkages", *Criminal Justice Policy Review*, Vol. 6, No. 3, 1992.

Leila Nikpoor Ghanvati, Mehdi Moeini and Habib Ahmadi, "Investigating Social-Economical Factors Related to Women Political Participation", *Quarterly Journal of Woman and Society*, Vol. 3, No. 9, 2012.

Letha A. Chadiha, Portia Adams, David E. Biegel, Wendy Auslander and Lorraine Gutierrez, "Empowering African American Women Informal Caregivers: A Literature Synthesis and Practice Strategies", *Social Work*, Vol. 49, No. 1, 2004.

Lily L. Tsai, "Solidary Groups, Informal Accountability, and Local Public Goods Provision in Rural China", *American Political Science Review*, Vol. 101, No. 2, 2007.

Lorraine M. Gutierrez, "Working with Women of Color: An Empowerment Perspective", *Social Work*, Vol. 35, No. 2, 1990.

M. Tina Dacin, Brent D Beal and Marc J Ventresca, "The embeddedness of organizations: dialogue & directions", *Journal of Management*, Vol. 25, No. 3, 1999.

Madeleine Power, Bob Doherty, Nell Small, Simon Teasdale and Kate E. Pickett, "All in it Together? Community Food Aid in a Multi – Ethnic Context", *Journal of Social Policy*, Vol. 46, No. 3, 2017.

Marc A. Zimmerman, "Psychological Empowerment: Issues and Illustrations", *American Journal of Community Psychology*, Vol. 23, No. 5, 1995.

Marc A. Zimmerman, "Taking Aim on Empowerment Research: On the Distinction between Individual and Psychological Conceptions", *American Journal of Community Psychology*, Vol. 18, No. 1, 1990.

Mark M. Pitt, Shahidur R. Khandker and Jennifer Cartwright, "Empowering Women with Micro Finance: Evidence from Bangladesh", *Economic Development and Cultural Change*, Vol. 54, No. 4, 2006.

Marta Castro, Lizet Sánchez, Dennis Pérez, Nestor Carbonell, Pierre Lefèvre, Veerle Vanlerberghe and Patrick Van der Stuyft, "A Community Empowerment Strategy Embedded in a Routine Dengue Vector Control Programme: A Cluster Randomised Controlled Trial", *Transactions of the Royal Society of Tropical Medicine and Hygiene*, Vol. 106, No. 5, 2012.

Martha L. McCoy and Patrick L. Scully, "Deliberative Dialogue to Expand Civic Engagement: What Kind of Talk Does Democracy Need," *National Civic Review*, Vol. 91, No. 2, 2002.

Mats Ramstedt, Hakan Leifman and Dandiel Müller, "ReducingYouth Violence Related to Student Parties: Findings from a Community Intervention Project in Stockholm", *Drug and Alcohol Review*, Vol. 32, No. 6, 2013.

Melanie G. Wiber, Anthony T. Charles, John Kearney and Fikret Berkes, "Enhancing Community Empowerment through Participatory Fisheries Research", *Marine Policy*, Vol. 33, No. 1, 2009.

Mike Titterton and Helen Smart, "CanParticipatory Research Be a Route to Empowerment? A Case Study of a Disadvantaged Scottish Community", *Community Development Journal*, Vol. 43, No. 1, 2008.

Morag Bell and David Evans, "The National Forest and Local Agenda 21: An Experiment in Integrated Landscape Planning", *Journal of Environmental Planning and Management*, Vol. 41, No. 2, 1998.

Naila Kabeer, "Resources, Agency, Achievements: Reflections on the Measurement of Women's Empowerment", *Development and Change*, Vol. 30, No. 3, 1999.

Neha Kumar, Kalyani Raghunathan, Alejandra Arrieta, Amir Jilani and Shinjini Pandey, "ThePower of the Collective Empowers Women: Evidence from Self–Help Groups in India", *World Development*, Vol. 146, 2021.

Nua J. Deedam and Anthony O. Onoja, "Impact of Poverty Alleviation Programmes on Indigenous Women's Economic Empowerment in Nigeria: Evidence from Port Harcourt Metropolis", *Consilience*, No. 14, 2015.

Oliver Hart and John Moore, "Foundations of Incomplete Contracts", *The Review of Economic Studies*, Vol. 66, No. 1, 1999.

Oliver Hart and John Moore, "On the Design of Hierarchies: Coordination versus Specialization", *Journal of Political Economy*, Vol. 113, No. 4, 2005.

Pamela Oliver, Gerald Marwell and Ruy Teixeira, "A Theory of the Critical Mass. I. Interdependence, Group Heterogeneity, and the Production of Collective Action", *American Journal of Sociology*, Vol. 91, No. 3, 1985.

Paul Lawless, "CanArea–Based Regeneration Programmes ever Work? Evidence from England's New Deal for Communities Programme", *Policy Studies*, Vol. 33, No. 4, 2012.

Paul W. Speer, "Intrapersonal and Interactional Empowerment: Implications for Theory", *Journal of Community Psychology*, Vol. 28, No. 1, 2000.

Peter Ho, "Who owns China's Land? Policies, Property Rights and Deliberate Institutional Ambiguity", *The China Quarterly*, Vol. 166, No. 3, 2001.

Pui Yan Flora Lau, "Empowerment in the Asylum–seeker Regime? The Roles of Policies, the Non–profit Sector and Refugee Community Organizations in Hong Kong", *Journal of Refugee Studies*, Vol. 34, No. 1, 2021.

Ravi Jayakarani, Monique Hennink, Ndunge Kiiti, Mara Pillinger and Ravi Jayakaran, "Defining Empowerment: Perspectives from International Development Organisations", *Development in Practice*, Vol. 22, No. 2, 2012.

Richard F. Elmore, "Backward Mapping: Implementation Research and Policy Decisions", *Political Science Quarterly*, Vol. 94, No. 4, 1979.

Richard M. Merelman, "Cultural Imagery and Racial Conflict in the United

States: The Case of African – Americans", *British Journal of Political Science*, Vol. 22, No. 3, 1992.

Richard R. Marcus, "Where Community – Based Water Resource Management has Gone Too Far: Poverty and Disempowerment in Southern Madagascar", *Conservation and Society*, Vol. 5, No. 2, 2007.

Rissel Christopher, "Empowerment: The Holy Grail of Health Promotion?", *Health Promotion International*, Vol. 9, No. 1, 1994.

Ronald L. Braithwaite and Ngina Lythcott, "Community Empowerment as a Strategy for Health Promotion for Black and Other Minority Populations", *JAMA*, Vol. 261, No. 2, 1989.

Sanford J. Grossman and Oliver D. Hart, "The Costs and Benefits of Ownership: A Theory of Vertical and Lateral Integration", *Journal of Political Economy*, Vol. 94, No. 4, 1986.

Scott E. Seibert, Seth R. Silver and W. Alan Randolph, "Taking Empowerment to the Next Level: A Multiple – Level Model of Empowerment, Performance, and Satisfaction", *Academy of Management Journal*, Vol. 47, No. 3, 2004.

Sharon Lamb, "Feminist Ideals for a Healthy Female Adolescent Sexuality: A Critique", *Sex Roles*, Vol. 62, No. 5, 2010.

Shawn Shieh, "Same Bed, Different Dreams? The Divergent Pathways of Foundations and Grassroots NGOs in China", *International Journal of Voluntary and Nonprofit Organizations*, Vol. 28, No. 4, 2017.

Sheila Watt, Cassie Higgins and Andrew Kendrick, "Community Participation in the Development of Services: A Move Towards Community Empowerment", *Community Development Journal*, Vol. 35, No. 2, 2000.

Sherry R. Arnstein, "A Ladder of Citizen Participation", *Journal of the American Planning Association*, Vol. 85, No. 1, 2019.

Shouying Liu, Michael R. Carter and Yang Yao, "Dimensions and Diversity of Property Rights in Rural China: Dilemmas on the Road to Further Reform", *World Development*, Vol. 26, No. 10, 1998.

Sophie M. Aiyer, Marc A. Zimmerman, Susan Morrel – Samuels andThomas M. Reischl, "From Broken Windows to Busy Streets: A Community Empowerment Perspective", *Health Education & Behavior*, Vol. 42, No. 2, 2015.

Stephanie Riger, "What's Wrong with Empowerment", American Journal of Community Psychology, Vol. 21, No. 3, 1993.

Susan Coan, John Woodward, Jane South, Anthony Bagnall, K Southby, D Button and Joanne Trigwell, "Can a Community Empowerment Intervention Improve Health and Wellbeing in a Post – Industrial UK Town?" *European Journal of Public Health*, Vol. 30, No. Supplement_5, 2020.

Tatchalerm Sudhipongpracha and Achakorn Wongpredee, "Decentralizing Decentralizaed Governance: Community Empowerment and Coproduction of Municipal Public Works in Northeast Thailand", *Community Development Journal*, Vol. 51, No. 2, 2016.

Trevor Hancock, "The Evolution, Impactand Significance of the Healthy Cities/Healthy Communities Movement", *Journal of Public Health Policy*, Vol. 14, No. 1, 1993.

Victoria J. McGowan, Jonathan Wistow, S. J. Lewis, Jennie Popay and Clare Bambra, "Pathways to Mental Health Improvement in a Community – led Area – based Empowerment Initiative: Evidence from the Big Local 'Communities in Control' Study, England", *Journal of Public Health*, Vol. 41, No. 4, 2019.

Xiaogang Wu, "Income Inequality and Distributive Justice: A Comparative Analysis of Mainland China and Hong Kong", *The China Quarterly*, Vol. 200, No. 12, 2009.

Xiaomeng Zhang and Kathryn M. Bartol, "Linking Empowering Leadership and Employee Creativity: The Influence of Psychological Empowerment, Intrinsic Motivation, and Creative Process Engagement", *Academy of Management Journal*, Vol. 53, No. 1, 2010.

Yao Lu and Ran Tao, "Organizational Structure and Collective Action: Lineage Networks, Semiautonomous Civic Associations, and Collective Resistance in Rural China", *American Journal of Sociology*, Vol. 122, No. 6, 2017.

Yiqing Xu and Yang Yao, "Informal Institutions, Collective Action, and Public Investment in Rural China", *American Political Science Review*, Vol. 109, No. 2, 2015.

后　记

　　乡村社会是中国农耕文化的产物，拥有悠久历史，也是塑造中国国民性的重要沃土。与此同时，乡村社会又处在巨变之中，市场化和城镇化的冲击、现代国家政权的延伸都在持续塑造着乡村空间及其治理模式。税费改革以来，乡村治理普遍面临着难以破解的"国家悖论"，特别是在集体公共物品供给方面。本书尝试将赋能理念引介到基层治理与公共政策领域，提出公权力干预不一定要采用"命令""禁止"或"替代"方式，可以通过赋予权利、分配资源以及引导公共参与来培养村民的公共精神和社区的自治能力。"乡村赋能"对于社区治理能力的高度倚重和培养意识，切中当前乡村治理困境的要害所在，是值得倡导且具有开发前景的公共干预形式。

　　这并非只是价值理念上的倡导，其实近年来随着乡村振兴战略的推进与社会治理、三治融合等社会治理理念的提出，我在基层调研中接触的、类似性质的经验案例越来越多，如集体产权制度改革、用水户协会、房东协会、社区公益创投等。这些创新实践在底层逻辑上都是通过外部干预推动乡村治理与发展。因而，本书意在将这些具有乡村赋能属性的政府干预实践汇集起来并开展实证研究。需要说明的是，本书并不是将赋能理论作为规范和标准去评估既有基层实践的水平或不足，而是将这些具有共同权力干预逻辑的政府行动或公共政策作为研究对象，系统梳理政府创设的赋能式干预形态并且真实呈现这些赋能实践的运行效果及其影响因素。

　　另需说明的是，本书所使用的"赋能"概念对应英文为 empowerment，相应的理论基础也源自 empowerment theory。在国内研究之初学界将这一理论引介过来使用的是"赋权"一词，但是在后续投稿和学术汇报中，我发现多数国内学者根据中文语义会自觉地将"赋权"与"赋能"区分开，将前者理解为"赋予权利"，而将后者视为"赋予权能"或"培育能力"。相较之下，"赋能"一词更符合 empowerment theory 中 empowerment 的基本内涵，也更符合本书想要着重表达的理念和观点。因而尽管我在前期研究多采用"赋权"概念，但后期在书稿撰写中均统一为"赋能"一词。

这本书可以说是我第一项从零开始的独立研究，是我带着学生团队探寻田野的实践成果，也是对我过去七年一个重要研究领域的阶段性总结。虽然这是我的第一个独立研究项目，但是它并不是我一个人所能完成的，感谢这一路与我携手同行、给予我支持和帮助的每一个人。

首先是我可爱的学生们。孙华、周治强和韩可心既是我的学生，也是本书相关三篇论文的合作者。由于投稿周期长，他们到他校深造后仍旧坚持与我一同面对评审专家一轮轮的返修，只为了让我们的研究更加精准和完善。彭世钦、陈柳园、王铭玮、陈心悦、沈真贞、李赛豪、林露莹、孙向文、杨雪莹、赵剑南、褚晶等同学参与到书稿案例调研、资料收集与后期校对过程中，他们的辛勤付出是书稿最终得以完成的坚实保障。这期间我还带了两支大学生挑战杯的项目团队，分别对集体产权制度改革与基层协商议事展开研究。书稿中部分案例素材就来自当时我们获取的田野资料，感谢闫海队长带领的团队，队员包括闫效鼎、陈涛、田心怡、孙华、张晗，也感谢韩可心队长带领的团队，团队成员有蔡远楠、李一平、郑晏、任莹莹。

感谢田野调查中的受访者和为我们提供帮助的地方干部，是他们坦诚无私的分享让我们深入了解到基层治理的真实样貌，是我们源源不断的创新来源。很有幸遇到李友加和林炉生两位实务专家，他们对于事业的专研和智慧、对于乡村发展的热爱和坚持，给予了我研究写作中重要的灵感和深深的感动。

感谢厦门大学公共事务学院的诸位老师和同事，特别是黄新华教授、罗思东教授、张翔教授、庄玉乙副教授、张钧智副教授、杨秀云副教授等。他们为我的乡村赋能研究得以顺利进场提供了巨大的帮助和鼓励，也在我论文修改过程中给予许多宝贵建议。

感谢我参加过的"小切口，大问题"和"理解中国公共政策"两个学术工作坊。与本书相关的两篇论文在工作坊进行了汇报，得到诸位与会专家学者的倾囊相授和鼓励支持。

此外，本书得到福建省社科基金 2018 年度马工程基础理论研究重大项目"创新社会治理中的社区赋权及其制度建设研究"和厦门大学公共事务学院"法治与公共治理"双一流建设项目的支持，对此表示深深的感谢！

最后也是最重要的，我要由衷地感谢我的家人们。这本书的字里行间，亦承载着你们的理解与牺牲。你们无言的包容和恒久的支持，让我在漫长的科研探索中始终拥有安心的港湾。你们的爱，是我坚持学术道路最坚实的底气。

尽管我知道这一研究还有很多不完善之处和可拓展的空间，但是我还是想把已有的思考呈现出来，也希望有更多的同道者共同关注这一议题，共同关心乡村治理中的实践创新，共同关切中国现代性与传统性之间恒常的交织与碰撞。

林雪霏

2024 年 12 月 12 日